U0459065

窦象驴文

甲卷

杨怀伟◎编著

线装书局

图书在版编目（CIP）数据

突泉驴友. 甲卷 / 杨怀伟编著. -- 北京 : 线装书局, 2021.1

ISBN 978-7-5120-4262-9

Ⅰ. ①突… Ⅱ. ①杨… Ⅲ. ①驴—畜牧业经济—产业发展—研究—突泉县 Ⅳ. ① F326.33

中国版本图书馆 CIP 数据核字 (2020) 第 220096 号

突泉驴友 · 甲卷

编　　著： 杨怀伟
责任编辑： 林　菲
出版发行： 线装书局
地　址：北京市丰台区方庄日月天地大厦 B 座 17 层（100078）
电　话：010-58077126（发行部）　010-58076938（总编室）
网　址：www.zgxzsj.com
经　　销： 新华书店
印　　制： 天津雅泽印刷有限公司
开　　本： 889mm × 1194mm　1/16
印　　张： 21
字　　数： 441 千字
版　　次： 2021 年 1 月第 1 版第 1 次印刷
印　　数： 0001—3000 册

线装书局官方微信

定　　价： 98.00 元

驴友宣言

——致天下驴友

驴友们，大家好辛苦！

驴友啊，您是真正的驴友吗？

驴友啊，您见到过真正的驴吗？

驴友啊，您骑过真正的驴吗？

驴友啊，您坐过真正的驴车吗？

驴友啊，您牵过真正的驴吗？

驴友啊，您喂养过真正的驴吗？

驴友啊，您住过驴驿站吗？

驴友们，突泉欢迎您！

突泉欢迎您成为真正的驴友！

驴友，您感受过驴子之美吗？

驴子的智慧——成就驴友们蹇驴冲雪、驴背诗思的历史永恒。

驴子的品德——成就驴友们大言无声、一鸣惊人的性情。

驴子的牺牲——成就“天龙地驴”一般的美食和营养。

驴友们，突泉欢迎您！

突泉助您成为真正的驴友！

驴友，您感受过驴文化的丰厚吗？

古今中外驴文明汇聚突泉！

巴尔扎克的《驴皮记》，

拿破仑“让驴子和学者走在队伍中间”，

墨西哥的驴子文化节，

美国的“驴象党争”，

唐诗的“蹇驴得志鸣春风”，

唐伯虎的“半醉驴行缓”，

大清朝的“驴背正黄昏”，

历史就是现实，文化就要自信。

驴友们，突泉欢迎您！

突泉助您成为真正有文化的驴友！

（2020年6月）

前言

文化是什么？“驴文化”是什么？国家提出“全面推进经济建设、政治建设、文化建设、社会建设、生态文明建设”的“五位一体”总体布局，文化占其一，只有在这个维度考察，文化才是完整的。在马克思主义的文化观指导之下，对于“驴文化”也要坚持“五位一体”才会有全面的把握。《突泉驴友》就是在寻找“驴文化”的全貌，打破盲人摸象一样的驴文化认知。下足“绣花功夫”，决胜脱贫攻坚和乡村振兴是本书的初衷。“突泉驴友”有几个含义：

一是“突泉旅游”。“驴友”是“旅游”的戏称，是汉语的特色。突泉县发展旅游业是迟早的事情。县面积将近5000平方千米，旅游业怎么能只有一点点？30万的人口，每个人在突泉旅游一次，每个人在自己家周边游一游，一年四季，一季一次，就是上百万人次，每人消费100元，就可以拉动上亿元的旅游经济。突泉旅游潜力巨大。

二是“驴的朋友”。突泉养驴有千百年的历史了，如果不重视，随着突泉的现代化进程，毛驴就会在这里灭亡了，作为“朋友”怎么会无动于衷？所以，一定要用这本书记录下来。

三是探索新的“驴文化”。

养驴有什么文化？说来话长，简而言之，任何文化都是从无到有的，驴文化也是如此。有文化，我们研究继承发扬；没文化，我们学习创造固定。驴文化、养驴、驴三者是一体的，也是分开的，驴是驴文化和养驴的基础，是实体，是物质。而驴文化是意识、精神、文化、文明，实在的物质好理解，但文化并不好理解。

大而化之谓圣。文化也是化虚为实。一家企业、一个产业、一个事业如果没有文化，一定是低端的、初级的产业或者事业形态，而一个发展健康、未来可以期待的“业”，必须有

文化。对于文化，化是一种自然过程，也是一种人为的创造过程。驴文化就是这样。

来到突泉之前，我几乎没有养驴的经验。

记得大概是 2001 年前后，我在北京市房山区窦店兽医站工作的时候，协助兽医治疗过一头驴，那是一头患了破伤风的驴，用了 10 多天的时间居然治愈了。而在房山区交道兽医站工作时候，我也有救治驴的经历。驴的抗病力和恢复力是十分强大的。再往前，记得舅舅家的生产队里养过驴，我的弟弟骑驴还有曾从驴背上摔下来的经历。

2019 年春节，在查阅资料的时候，我看到了一篇论文，把北京市房山称为“养驴发展先进县”①，确实很吃惊，问了房山的同事们，也鲜少有印象了。如今，驴在房山几乎绝迹了，而据北京市统计资料，全北京驴存栏数量 0.1 万头，房山能有 100 头驴吗？

2018 年年底，我看到《中国统计年鉴（2018 年）》的数据，2016 年全国驴的存栏量不足 260 万头了，是不是可以说，中国养驴业已经濒临消失了？

2019 年 1 月 27 日央视消息：近日，记者跟随新疆奇台县野生动植物保护办公室管护员在北部荒漠巡护时，发现了一群国家一级保护动物——蒙古野驴。这群蒙古野驴大约有十几头，正在雪地上觅食，当它们发现林业管护员后先是警觉地驻足观望，随后在“头领”的带领下迅即跑开。蒙古野驴是国家一级保护动物，属世界濒危物种。近年来，奇台县加大了对野生动物生存环境的保护，发现蒙古野驴的数量也在增加。既然蒙古野驴受到保护，作为家畜的家驴也应该受到保护，人类不能一而再再而三地犯错误，不能“卸磨杀驴”。

中央电视台新闻报道：新疆奇台县出现蒙古野驴

① 杨再、洪子燕 著，六十年的畜牧经：杨再洪子燕畜牧业论文精选集［M］. 北京：首都师范大学出版社，2013：110.

几千年来，贫穷困苦和驴总是联系在一起的。未来消灭了贫穷，是不是也要消灭驴呢？驴有文化价值，尤其是生态文化价值。发掘驴文化迫在眉睫，驴产业复兴任重而道远。

目前，中国发展养驴业的目标明确，即养肉驴。养驴、杀驴、吃驴一条龙，这似乎是驴子的唯一出路。大家似乎完全忘记了悠久历史中驴的多元化，也看不到现实中驴的效用的无限可能。

驴的前途何在？乡村振兴，产业兴旺，“牛、马、羊、猪、鸡、狗”六畜中没有驴，因为“六畜兴旺”时中国还无驴。作为古代外交、政治、经济、文化、外交的需要，驴子来到中国，从皇宫进入寻常百姓家。驴在体育、娱乐、文化、交通、农耕、运输、食品等方面为中国社会发展做出了贡献，未来也应该多元化发展。“驴友”是一个新的创造，做真正的驴的朋友，创造更加美好的人与动物和谐共生的生活，这个智慧还是应该具备的，也必须具备。

下足“绣花功夫”决胜脱贫攻坚和乡村振兴！事在人为，久久为功。“磨驴步步皆陈迹，驴力转化无限功。”驴日复一日地拉磨不是做无用功，而是无限功，孕育了无限可能，以助人类发展进步。

突泉养驴的价值、突泉养驴的历史、突泉养驴的文化、突泉养驴的现实、突泉养驴的未来、突泉养驴的实践道路，这些需要深入研究，才能够实现我们最初的梦想，在一个比较理想的起点实现更加美好的梦想。

我们先把《突泉驴友 · 甲卷》呈献给大家。

新时代，所有的好“生意”都值得重做一遍，养驴一定可以！

《突泉驴友》的出版要感谢众多的“驴友”：

感谢成千上万的突泉驴友。美丽的突泉近5000平方千米，30万的人口都是驴友，千年的历史，驴文化代代传承。突泉涵养千万年了，正在等着您的到来。

感谢古今中外的驴友们，你们的文章作品是驴文化的载体，让驴文化有了实实在在的灵魂，感谢本文编著中使用的文章作者，你们辛勤的劳动产生的美妙作品才是《突泉驴友》的筋骨血肉。

感谢认养突泉老毛驴、小毛驴的朋友，感谢为驴友服务的领导，感谢参加京蒙帮扶的朋友，感谢突泉农牧业局的同事们，还有帮助我的人，感谢养驴的农牧民兄弟。

感谢关注突泉的房山驴友们……

（2020年6月28日）

甲 保护篇 生死存亡驴文化 ——保护还是遗弃

乙 纵横篇 化虚为实驴文化 ——卸磨谢驴大变局

丙　体味篇　突泉驴友与驴文化——突泉驴志

丁　生存篇　驴友多助——驴文化和驴经济一体化

戊　建议篇　未来的驴友乐园——扶贫攻坚衔接乡村振兴

甲 保护篇

生死存亡驴文化
——保护还是遗弃

就像国歌里的“到了最危险的时候”，养驴业就是如此！是不是有些危言耸听？

在人类历史上存在着和古生物学中一样的情形。由于某种判断的盲目，甚至最杰出的人物也会根本看不到眼前的事物。后来，到了一定的时候，人们就惊奇地发现，从前没有看到的东西现在到处都露出自己的痕迹。①

即使我们生活在文化中，如果不是特别留意，也会对文化视而不见；如果不是仔细体会文化，也是毫无所知的。驴文化就是这样奇特的文化存在。

文化者，必须以文化之，化之为文。把驴的事情转化为文字，成为一种实实在在的文化，不仅仅是经济的需要，也是人类生活的需要，还是一种历史的需要，很多历史虚无之所以产生，就是因为历史不会自然而然成为记忆和记录，需要人们的努力创造。

驴文化就是人类和驴的共同历史，人类如果不时时刻刻保护和记录，历史就会被时间湮没，而毛驴是不会在意的。

很多文化还没有被感知就已经开始灭亡了。驴文化随时会产生，若不加以保护，也会随时灭亡。所以，驴文化的保护迫在眉睫，十万火急……

（2020 年 5 月 25 日）

① 马克思 . 马克思恩格斯选集 第四卷［M］. 北京：人民出版社 .1995：579.

甲子

驴友列传

贾谊（公元前200—前168年），汉族，洛阳（今河南洛阳东）人，西汉初年著名政论家、文学家，世称贾生。贾谊故居位于长沙市太平街（解放西路与太平街口交汇处），始建于西汉文帝年间，为长沙王太傅贾谊的府邸。汉武帝时期，由皇帝敕命修缮贾谊故居，这是对贾谊故居的第一次重修，此后的2000多年里，贾谊故居历经了约64次重修，最近的一次是在1998年。明朝成化年间，长沙太守钱澍寻贾谊古井，募款修建贾太傅祠，这是贾谊故居第一次以祠宅合一的形制重修。

“腾驾罢牛，骖蹇驴兮。”——贾谊《吊屈原文》

2013年贾谊邮票
（突泉县农耕民俗博物馆藏）

1994 年司马迁《史记》邮票
（突泉县农耕民俗博物馆藏）

“蹇驴”的词源据说是出自东方朔，东方朔（约公元前160—约前 93 年）的《楚辞补注》卷十三《七谏·谬谏》：“驾蹇驴而无策兮，又何路之能极？”但是比较一下二人的出生时间，“蹇驴”还是贾谊先提出的。

“蹇驴”当时应该不是贬义的，反映了驴的行走特色。

司马迁（公元前 145—约前 87 年），字子长，左冯诩夏阳（今陕西韩城）人。太史公是西汉时期的史学家、文学家、思想家，所著《史记》是中国第一部纪传体通史。

“骐骥不能与罢驴为驷。”——《史记·日者列传》

“唐虞以上，有山戎，俭狁、獯鬻、居于北蛮，随畜牧而转移，其畜之多，则马、牛、羊。其奇畜，则橐馲、驴、骡、駃騠。”——《史记·匈奴列传》

《史记》记载了上至上古传说中的黄帝时代，下至汉武帝太初四年间共 3000 多年的历史。太初元年（公元前 104 年），司马迁开始了《太史公书》即后来被称为《史记》的史书创作，前后经历了 14 年，才得以完成（公元前 90 年）。

考证中国驴子的来源一般都根据《史记》的说法，太史公是当之无愧的“驴友”。

许慎（约公元 58—约 147 年），字叔重，东汉汝南召陵（现河南省漯河市召陵区）人，对其有“五经无双许叔重”之赞赏。他是汉代有名的经学家、文字学家、语言学家，是中国文字学的开拓者。

许慎画像——80 分牡丹个性化邮票
（突泉县农耕民俗博物馆藏）

柳宗元明信片针音堂版
（突泉县农耕民俗博物馆藏）

“驴，似马，长耳。”——《说文》

《说文》是中国第一部系统地分析汉字字形和考究字源的字书，成书于安帝建光元年（121 年）。

段注：“按，‘驴、骡、駃騠’太史公皆谓为匈奴奇畜，本中国所不用，故字皆不见经传，盖秦人造之耳。”

在中国古画上，看耳朵长短区别马与驴是一个好办法。

“驴”字创造出来是驴文化诞生的标志。

柳宗元（773—819 年），字子厚，汉族，今山西省运城市永济市人，属唐代河东郡。祖上世代为官，七世祖柳庆为北魏侍中，封济阴公。世人将其称为“柳河东”“河东先生”，是我国唐朝著名的文学家、哲学家、散文家和思想家。与唐代的韩愈及宋代的欧阳修、苏洵、苏轼、苏辙、王安石和曾巩并称“唐宋八大家”。有诗文 600 余篇，其散文的成就大于诗。骈文有近百篇，散文论说性强，笔锋犀利，讽刺辛辣。游记写景状物，多所寄托。诗多抒写抑郁悲愤、思乡怀友之情，幽峭峻郁，自成一路。最为后人称道者是一些情深意远、峻洁疏淡的山水之作。柳宗元遗族建柳氏民居，现位于山西晋城市沁水县文兴村，为国家 AAAA 级景区。

“黔无驴，有好事者船载以入，至则无可用，放之山下。”——柳宗元《三戒·黔之驴》。

很多人误解或者简单化地理解柳宗元写《黔之驴》的本意，《黔之驴》是《三戒》之一，而《三戒》有小序：

> 吾恒恶世之人，不知推己之本，而乘物以逞，或依势以干非其类，出技以怒强，窃时以肆暴，然卒迨于祸。有客谈麋、驴、鼠三物，似其事，作《三戒》。

翻译成白话大意是：我常常厌恶，世上有的人不是考虑自己的本领（本质），而是凭借外物去逞强；有的依仗外部势力触犯与自己不同的事物，用技巧（技术）去激怒强大对手，有时候趁机肆虐实施暴力，然而最终都遭受了灾祸。有个客人同我谈起麋、驴、鼠三种动物，我就用这几个故事作了这篇《三戒》。

柳宗元点明了《黔之驴》的主旨所在，借驴的可悲结局讽刺社会上一些色厉内荏之人，在当时很有现实的针对性和普遍意义。驴、麋、鼠主题统一而又各自独立，在艺术上，麋、犬、驴、

1987 年徐霞客邮票
（突泉县农耕民俗博物馆藏）

虎、鼠、人对立统一，达到驴文化的最高境界。告诫天下弱势的驴友“向不出其技”，而强势的驴友不要一见到“庞然大物”反而被吓到了。

徐霞客（1587—1641 年），名弘祖，字振之，号霞客，南直隶江阴（今江苏江阴市）人，明代地理学家、旅行家和文学家。他因经 30 年考察撰成的 60 万字地理名著《徐霞客游记》而被称为“千古奇人”。《徐霞客游记》开篇之日（5 月 19 日）被定为中国旅游日。

和“坐地日行八万里”比起来，徐霞客 24 年走了 5 万千米，十万里路并不太长，有驴友大数据分析，他骑驴占 0.04%，即 20 千米，大概是一天的行程。

从旅游角度讲，他是“驴祖”级别的驴友，但《徐霞客游记》几乎没有记载和驴有关的文字。

《徐霞客游记·滇游日记五》有：“二十七日……即东自鸡坪关山西上而达于绝顶者；因昔年运砖，造城绝顶，开此以通驴马。”[①]

驴在此只是历史记录，旅游大数据分析会出错，对原文的字进行统计，提取了关于交通的关键词。

《徐霞客游记·滇游日记六》有：

二十三日晨，饭于悉檀庄，天色作阴。乃东下坞中，随西山麓北行。二里，有支冈自西山又横突而东，乃蹑其上。有岐西向登山者，为南衙道，腰龙洞在焉；北向逾坳者，为北衙道，鹤庆之大道随之。余先是闻腰龙洞名，乃令行李同通事从大道行，期会于松桧，地名，大道托宿处。余同顾仆策杖携伞，遂分道从岐，由山脊西上。一里，稍转而南，复有岐缘南箐而去，余惑之。

候驱驴者至，问之，曰：“余亦往南衙者，大路从此西逾岭下，约十里。”余问南岐何路？曰：“此往鸡鸣寺者。”问寺何在？其人指：“南箐夹崖间者是，然此岐隘不可行。”

忽一人后至，曰：“此亦奇胜。即从此峡逾南坳，亦达南衙，与此路由中坳者同也。”余闻之喜甚，曰：“此可兼收也。”谢其人，遂由岐南行。里许，转入夹崖下，攀崖隙，透一石隙而入。其石自崖端垂下，外插崖底，若象鼻然，中透一穴如门，穿门

① 徐弘祖著．史念林等注释．滇游日记五·徐霞客游记（下）[M]．北京：华夏出版社，2006：745．

《徐霞客游记·上》中无一“驴”字也不误徐霞客成为“驴友之祖”
（突泉县农耕民俗博物馆藏）

即由峡中上跻，亦犹鸡山之束身焉。登峡上，则上崖岈（xiā）然山深邃的样子横列，若洞、若龛、若门、若楼、若栈者，骈峙焉。[①]

此处驱驴者是过路的养驴的驴友，但是一定有驴了，真是非常难得。应该看到，明朝末年的驴已经很普遍了。

其实，即使《徐霞客游记》中没有一个“驴”字，也没耽误徐霞客成为“驴友之祖”，而且是一个“最专业的独驴”。

朱耷（1626—约 1705 年），谱名统鍌（quàn），字刃庵，号八大山人、雪个、个山、个山驴、人屋、朗、道朗等，出家时释名传綮，汉族，江西南昌人。明末清初画家，中国画一代宗师。明太祖朱元璋第十七子朱权的九世孙。

《个山小像》：“没毛驴，初生兔。廓破面门，手足无措。莫是悲他世上人，到头不识来时路。今朝且喜当行，穿过葛藤露布。咄！”自画像题诗，自号为“驴”，恨己为僧多年于国家无补，愚蠢至极。自称“驴”或“驴屋”，爱恨交错。八大山人的画作中很少有驴，这是证明。我看了很多画册，只找到了一幅《乱山骑驴图》。

朱奄的字、号、别名特别多，他谱名朱统，又名朱奄。后做道士，居青云谱。24 岁时，更号个山和个山驴。入清后隐其姓名，削发为僧时取法名传綮，字刃庵，用到康熙庚甲（1680

---

① 徐弘祖著．史念林等注释．滇游日记六·徐霞客游记（下）[M]．北京：华夏出版社，2006：774．

江西历史名人八大山人明信片
（突泉县农耕民俗博物馆藏）

年）55 岁。号雪个始于 41 岁，用到 55 岁。号个山始见于 46 岁。

直到 59 岁，他还有驴、驴屋、人屋等号，驴款最早见于 56 岁，最晚是 58 岁。人屋、驴屋同时使用，60 岁以前使用的字、号尚有法堀、掣颠、纯汉、綮雪衲、卧屋子、弘选等。

朱耷为僧名，“耷”乃“驴”字的俗写，至于八大山人乃是他弃僧还俗后所取，始自 59 岁，直至 80 岁去世，以前的字均弃而不用。他在画作上署名时，常把“八大”和“山人”竖着连写。前二字又似“哭”字，又似“笑”字，而后二字则类似“之”字，哭之笑之即哭笑不得之意。他一生对明朝忠心耿耿，以明朝遗民自居，不肯与清合作。还有他不说话了，大书一个“哑”字贴在门上。心中对投靠清朝的官吏更仇视了。有诗“无聊笑哭漫流传”以表达旧朝沦亡、哭笑不得的心情。

鲁迅（1881 年 9 月 25 日—1936 年 10 月 19 日），原名周樟寿，后改名周树人，字豫山，后改豫才，浙江绍兴人。“鲁迅”是他 1918 年发表《狂人日记》时所用的笔名，也是影响最为广泛的笔名。著名文学家、思想家，五四新文化运动的重要参与者，中国现代文学的奠基人。毛泽东曾评价：“鲁迅的方向，就是中华民族新文化的方向。”

1961 年纪念鲁迅 80 周年诞辰邮票
（突泉县农耕民俗博物馆藏）

> 漫画要使人一目了然，所以那最普通的方法是“夸张”，但又不是胡闹。无缘无故地将所攻击或暴露的对象画作一头驴，恰如拍马家将所拍的对象做成一个神一样，是毫没有效果的，假如那对象其实并无驴气息或神气息。然而如果真有些驴气息，那就糟了，从此之后，越看越像，比读一本做得很厚的传记还明白。
>
> ——鲁迅《漫谈“漫画”》

1926 年 3 月 7 日，鲁迅日记中说：“星期。晴。下午小峰来交泉百。季市来，同品青、小峰等九人骑驴同游钓鱼台。”民国时期，在北京骑驴游玩是很普遍的，文人多有笔录，只是不经意之间，没有特别的留意。详细内容请看本书纵横篇的“鲁迅骑驴游北京”。

《中国小说史略》中的《〈世说新语〉与其前后》曰：孝武未尝见驴，谢太傅问曰：“陛下想其形当何所似？”孝武掩口笑云：“正当似猪。”［《续谈助》（四）。原注云，出《世说》。案今本无之］。

《读书杂谈》中讲了一个故事。一个老翁和一个孩子用一匹驴子驮着货物去卖，货卖出去了，孩子骑驴回来，老翁跟着走。但路人责备孩子，说是不晓事，叫老年人徒步。他们便换了一个地位，而旁人又说老人忍心；老人忙将孩子抱到鞍鞒上，后来看见的人却说他们残酷；于是都下来，走了不久，可又有人笑他们了，说他们是智障者，空着现成的驴子却不骑。于是老人对孩子叹息道，我们只剩了一个办法了，就是我们两人抬着驴子走。

《赵树理传》封面，北京十月文艺出版社
（突泉县农耕民俗博物馆藏）

赵树理［1906年9月24日（丙午年）—1970年9月23日（庚戌年）］，原名赵树礼，山西晋城市沁水县尉迟村人，现代小说家、人民艺术家，山药蛋派创始人。

《小二黑结婚》是上过教科书的，而现在阅读过这篇小说的年轻人已经不多了。

三仙姑却和大家不同，虽然已经四十五岁，却偏爱当个老来俏，小鞋上仍要绣花，裤腿上仍要镶边，顶门上的头发脱光了，用黑手帕盖起来，只可惜官粉涂不平脸上的皱纹，看起来好像驴粪蛋上下上了霜。

二诸葛连连摇头说：“唉！我知道这几天要出事啦：前天早上我上地去，才上到岭上，碰上个骑驴媳妇，穿了一身孝，我就知道坏了。我今年是罗睺星照运，要谨防戴孝的冲了运气，因此哪里也不敢去，谁知躲也躲不过？昨天晚上二黑他娘梦见庙里唱戏。今天早上一个老鸦落在东房上叫了十几声……唉！反正是时运，躲也躲不过。”

三仙姑去寻二诸葛，……饭还没有吃罢，区上的交通员来传她。她好像很得意，嗓子拉得长长地说：“闺女大了咱管不了，就去请区长替咱管教管教！”她吃完了饭，换上新衣服、新手帕、绣花鞋、镶边裤，又擦了一次粉，加了几件首饰，然后叫于福给她备上驴，她骑上，于福给她赶上，往区上去。……交通员把她引到区长房子里，她爬下就磕头，连声叫道：“区长老爷，你可要给我做主！”

——赵树理《小二黑结婚》

《赵树理传》封面照片是他早年的照片，很有时代特色，要是骑上毛驴，就更加完美了。赵树理还有很多有趣的故事，他的作品中也还有大量的驴的故事，我们在下一卷分解。20世纪的驴友还有很多人选，中华人民共和国成立前后，直到改革开放之前的几十年间中国养驴业飞速发展，成为世界第一养驴大国。1200万头驴完全融入了人们的生活。这一时期，很多文学创作都写了驴，这些文化记忆也一直延续到了今日，很多有关驴的作品都是关于这一时期驴文化的回忆录。比如，李准创作的《黄河东流去》中的王跑的驴。

《凿空》封面——驴叫是红色的
（突泉县农耕民俗博物馆藏）

刘亮程（1962年— ），生在新疆古尔班通古特沙漠边缘的一个小村庄。著有诗集《晒晒黄沙梁的太阳》；散文集《一个人的村庄》《在新疆》等；小说《虚土》《凿空》《捎话》。被誉为“20世纪中国最后一位散文家”和“乡村哲学家”。

刘亮程反反复复写过和说过，2000多年都过去了，我们仅仅用二三十年的时间，就让很多古老的事物从我们身边消失，总觉得是一种遗憾吧。我们都在讲保护文化、保护文物，驴和驴车就是一种活态文化和文物。

刘亮程说，驴车文化完全可以申遗。不要等到一种文化成死文化了，进博物馆了，我们才去保护它。我们应该保护“活态”文化，已经被我们祖先延续了几千年，作为一种生活形态传承下来的文化更有价值。

刘亮程的驴是玄幻的，驴叫是红色的，而悲悯地感到了古老新疆驴的消失，很深刻，几乎没有一点机械化代替畜力的欣喜。

刘亮程是中国新疆驴文化的专家。他的手里应该有大量的素材，包括毛驴的老旧照片。要想真正理解中国的驴文化，却不了解新疆的历史，并请刘亮程做导游，也是妄称驴友了。

钟振翘（1987 年— ），生于香港，网名昵称：阿 Q；职业：自由人；爱好：旅行、电影、足球。2011 年，他在新疆旅行时，赶着驴车从库尔勒去喀什。75 天里，钟振翘和他的毛驴 Pierre 遭遇过恶劣天气，也一起住进当地人的家中。因为这趟旅行，钟振翘被网友戏称为真正的驴友。

《赶着驴车去喀什》封面及插图
（突泉县农耕民俗博物馆藏）

钟振翘说：“我愿意坐在驴车上，吃驴蹄掀起的尘土。”回香港前，临别抱驴号啕大哭。他告别了 Pierre，给它找了个看上去靠谱的农家。不过，2012 年 5 月起，他和买主暂时失去联系。“虽然有些担心，但我相信 Pierre 一定过得不错，他们不会那么快不要一头驴。”其实看看新疆毛驴的命运，这头小毛驴还是令人担忧的。

2012 年 8 月，钟振翘出版《赶着驴车去喀什》的旅游图书。2012 年 8 月，他在成都创业，近 3 年自创的 Pitta 纸杯蛋糕在成都开设了 4 家分店。钟振翘和女朋友投资 50 万元，在“东郊记忆”开了第一家 Pitta 店。2015 年 8 月，成立成都彼达餐饮管理有限公司环球中心分公司。

中国历史上驴友太多，数不胜数。如果人人成为驴友，世界将会更加美好！

中华驴文化是中国重要农业文化遗产

——驴文化亟待传承和发展

2019 年 6 月 8 日为中国文化遗产日（每年 6 月的第二个星期六），在这一天“驴文化”会被人们记起吗？

在中国，驴文化自古有之，是中国乃至世界的重要农业文化遗产，但是没有被普遍重视，和养驴业一样，社会进步逼迫旧的驴文化到了彻底转型的历史关节点、关键点，是彻底灭亡还是走出新路，发掘创造驴文化迫在眉睫，驴产业复兴任重而道远。

2017 年 10 月 18 日，习近平同志在党的十九大报告中指出，要加强文化遗产保护传承。

唐三彩陶驴极限片
（突泉县农耕民俗博物馆藏）

根据《保护世界文化和自然遗产公约》，有形文化遗产即传统意义上的文化遗产包括历史文物、历史建筑、人类文化遗址，物质文化遗产包括古遗址、古墓葬、古建筑、石窟寺、石刻、壁画、近现代重要史迹及代表性建筑等不可移动文物，历史上各时代的重要实物、艺术品、文献、手稿、图书资料等可移动文物，以及在建筑式样、分布均匀或与环境景色结合方面具有突出普遍价值的历史文化名城（街区、村镇）。

文化遗产是人类文明创造的历史所留给人类的宝贵财富，一般分为物质文化遗产（有形文化遗产）和非物质文化遗产（无形文化遗产）。驴文化既有物质的有形文化遗产，也有非物质的无形文化遗产，需要重视和大力保护，并且创新发展。

驴文化的物质文化遗产是具有历史、艺术和科学价值的驴文物，驴文化的非物质文化遗产是各种驴以非物质形态存在的、与群众生活密切相关且世代相承的传统文化。二者相映生辉，彼此交融。

一、中华驴文化的特征

中华驴文化有独特的发展路径。

驴文化就是驴历史。最早的驴是稀有动物，不仅仅是“黔无驴”，而且是“中华无驴”，驴是高级礼物、贡品，这是最早的中华文化中驴的地位。从汉朝到唐朝，驴的地位一路下滑，最终彻底生活化、生产化，成为一件工具，在文化上有时成为贬义的动物。这也是符合历史唯物主义辩证法的。

驴文化就是驴文物。驴的寿命在家畜中是比较长的，但是 30 多年的寿命还是太短暂了。万幸的是，在中国考古中，驴文物还是比较丰富的。任何文化的存在一定要物化，成为实实在在的物质才可以穿越历史的尘埃，青铜驴、唐三彩驴、陶制的驴子、铜铁铸的毛驴，《清明上河图》中的驴群、驴队，皇陵古墓中的驴骨架，都是实实在在历史遗留的驴文物，也是实实在在的驴文化。

驴文化就是驴文学、驴文艺。文化离不开文学和文艺。中国传统文化中有无数有关驴的诗词歌赋，有大量围绕驴展开的戏剧、小说、曲艺作品，以驴为题目的书籍难以计数，有关驴的小说层出不穷，传统民间艺术中关于驴的节目也非常丰富。

驴文化就是驴体育。骑驴、赛驴、驴球、驴鞠自古有之，虽然现代体育没有“驴术”，但是民间体育还是保留了一些。只要加以重视和引导，驴体育就会焕发出新的生命力，在新的历史生态中得到振兴。

历史就是生产和生活，所以驴文化就是驴生产，驴文化就是驴生活。人靠驴生产生活，驴在人类社会中生产生活，彼此交融，和谐共生，形成一种新的社会生态——传统自然的农耕文化的生态。生态就是文化，文化就是生态，这是一种更加高级的文化存在。大象无形，大音希声，驴文化就是这样潜移默化承载着历史传统。

二、中华驴文化的衰落——脱实向虚

随着现代化铺天盖地的降临，驴子作为一种物质正在逐渐消失，中国越现代化，中国的驴越稀少，现实的物质基础动摇了，驴子的肉体化为尘埃或者粪土，实体消失了，空洞的驴子成为虚无的、非物质化的存在，这就是中华“驴文化”的衰落——脱实向虚。

我国已有 4000 年的养驴历史，曾经是世界上养驴最多的国家。1949 年达 949.4 万头；1954 年达 1270.1 万头；1962 年驴的数量降至 645.4 万头；之后逐年回升，1989 年又出现一个高峰，达 1113.6 万头；2000 年驴存栏总量为 920.93 万头，位居世界第一。2018 年，根据第三次全国农业普查结果，按照国际惯例，对 2007 年以后农业、畜牧业、渔业及农林牧渔业总产值等数据进行了修订。2016 年年底全国有 259.3 万头，而不是 2017 年的 456.9 万头，相差 197.6 万头，这个数据意味着中国养驴数量触及了养驴业的底线，也说明驴文化进入了保护区。

单位：万头、万只

年份 地区	大牲畜 年底头数	牛	马	驴	骡	骆驼
1996	13360.2	11031.8	871.5	944.4	478.0	34.5
2000	14638.1	12353.2	876.6	922.7	453.0	32.6
2005	12894.8	10990.8	740.0	777.2	360.4	26.6
2006	12325.7	10503.1	719.3	730.9	345.5	26.9
2007	11998.2	10397.5	646.7	638.9	291.0	24.1
2008	11529.7	10068.0	594.7	600.4	243.8	22.8
2009	11380.8	10035.9	562.3	540.4	219.7	22.6
2010	11074.6	9820.0	529.9	510.1	191.5	23.0
2011	10580.0	9384.0	515.4	485.3	171.1	24.3
2012	10248.4	9137.3	465.2	462.4	159.0	24.5
2013	10008.6	8985.8	431.7	425.7	138.0	27.4
2014	9952.0	9007.3	415.8	383.6	117.4	28.0
2015	9929.8	9055.8	397.5	342.4	104.1	30.1
2016	9559.9	8834.5	351.2	259.3	84.5	30.5
2017	9763.6	9038.7	343.6	267.8	81.1	32.3

国家统计局 编 中国统计年鉴 2017

12-13 牲畜饲养情况

单位：万头、万只

年份 地区	大牲畜 年底头数	牛	马	驴	骡	骆驼
1996	13360.2	11031.8	871.5	944.4	478.0	34.5
2000	14638.1	12353.2	876.6	922.7	453.0	32.6
2005	12894.8	10990.8	740.0	777.2	360.4	26.6
2006	12287.1	10465.1	719.5	730.6	345.1	26.9
2007	12309.3	10594.8	702.8	689.1	298.5	24.2
2008	12250.7	10576.0	682.1	673.1	295.5	24.0
2009	12357.6	10726.5	678.5	648.4	279.3	24.8
2010	12238.5	10626.4	677.1	639.7	269.7	25.6
2011	11966.2	10360.5	670.9	647.8	259.8	27.3
2012	11891.8	10343.4	633.5	636.1	249.2	29.5
2013	11853.2	10385.1	602.7	603.4	230.4	31.6
2014	12022.9	10578.0	604.3	582.6	224.6	33.4
2015	12195.7	10817.3	590.8	542.1	210.0	35.6
2016	11906.4	10667.9	550.7	456.9	192.9	38.1

2018 年核准后和 2017 年《中国家统计年鉴》大牲畜存栏统计数据

世界上养驴比较多的国家有埃塞俄比亚、墨西哥、巴基斯坦、伊朗、埃及、土耳其、阿富汗和巴西等。耕用——被电机、发动机、拖拉机、农机替代！肉驴——肉蛋奶全面增长！交通——被汽车代替！驴产业现代化发展处于起步阶段，饲养方式落后，产业链结合不紧密，市场开发力度不足，导致其生产性能低下和养驴效益偏低。驴的经济价值的减小，实用功效的退化，比较利益的降低，创新能力的孱弱，这些是不是就意味着驴应该灭绝呢？

产业发展模式单一落后，中国驴产业综合开发利用的探索也为世界驴产业发展提供了可资借鉴的“中国方案”。但是，近 20 年驴的存栏量持续下降，只剩不足 260 万头。如果继续下降，中国驴灭绝就不是什么幻梦了。

《全国草食畜牧业发展规划（2016—2020）》首次将驴列入特色产业，多地政府结合精准扶贫出台政策扶持养驴，农业农村部 2018 年启动了全国驴资源遗传改良计划。

三、驴文化振兴驴经济

经济和文化是不可以分开的，人类的任何文化如果脱离社会经济运行就会失去存续的基础。仓廪实而知礼节，人类解决温饱问题之后，自然而然进入一个新的经济层级，这个新的经济层级一定也对应着新的文化层级。

养驴业要发展就必须满足人民美好生活的需要，否则自生自灭就是必然的。而在中国经济进入新时代的大背景下，作为县域经济的一个组成部分，突泉县养驴业的发展必须是高质量的。高质量的农业、高质量的畜牧业、高质量的养驴业，有文化是高质量的一个有机组成部分，没有文化的农业、畜牧业、养驴业一定不是高质量的。

对于穷人而言，驴文化就是有关驴的一切致富的新机遇，驴文化就是穷人经济学。

驴业多元化发展才是兴旺发达的途径，单一的路径都不稳定、不持久，并有高风险。

第一，继承和创新驴耕文化。继承传统，2000 年来驴功不可没。农耕文化中有丰富内涵，有具体化和还原历史细节的驴耕文化。

第二，助力乡村振兴，驴友 + 旅游驴 + 体育驴 + 文化驴，打造驴的独立市场——集成传统养驴，创造新的驴业态。

1926 年，河北邯郸彭城镇磁州窑场中参加劳作的毛驴
（突泉县农耕民俗博物馆藏）

第三，弘扬驴美食文化，打造“突泉全驴宴”“突泉阿胶汤”，走出突泉驴美食新路子。不能片面依赖阿胶业——阿胶汤、阿胶菜、阿胶饼、阿胶饼干、阿胶零食。

第四，不断把“虚”的驴文化“实”化，由“脱实向虚”到“由虚向实”。开发新的驴文化文创产品，如把编织驴、草编驴、剪纸驴、泥塑驴、铁塑驴、学术驴、教学驴、学校驴、学院驴、生态驴、漫画驴、艺术驴、智慧驴、智能驴等都开发出来，丰富产业链，取得高质量的经济效益。

为满足人民对美好生活的需要，中华驴文化亟待传承和发展。

翻思养驴竟何益

——驴文化对驴业供给侧结构改革的作用

一位作家写道:“毛驴搞运输是强项,只要有个领头的驴带路,后面的排成一条线,不离不弃地跟着,准没掉队的、跑单帮的,组织纪律性真好。”如今,漫长的驴队正在急速走向哪里呢?

《寻驴记》
(突泉县农耕民俗博物馆藏)

驴需要人类的保护,否则会成为一种濒危动物,直至在地球上灭绝。这一局面之所以出现,驴文化的扭曲和缺失至关重要。驴文化是一种行业文化、产业文化,是生态文明文化,也是社会文化,还是动物文化,更是企业文化。驴文化是人类文化的组成部分,既有大量的内容湮没在历史尘埃中,也有丰富的文化保存至今,包括驴文化在内的各个具体文化是人的属性,如果我们有力量传承和创新,而不作为、不保护、不传承、不创新,必将给人类历史留下缺憾,甚至成为历史的罪人。

驴文化是什么?我们如何创造新的驴文化?目前,驴文化对驴业供给侧结构改革有何作用?如何借力驴文化振兴驴产业?我们应该不断地思考,寻找更加科学的答案。

一、驴背寻诗春正好——丰富的驴文化和衰落的驴产业

《尔雅》中就有“驴”字。“鼳,鼠身长须而贼,秦人谓之小驴。”东汉许慎的《说文解字》更对“驴”的词义做了具体说明:“驴,长耳,从马。骡,驴子也。”驴文化的起源和驴文字创立是同步的,围绕这个“驴”字,驴文化已经融入到博大的中华文化中,超越了驴本身和驴产业。“不识庐山真面目,只缘身在此山中”,驴文化也是如此。

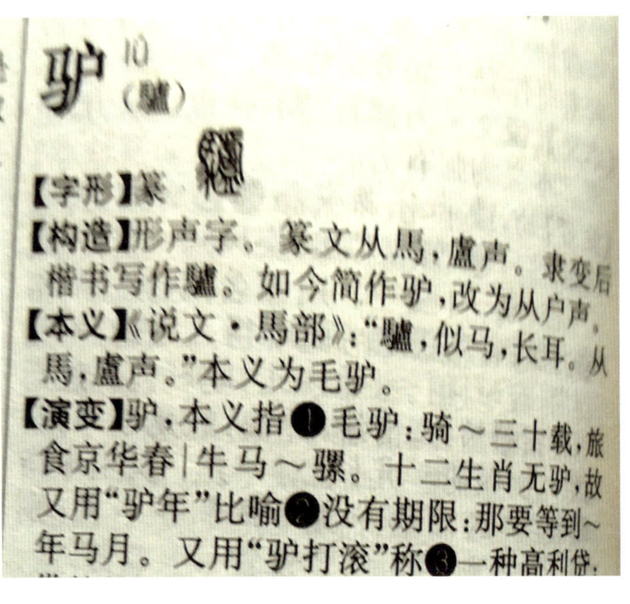

驴 lü
(驢)

【字形】篆

【构造】形声字。篆文从馬，盧声。隶变后楷书写作驢。如今简作驴，改为从户声。

【本义】《说文·馬部》："驢，似马，长耳。从馬，盧声。"本义为毛驴。

【演变】驴，本义指❶毛驴：骑～三十载，旅食京华春|牛马～骡。十二生肖无驴，故又用"驴年"比喻❷没有期限：那要等到～年马月。又用"驴打滚"称❸一种高利贷，

驴文化起源于“驴”字

考古发现，我国已有4000年的养驴历史，驴文化也丰富多彩。尤其是农耕文明时代，驴文化和中华文化相伴相生。但是，随着中国现代化进程加速，驴产业不进反退，驴文化也逐渐败落，被历史的尘埃湮没，留待未来考古发掘。驴产业的最早形态是宠物，是宫廷皇家贵族豢养的动物玩伴，后来流入民间成为农业生产的帮手，用于耕作和运输。达官贵人的墓葬中多有驴文物陪葬，如蓝釉陶驴。文人墨客对于驴也有偏爱。唐诗宋词中都有“驴诗”“驴词”。《全唐诗》中含“驴”的诗近70首，《全宋词》中含“驴”的词达33首，《全元散曲》中含“驴”的小令套曲达56首，而在清朝诗集《晚晴簃诗汇》中含“驴”的诗有163首。驴是牲畜，是工具，也是一种意象，更是艺术。

驴文化不仅仅是“天上龙肉，地下驴肉”的饮食文化，还应该是“游于艺”的体育娱乐休闲，以及驴文化的文创产品。驴是从“阳春白雪”下降为“下里巴人”的。驴曾是皇家贵族的宠物，也因此被用在古代娱乐上。驴鞠就是唐代最独特的体育娱乐活动。《旧唐书》:“（敬宗）帝好土木，自春至冬，兴作相继。庚申，郓州进驴打球人石定宽等四人。……甲子，上御三殿，观两军、教坊、内园分朋驴鞠、角抵。”驴鞠在殿中供皇帝观赏，可见当时驴鞠活动的规模之大。日常生活中，孩子也许没有见过驴，但没有不知道驴的，也必然会写“驴”字。柳宗元的《黔之驴》是学生必须背诵的。日常用语中有“笨驴”“好心成了驴肝肺”；“驴打滚”既是指高利贷，也是一种特色食品的名字。这些是驴文化，但是人们很少见到驴。驴文化已经随着驴产业的发展而凸显出来，同时“脱实向虚”了。

2019年是中华人民共和国成立70周年，70年来，驴文化也随着时代变迁发生了历史性的变换。

总体来看，驴文化伴随社会发展而更加丰富。最近20年，丰富的驴文化和衰落的驴产业发生了错位，“脱实而虚”。驴文化和驴产业分离，没有直接支撑产业发展。驴的动物文化、企业文化、行业文化、产业文化、社会文化，还没有“反哺”驴产业发展。一言以蔽之，即驴文化缺失、缺位。驴文化和驴产业能否复兴创新，今后20年是关键时期。

中华人民共和国驴文化发展

阶段	时间 / 年	驴产业发展特征	驴文化核心
快速发展期	1949—1955	驴为运输、耕作工具。养驴起点低，花费少，起步快，小农经济投入积极性高，规模在1000万头以上。1954年1270.1万头，创中国历史最高纪录	**传统巅峰期**：非军事、实用型、生活化。结合家庭，集体认同，方便日常生活、生产
快速收缩期	1956—1965	小农经济效应的减退与农业合作化、人民公社发展是紧密相连的，规模从1200万头下降到600万头	**灾荒救济期**：适应新的生产生活方式
恢复发展期	1966—1976	快马加鞭，集体养驴绝对化，规模在800万头	**错误期**：驴文化几乎消失，消极的“懒驴型驴文化”转型定性
持久发展期	1977—1990	欣欣向荣，蓬勃发展，规模从700万头增加到1000万头。无竞争则补缺，有竞争则让位	**恢复转型期**：经济先导，混杂性小农经济的驴文化复活，新文化嫩芽萌发
持续下降期	1991—2016	持续负增长，规模从1000万头下降至2016年的259.26万头	**新驴文化酝酿期**：驴文化节诞生，驴文化独立，驴文学量产，脱实而虚
触底反弹期	2017—	文化、旅游、文创、美食、医药等，多用途特色需求，供给侧结构改革深入，规模在200万头	**复兴创新期**：驴文化方兴未艾，驴的文化创意不断增加，融入驴友文化

二、磨驴步步皆陈迹——驴文化创新缺失导致养驴业萎缩

“达则牙旗金甲，穷则蹇驴破帽，莫作两般看。”驴文化基本是和消极相联系的，这种价值取向也使得驴文化难以登上大雅之堂。

1. 社会驴文化是传统养驴业的支柱

为什么养驴？驴是干什么用的？驴的价值何在？这些问题在自然状态下是不会成为问题的，但是在社会发展转型的时候，就成为文化问题，在自组织的形式下，不主动引领，社会大潮就会无情地冲击旧事物，驴产业就是如此。一个事物的发展，需要的是产业发展动力，而最初驴能够满足人的哪些需要呢？最初的驴耕文化性质的驴文化是完全实用主义的，无独立性，无自身的发展和创新，无驴文化的文化创意。旧的实用性一经丧失，驴文化的负面性和虚无性立即凸显，人们不需要驴的实体了，驴产业也就必然衰落。

2. 驴文化没有激活驴产业的新生产力

历史上曾强大的“驴生产力”也“驴背正黄昏”，多年来，业内人士早已因养驴方向和目的的转移而提出发展肉驴产业，但役用驴转型为肉用驴并没有顺利实现，尤其是以养殖肉驴为主导的产业没有成型，同时忽视役用驴的新发展，造成了全国役用驴断崖式衰落。我们可以在发展动力上得到解释，但驴文化的缺失是一种顶层设计上的缺失，不能不

引起重视。习近平总书记指出："文化自信，是更基础、更广泛、更深厚的自信，是更基本、更深沉、更持久的力量。坚定文化自信，是事关国运兴衰、事关文化安全、事关民族精神独立性的大问题。"[①] 同理，驴文化事关驴产业的兴衰、安全、发展。现实中，驴文化普遍缺失，自信不足。磨驴步步皆陈迹，没有新的道路，驴产业走向衰落和灭亡也只是时间问题了。驴产业的危机来了。

徐悲鸿《春山驴背图》(局部)
(突泉县农耕民俗博物馆藏)

3. 没有创造出共享多元的驴文化

"驴文化节"是驴文化的自觉。2009 年 8 月，山西大同举办首届画眉"驴文化节"，此后再也没有继续办下去，而其他的"驴文化节"不温不火，也没有形成预期的社会影响力，这是为什么？文化氛围不足，文化创意产品几乎为零，是根本原因。社会上共同认知驴不值钱，没有价值，也就是传统的驴文化的共产力不足。驴文化对应着传统小农经济，是内部性的，自产自销、自给自足，和现代化的"文化创意"没有对接，无法转化为市场商品，也就无法换来经济效益，即驴产业供给侧结构改革对接不吻合，这也是农耕文化和畜牧文化难以发展壮大的根本原因。

① 习近平．习近平谈治国理政 第 2 卷［M］．北京：外文出版社，2017：349.

2018 年全国“驴文化节”情况（来自互联网不完全统计）

	时　间	名　称	地　域
1	2月8日至3月10日	“陕北榆林过大年”跑驴 赛驴	陕北定边
2	4月28日	第二届驴肉火烧文化旅游节	河北河间
3	8月25日	张家口市第二届旅游产业发展大会	传统农耕驴文化
4	9月18日	2018 东北毛驴文化节	沈阳法库
5	10月22日	第八届天桥民俗文化节“赛活驴”	北京
6	11月17日	大通首届毛驴文化节	四川南充嘉陵区大通镇

4.“吃”主导的驴文化没有促使“驴消费”转型

目前，驴产业内部的驴文化似乎只剩下了单一的“食文化”——驴肉、驴奶（粉）、驴皮，驴的全身都是宝，集中在一个字“吃”，这是单一文化，失去了多样性，从根本上削弱了驴文化的多样性。但是“天上龙肉，地下驴肉”并不被社会文化广泛认可，“龙肉”在世界上根本不存在，这反而会落入虚无主义的文化陷阱。关键是“吃”的驴文化和其他畜禽的饮食文化还没有出现替代效应，也没有经济竞争优势，驴文化的竞争优势也就无法建立起来。几千年来，驴文化就是这样自然发展的，随着社会发展，顺其自然，最后只能自生自灭。中华人民共和国成立70 年社会巨变，驴文化没有完成人们对驴的现代化新需要的建设和转移，驴文化没有解决如今养驴有什么用的问题。驴文化没有主动和新时代人们的美好生活需要对接。进入新时代，社会主要矛盾已经转化为人民日益增长的美好生活需要和不平衡不充分发展之间的矛盾。美好生活需要对于养驴业意味着什么？养驴业如何满足人类需要，本质上在于如何继承驴文化和创新驴文化。

三、蹇驴冲雪野桥过——创新驴文化和振兴驴产业

创新驴文化和振兴驴产业一定要坚定文化自信。“四个自信”对于驴产业也是必需的。“要坚持古为今用、以古鉴今，坚持有鉴别的对待、有扬弃的继承，而不能搞厚古薄今、以古非今，努力实现传统文化的创造性转化、创新性发展，使之与现实文化相融相通，共同服务以文化人的时代任务。”驴业定会迎来新的发展。

第一，创新驴文化，融入驴友文化。

振兴驴产业就必须高度重视创新驴文化的核心作用。文化是基础，也是顶层设计。在中国历史上，驴文化伴随驴从零开始，1954 年至 2016 年，驴的绝对数量降低了 1000 万头以上，减少将近 80%，养驴业几乎在中国消失。为什么？驴文化缺位是造成养驴业萎缩的根本原因。高度重视创新驴文化首先是业内重视，然后是企业重视，最后是全社会的重视。如艾青所言，“驴子啊，你是北国人民最亲切的朋友”。又如，融入驴友文化，把旅游业和养驴发展融合，既继承

了役用价值，又有了新的增长潜力。《赶着驴车去喀什》这本书很有特色，香港的阿 Q 和驴不应该是孤例。

第二，创新驴文化就要研究学习驴。

关于驴的文献浩如烟海，《中国驴子畜牧史考述》把驴、毛驴称为“驴子”别有新意，艾青的诗《驴子》也是满含深情。“子”在这里是含有“敬意”的，如“子”是对人的称呼：男子、妻子、才子。古代称老师或称有道德、有学问的人，如孔子、先秦诸子。小小的称呼我们就可以给驴文化注入新的内涵。

第三，创新驴文化就要弘扬驴之美。

驴全身都是宝，当然也是一种美，是实用之美，而全驴宴是美食之美，楚辞、汉赋、唐诗、宋词、元曲中的驴是文学艺术之美，驴文物是历史创造之美。驴文化一定要“共同服务以文化人的时代任务”，为人类美好生活增光添彩。驴文化创新一定要全维度发展文化、旅游、文创、美食、医药等，满足人民的多种需求，供给侧结构改革深入对接不断深化，形成持久伦理文化的发展动力。

《黄河东流去》（上）
（突泉县农耕民俗博物馆藏）

第四，创新驴文化就要与现实文化相融相通。

驴文化的核心价值是助力农耕文明的传承和发展，驴产业的现代化必然要求传统驴产业走出小农经济陷阱。驴文化的现代化和传统化相互作用，驴文化的传承和创意整合，这个“驴文化转基因”必须尽早开始！驴文化一定要加入“三大攻坚”战，在扶贫攻坚、生态文明、乡村振兴中形成驴文化自身的潮流。

蹇驴冲雪野桥过！业界人士一定要在关键的驴业复兴创新期坚定文化自信！坚定驴文化自信！驴文化失去自信了吗？绝没有！文化自信越坚定，价值越高，未来发展加速度越大！驴文化自信越坚定，驴业供给侧结构改革越顺畅，驴产业价值越高，未来驴产业加速发展的力量就越大！

（2019 年 4 月 2 日）

丁卯

警惕驴文化断崖式沉没

《中国发展观察》杂志2018年第24期发表了刘奇先生的文章《传统农耕文化遭遇断崖式沉没“为往圣继绝学”成当务之急》，刘先生大声疾呼，警惕传统农耕文化遭遇断崖式沉没。驴文化同样面对这个问题。今天，不论是财富积累还是科技手段都达到了一个前所未有的高度，“继绝学”的方式方法、路径都应超越前人。

1906年北京前门“左侧行走”的驴马
（突泉县农耕民俗博物馆藏）

人类文明的演进主要通过人文科学的社会治理和自然科学的科技研发两条途径实现，即“道”与“器”的互动。中国人历来重“道”轻“器”，长达1300多年的科举制度，为“器”而设者寥寥，而在“继绝学”中，不光要继“道”之绝，也要继“器”之绝。所谓“往圣”者，为“道”者是“往圣”，为“器”者同样是“往圣”，只有“道”“器”并举，才能使文明薪火相传，不致中断。

——刘奇

刘先生建议应以实物继之。“县乡两级应建立博物馆，把与农业生产和农民生活有关的特色农具及生活器具集中存放、收藏、展示。在漫长的农耕文化发展过程中，各地都有适应本地生产生活的特色传统器物，将之搜集整理集中，让子孙后代可以直观睹物，不需像无数后人极尽想象诸葛亮如何创制木牛流马、宋代人如何设计1800多个零件的织机那样揣摩猜度，其科学价值、历史价值、艺术价值可以最直接地显现。美国3亿多人口，仅有200多年历史，但却建有3万多座博物馆。中国14亿多人口，煌煌5000年文明史，但却只有6000多座博物馆，即使县乡两级都建一个博物馆也仅不足4万座，这与5000年文明古国名实不符，与14亿多人口的大国也极不相称。因此，不仅应推行官建，还应鼓励、提倡、支持有条件的富村及有能力的企业或个人围绕农耕文化兴建博物馆，以多种渠道和方式抢救即将湮灭的历史遗存。”

中国只有一座毛驴博物馆，而没有一个“驴文化博物馆”。最简单的是首先在现有的突泉县农耕民俗博物馆开展“驴文化博物馆”工作，慢慢积累，再独立出来。

刘先生还建议应以申遗继之，也非常实用。人类历史上不少地方都曾燃起古代文明的火炬，但都相继熄灭，唯有中华文明长盛不衰，产生这一世界史上独特现象的关键在于物质基础。多元交汇、精耕细作的中国古代农业一直是世界最高水平，一系列发明创造不仅领先于外国，而且对东亚和西欧农业的发展产生过深刻影响。中国古代农业强大的生命力是中华民族、中华文化得以持续发展的深厚根基。中国已有39项非遗进入世界名录，但作为综合性强、覆盖面广、影响力深、历史久远、一脉相承、不曾中断的中华农耕文化理应申报世界非遗。这是保护传统文化、弘扬民族文化、增强文化自信的关键举措和重要途径，也是对世界的奉献、对历史的负责、对子孙的交代。

传统农耕文化如此，驴文化也是如此，但是我们不应等待水到渠成，而应该努力做一些力所能及的事情。突泉县在适当时机可以联合赤峰、通辽等驴产业带地区申报驴文化遗产。

中华人民共和国成立七十年养驴业的发展

2019 年是中华人民共和国成立 70 周年，中国 70 年的变化翻天覆地，中国 70 年的养驴业也随着时代变迁发生了历史性的变化，回顾这段历史，认清这段历史的本质，对于今后中国养驴业的发展是十分重要的。

一、中华人民共和国成立七十年中国养驴业的发展阶段

我国已有 4000 年的养驴历史，曾经是世界上养驴最多的国家。中华人民共和国成立七十年来，驴的数量从 1949 年的 949.4 万头到 2016 年的 259.26 万头，中间经过了大起大落，大致可以分为 6 个阶段。

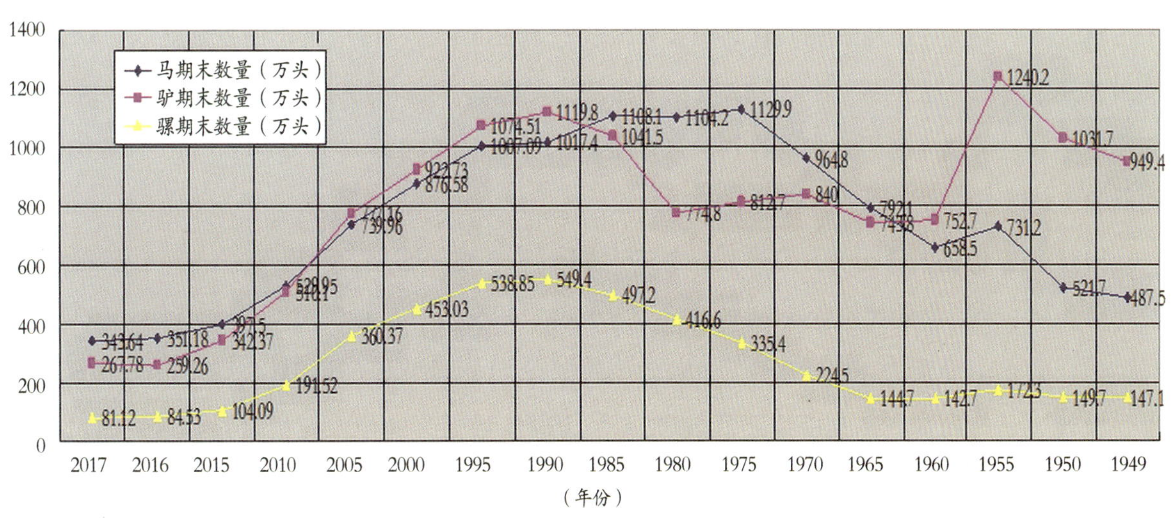

中华人民共和国成立后马、驴、骡的年度期末存栏数量变化

第一阶段，快速发展期（1949—1955 年），从 1949 年的 949.4 万头增加到 1955 年的 1240.2 万头，增长 30.6%。这一阶段，我国逐渐进入和平发展环境，土地改革，小农经济得到巨大发展，战争没有完全停止，如抗美援朝。这一时期，驴的数量始终在马的数量之上。驴主

要用于运输、耕作。养驴起点低、花费少、起步快，小农经济投入积极性高。除了自然淘汰外，驴的存栏数量只增不减。1954 年多达 1270.1 万头，这个数字应该是中国养驴数量承载力的极限值。到了 1990 年的 1119.8 万头再也没有增长，而中国将来还会养这么多驴吗？马、驴、骡合计即马属家畜数量一直在增加，从 1584 万头增加到 2143.7 万头，其中马、驴、骡分别占 30%、60%、10%。

第二阶段，快速收缩期（1956—1965 年），从 1956 年年初的 1240 万头减少到 1965 年的 743.8 万头。三年困难时期驴的数量降至 645.4 万头 (1962 年)，之后逐年回升。马、驴、骡合计数量总体在减少，1962 年降至 1409.8 万头，然后缓慢增长。1963 年，马属家畜内部结构发生了一个特征性变化，马的数量第一次超过驴的数量，这也是养驴的小农经济效应减退的结果，其中马、驴、骡分别占 46%、45%、9%。这一阶段全国的小农经济效应的减退与农业合作化、人民公社发展是紧密相连的，对于驴的需要，集体经济比小农经济低。三年困难时期，数以百万头的驴成为食品，补充粮食的短缺，耕驴、役驴、骑驴、车驴等提前淘汰出栏宰杀，驴的寿命减短，驴群存栏量减少。

第三阶段，恢复发展期（1966—1976 年），从 1966 年初的 743.8 万头逐渐增加到 1971 年的 851.3 万头，增加了 14.45%。此后，逐渐缓慢减少，至 1976 年为 776.6 万头。恢复发展期总的增加 4.4%。1971 年 12 月 16 日，中共中央做出关于农村人民公社分配问题的指示。这个政策是“懒驴”减少的原因。马、驴、骡合计数量一直在增加，从 1680.6 万头增长到了 2274 万头。马、驴、骡内部结构也在变化。这一结构可以解读为**“快马加鞭，‘懒驴’不少”**。

第四阶段，持久发展期（1977—1990 年），改革开放，经济大发展，国家经济发展逐步进入正轨，养驴业持久正向发展，直到承载力顶点，形成以一谷一峰为特征的发展曲线。1979 年又出现一个谷底，达 747.3 万头。1990 年又出现一个高峰，达 1119.8 万头。这一阶段，全国性养驴的小农经济效应起了很大的作用。这一阶段，土地承包、包产到户和中华人民共和国成立初期的土地改革对养驴业的需要是关键。

1988 年，中国马属家畜存栏数量达到 2695.8 万头。这一时期，还出现了一个“马骡换驴”的迹象。马、驴、骡的比例分别为 39.10%、41.00%、19.91%，接近 2∶2∶1的最佳值。1987 年，马、驴、骡比例分别为 40%、40%、20%，达到 2∶2∶1的最佳值。从 1988 年开始，驴的数量再一次超过马的数量，一直持续到了 2008 年。1989 年以后，我国农业机械化迅速发展，社会运输尤其是农业动力从畜力向机械力转化，马属家畜开始减少。2695.8 万头是中国马属家畜承载力的极限，1985 年到 1995 年每年都达 2600 万头以上。这一时期，欣欣向荣，蓬勃发展，养驴业几乎不知道什么是“衰退”，也无须考虑将来。

1949—2017 年全国马、驴、骡年末存栏（万头）

时间 / 年	马	驴	骡	驴增 %	马属合计	时间 / 年	马	驴	骡	驴增 %	马属合计
2017	343.64	267.78	81.12	3.29	692.54	1985	1108.1	1041.5	497.2	4.55	2646.8
2016	351.18	259.26	84.53	−24.27	694.97	1984	1097.8	996.2	479	5.43	2573
2015	397.5	342.37	104.1	−10.75	843.96	1983	1080.6	944.9	459.3	5.00	2484.8
2014	415.75	383.62	117.4	−9.89	916.72	1982	1098.1	899.9	446.4	6.94	2444.4
2013	431.68	425.71	138	−7.94	995.43	1981	1097.2	841.5	432.5	8.61	2371.2
2012	465.24	462.43	159	−4.71	1086.63	1980	1104.2	774.8	416.6	3.68	2295.6
2011	515.39	485.28	171.1	−4.87	1171.74	1979	1114.5	747.3	402.3	−0.11	2264.1
2010	529.95	510.1	191.5	−5.60	1231.57	1978	1124.5	748.1	386.8	−1.95	2259.4
2009	562.28	540.35	219.7	−10.00	1322.3	1977	1144.7	763	371.5	−1.75	2279.2
2008	594.74	600.38	243.8	−6.03	1438.92	1976	1143.8	776.6	353.6	−4.44	2274
2007	646.69	638.9	291	−12.58	1576.62	1975	1129.9	812.7	335.4	−1.29	2278
2006	719.34	730.87	345.5	−5.96	1795.7	1974	1110.3	823.3	313.9	−1.40	2247.5
2005	739.96	777.16	360.4	−1.86	1877.49	1973	1073	835	292.3	−0.04	2200.3
2004	763.85	791.91	374	−3.51	1929.71	1972	1034.1	835.3	268.2	−1.88	2137.6
2003	790.02	820.69	395.7	−3.43	2006.45	1971	992.6	851.3	244.4	1.35	2088.3
2002	808.77	849.88	419.4	−3.59	2078.09	1970	964.8	840	224.5		2029.3
2001	826	881.5	436.2	−4.47	2143.7	1966—1969 年数据缺失					
2000	876.58	922.73	453	−1.29	2252.34	1965	792.1	743.8	144.7	5.53	1680.6
1999	891.4	934.8	467.3	−2.20	2293.5	1964	739.4	704.8	140.3	4.48	1584.5
1998	898.1	955.8	473.9	0.31	2327.8	1963	686.5	674.6	135.5	4.52	1496.6
1997	891.2	952.8	480.6	0.89	2324.6	1962	632	645.4	132.4	−1.69	1409.8
1996	871.5	944.4	478	−12.11	2293.9	1961	621.1	656.5	133.2	−12.78	1410.8
1995	1007.1	1074.5	538.9	−1.63	2620.45	1960	658.5	752.7	142.7	−16.64	1553.9
1994	1003.8	1092.3	555.2	0.34	2651.26	1959	705.8	903	154.7	−7.60	1763.5
1993	995.9	1088.6	549.8	−0.88	2634.3	1958	689.3	977.3	157.1	−10.04	1823.7
1992	1001.7	1098.3	561	−1.57	2661	1957	730.2	1086.4	167.9	−7.03	1984.5
1991	1009.4	1115.8	560.6	−0.36	2685.8	1956	737.2	1168.6	171.1	−5.77	2076.9
1990	1017.4	1119.8	549.4	0.56	2686.6	1955	731.2	1240.2	172.3	−2.35	2143.7
1989	1029.4	1113.6	539.1	0.76	2682.1	1954	693.9	1270	171.7	3.97	2135.6
1988	1054	1105.2	536.6	1.90	2695.8	1953	651.2	1221.5	164.5	3.46	2037.2
1987	1069.1	1084.6	524.8	1.47	2678.5	1952	613	1180.6	163.7	7.17	1957.3
1986	1098.8	1068.9	511.3	2.63	2679	1951	518.6	1101.6	155.3	6.78	1775.5
1985	1108.1	1041.5	497.2	4.55	2646.8	1950	521.7	1031.7	149.7	8.67	1703.1
1984	1097.8	996.2	479	5.43	2573	1949	487.5	949.4	147.1	—	1584

数据来源：国家统计局网站 https://data.stats.gov.cn/easyquery.htm?cn=co1.

第五阶段，持续下降期（1991—2016 年），养驴的小农经济效应继续减退。1991 年之后养驴业持续负增长，持久而漫长。1996 年、2007 年、2009 年、2015 年、2016 年都是 10% 以上的负增长。2016 年，驴存栏骤降 24.27%，这是一个危险的数字。2000 年，驴存栏总量为 922.73 万头，位居世界第一，马、驴、骡合计 2252.34 万头。2016 年，驴存栏总量为 259.26 万头，已经退出了世界前三名。如果这个趋势继续，对养驴业将是毁灭性的。

1995 年年末，马、驴、骡合计 2620.45 万头，一年时间减少 12.11%，1996 年年末只有 2293.9 万头。2004 年年末只有 1929.71 万头，比 1970 年还要低，甚至低于 1952 年。2000 年，马、驴、骡合计 2252.34 万头。2013 年，马、驴、骡合计降到 995.43 万头。

马属家畜内部结构也在演化。2009 年，驴的数量再一次降低到马的数量之下，马、驴、骡比例分别为 43%、40%、17%，马多驴少的结构一直持续到现在。

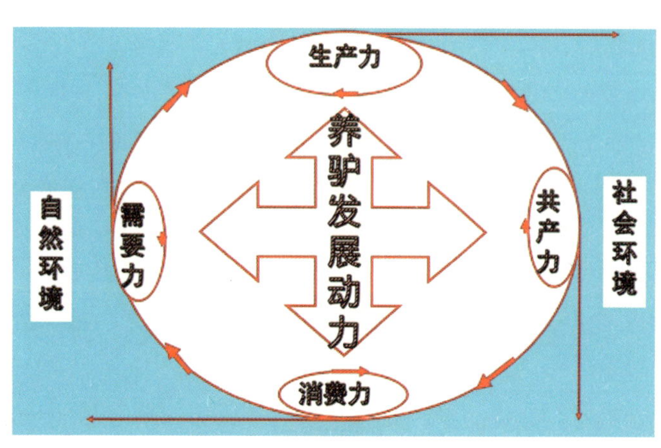

养驴业社会发展动力

第六阶段，触底反弹期（2017 年至目前），养驴的小农经济效应继续减退。2017 年，开始大力发展肉驴养殖。驴存栏增长率为 3.29%，创近 30 年新高，虽然有偶然因素，但是是好的迹象。马属家畜持续下降，总存栏在 690 万头以下。《全国草食畜牧业发展规划（2016—2020）》提出“特色畜禽。坚持市场导向，因地制宜发展兔、鹅、绒毛用羊、马、驴等特色草食畜产品，满足肉用、毛用、药用、骑乘等多用途特色需求，积极推进优势区域产业发展，支持贫困片区依托特色产业精准扶贫脱困”。肉驴养殖方兴未艾，多元化供给侧养驴尚未成形，任重而道远。2019 年是新时代中国养驴业新发展的开始，期待早日进入一个新的驴业新时期。

二、中华人民共和国成立七十年中国养驴业新解读

中国驴的数量从 1954 年的 1270 万头减到 2016 年的 259.26 万头，绝对数量降低了 1000 万头以上，减少将近 80%，养驴业几乎在中国将要消失。

养驴业发展动力 = 需要力 + 生产力 + 共产力 + 消费力

这可以说是养驴业的政治经济学。

1. 需要力是养驴业发展第一社会力

需要力是人类有意识地对物质和自身产生渴求或欲望并要求满足的作用。

几千年来，尤其是中华人民共和国成立七十年来，很显然养驴业是在农业生产上满足人类

的需要，为农耕生产直接提供犁耕动力。虽然说“驴全身都是宝”，但畜力是养驴业的第一需要。食用、药用、骑乘用、文化需要等都是附加需要，是非主流需要。改革开放以来，养驴需要力转化没有真正开展，需要一直维持着。而随着社会发展，养驴业的原始需要转化为“不需要”。不需要驴来耕地拉车，驴自然就会被淘汰。而其他的需要也在市场规律中不占据优势，养驴业被社会淘汰成为大趋势。这是中国 20 世纪 90 年代开始养驴业逐渐衰落的根本原因。

在党的十九大会议上，习近平总书记指出，中国特色社会主义进入新时代，我国社会主要矛盾已经转化为人民日益增长的美好生活需要和不平衡不充分的发展之间的矛盾。美好生活需要对于养驴业意味着什么？养驴业如何满足人们的需要？

2. 生产力是养驴业发展第二社会力

生产力是人类改造、利用自然和自我的作用。养驴业生产力主要是畜力，而和机械力比较，畜力明显越来越不利。1978 年，全国拖拉机不足 200 万台，而到了 1990 年将近 800 万台，2000 年已经超过 1300 万台，2015 年之后超过 2300 万台。农业机械化的优势和竞争力是畜力无法相比的，是社会进步的体现。畜力退出农业是生产力进步的结果。

1978—2017 年全国拖拉机数量（台）

时间 / 年	大中型拖拉机	小型拖拉机	合计
2017	6 700 800	16 342 400	23 043 200
2016	6 453 546	16 716 149	23 169 695
2015	6 072 900	17 030 400	23 103 300
2010	3 921 723	17 857 921	21 779 644
2000	974 547	12 643 696	13 618 243
1990	813 521	6 981 000	7 794 521
1980	744 865	1 874 000	2 618 865
1979	666 823	1 671 000	2 337 823
1978	557 358	1 373 000	1 930 358

数据来源：国家统计局网站 https://data.stats.gov.cn/easyquery.htm?cn=co1.

养驴业的其他生产力又如何？驴的肉用生产力，“驴年马月牛十天”，这种自然生产力局限还没有克服，中国人以食用猪肉为主，驴肉无法抗衡猪肉，而食用驴肉的习惯的养成需要从娃娃抓起。规模驴肉产品地域性限制极大，产业化发展滞后。药用的阿胶更是少数人的消费品。食用、药用、骑乘用、文化的驴业生产力明显不足。

养驴业生产力低下除了历史和自然原因，中国养驴业基础研究缺乏、科研能力低下也是核心因素。需要力和生产力的关系是：需要力 < 生产力，价格下降，存栏增加；需要力 > 生产力，价格上升，存栏减少。养驴业综合生产力小于需要力，虽然驴产品价格上升，但是驴存栏量不断减少，每个生产周期之后都是如此，一些地区的养驴业就彻底消失了。

3. 共产力是养驴业发展第三社会力

共产力是人类在对生产的结果进行处理时产生的对内或者对外的作用。何谓共产力？共产力是力学的、不具有意识形态特征的、中性的，与生产力并列的范畴。

什么是养驴业的共产力？一切驴产品用来交换的结果就是驴的共产力，具体说就是货币。从一定程度说，养驴业的共产力就是产值。驴产品生产出来之后，如果卖不出去，无法交换，无法换成货币，都是共产力的不足、缺失、减少。在小农经济、传统农业时期，驴产品很少面对市场，共产力很弱小。笔者研究内蒙古兴安盟突泉县养驴业发现，1985 年全县驴达 2.41 万头，占大家畜总数的 24.74%，占全部家畜总数的 8.25%，驴创造产值 8 万元，占畜牧业产值的 6%，平均一头驴 3.32 元。从数量占比看，驴的共产力是很低的。也就是说，驴的商品化、市场化水平很低。

生产力 < 共产力，价格上升，存栏增加；生产力 > 共产力，价格下降，存栏减少。

三 驴

本县主要饲养当地品种驴，也有少量陕西驴。1949 年全县有驴 1.66 万头，1985 年达 2.41 万头，占大小畜总数的 8.25%，占大畜总数的 24.74%。

本地驴属中等类型品种，毛色以黑、灰居多，成年公驴平均身高 1.1 米，母驴 1 米左右。这种驴耐寒，耐粗饲，抗病能力强，易于饲养，可用于骑乘、驮运、拉车、碾场、推碾和拉磨，是农村不可缺少的役畜。本地人以 2 头驴驾 1 辆小胶车，运载 300～500 公斤，日行程可达 30 公里；以 1 头驴推碾或拉磨，日可加工粮食 120 公斤。此外，驴肉含有较高的蛋白质，是味道鲜美的佳肴；驴皮可用于制革，还可熬制中药阿胶。全县养驴年创产值 8 万元，占牧业总产值的 6%。

内蒙古兴安盟突泉县养驴业社会发展资料

养驴业生产力很大，但共产力小，驴的存栏数量必然逐渐减少。

4. 消费力是养驴业发展第四社会力

消费力是人消化自然资源和自己劳动、成果、产品的作用。驴的消费力分为两个部分：驴消费力 = 驴肉消费力 + 驴皮消费力。目前，我国大量进口驴皮，但驴肉是不进口的。这也反映出驴的消费力的不平衡特征。消费力巨大且畸形，“杀鸡取卵”的驴产业反而萎缩。生产驴产品之后，如果没有真正消费，只是被购买，也是隐性的库存，不会有良性顺畅的周期循环。而消费品之间是互相作用的。驴肉和猪肉之间竞争，阿胶和其他滋补品之间的互补与竞争，这些都是影响驴产品消费力的社会因素。例如，2014 年 2 月 10 日，国务院办公厅发布《中国食物与营养发展纲要（2014—2020）》，提出食物消费量目标，“到 2020 年，全国人均全年口粮消费 135 公斤、食用植物油 12 公斤、豆类 13 公斤、肉类 29 公斤、蛋类 16 公斤、奶类 36 公斤、水产品 18 公斤、蔬菜 140 公斤、水果 60 公斤”。消费力根据营养学的标准计算。中国营养学会推荐成人每日摄入量：鱼虾类 75 ~ 100 克，畜禽肉类 50 ~ 75 克，蛋类 25 ~ 50 克，奶类 300 克。每人全年需要畜禽肉类 27.38 千克，2010 年肉类生产人均 57.99 千克，人均占有量没有持续增加，而是在不断下降，这也反映了肉类生产的承载力已经在下降。而根据 2013 年中国生产畜禽肉 8373 万吨算，人均吃（消费）肉近 60 千克。我国一年饲养大约 12 亿头猪，其中出栏 7 亿头，全国的消费量大体上是两个人消费一头猪，生产力和消费力比较，生产力远远高于消费力，这意味着人均肉类消费量需下降一半。全国的肉类生产已经过剩了。“天上龙肉，地下驴肉”，驴肉像虚无的龙肉一样在高端消费领域占据一席之地，还是很困难的。

东阿阿胶价格变动（元/斤）

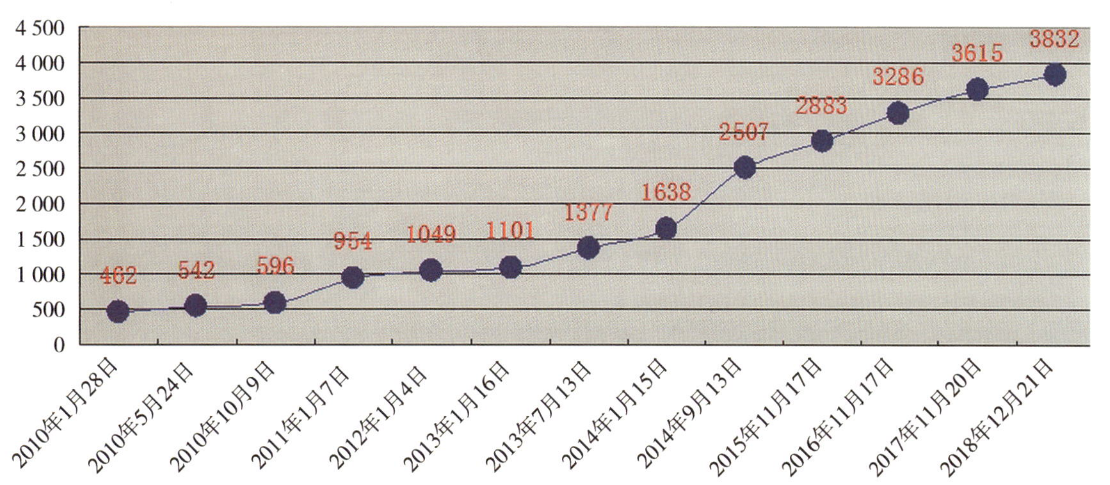

数据来源：历年东阿阿胶公司公告。

消费力 > 共产力，价格上升，存栏增加；消费力 < 共产力，价格下降，存栏减少；

需要力 < 消费力，价格下降，存栏增加；需要力 > 消费力，价格上升，存栏减少。

这是肉类总的比较，而驴肉消费由于自身生产力比较低，因此价格高，在肉类竞争中处于不利地位，这也是驴存栏、出栏数量都不断降低的根本原因。

5. 社会发展动力是合力

马克思关于“生产与分配、交换、消费的一般关系”的研究，认为不管是消费、分配还是交换都只是作为生产活动的内在要素包含在生产之内，而绝不是一种并列的关系。随着社会进步，社会发展动力总体增加，新的社会力量不断壮大，尤其是科技进步在各个领域都有所体现，人类自身的单项力的独立性越来越大，因此，在合力之上，作为分力的需要力、共产力、消费力都会逐渐独立。但是，在社会现实中，还是统一表现为总的合力。数量少可以体现在“价格”这个指标上。例如，驴价格 = 驴肉价格 + 驴皮价格，但是驴皮价格 ≠ 阿胶价格，而**形成阿胶价格的价格力 = 需要力 + 生产力 + 共产力 + 消费力**。每一个阿胶的市场价格都是经过交换的讨价还价，甚至期货、出厂指导价、成本价格、资本价格、消费价格、储存价格等，共同磨合、浮动形成了阿胶价格，而且随着时间不断变化。

三、中华人民共和国成立七十年养驴业的发展本质

随着人类的进步，驴对于社会的动力就与以前大不一样了。养驴产业也是如此。中华人民共和国成立70年来，小农经济发达，养驴业就兴旺，小农经济衰落，养驴业就萎缩。养驴业基本处于一种自然经济发展阶段，是国家经济、政治、生产方式的附属物，内化为小农经济的一种虚拟的存在，严重依赖传统农业经济，造成养驴业产能过剩，之后又缺乏自觉的发展和创新，自生自灭，被动“去产能、去库存、去杠杆”，这种发展本质是养驴业由过去的“正发展”到新时代的“负发展”的转变，由“正动力”到“负动力”的转变。这种“负动力”主导的局面不改观，养驴业就不会迎来新的“正发展”。

发展是指事物由小到大、由简到繁、由低级到高级和由旧物质到新物质的运动变化过程。2015年10月29日，习近平总书记在党的十八届五中全会第二次全体会议上的讲话中提出了创新、协调、绿色、开放、共享的发展理念。党的十九大报告提到“发展”共232次，新发展理念动力强大。

面对70年来的历史巨变，我们不禁要问，如何发展现代养驴业？传统养驴业正在加速土崩瓦解！发展新的养驴业是否就是消灭旧的养驴业？什么是传统养驴业？传统养驴业会彻底消失吗？是否会成为遗产？需不需要大力保护？目前全国毛驴饲养量为270万头左右，内部产业结构陈旧，势必无法满足人民的美好需要。我国毛驴资源急剧减少的主要原因是发展动力下降，驴产业是不平衡、不充分的“负发展”。

发展动力下降原因之一是创新、绿色生产力不足。养驴业顶层设计和施工缺失，对肉驴生产没有科学创新的发展规划，没有技术创新，包括品种改良目标和具体项目，基础研究几乎为零。中国“绿色养驴”优势没有继承和发扬光大，反而逐渐消失。

发展动力下降原因之二是协调、开放不均衡，驴产业转型缺乏主动，驴肉竞争力低。以驴皮消费力为主导，大大影响了世界养驴业的格局，世界上养驴比较多的国家也受到影响。耕驴被拖拉机取代，役用驴被电机、发动机替代，驴车被汽车代替。随着机动车的普及，驴的役用价值越来越低，使驴的饲养量逐渐减少。驴产业转型发展处于起步阶段，饲养方式落后，产业链结合不紧密，市场开发力度不足，导致其生产性能低下和养驴效益为负值。

发展动力下降原因之三是共享发展不充分。文化是全社会的，文化共享才是充分的共享。驴产业共享发展的瓶颈是缺少驴文化，驴文化是养驴业共产力的核心，典型是驴文化不振兴。驴文化保护、开发、创新起步晚，文化产品缺失，增长潜力没有充分发掘。驴文化传统断裂，传统多元化养驴技术也正在消亡。人民需要的驴产业不是凭空出现的，而是要靠养驴业的创造，今天尤其要靠文化创意的引领。

增强发展“正动力”，以创新、协调、绿色、开放、共享发展养驴业，是“正发展”的强大

动力。新发展理念符合我国养驴业的现实，顺应时代要求，对破解养驴业发展难题、增强养驴业发展动力、厚植养驴业发展优势具有重大指导意义，新发展理念承上启下，也指导着养驴业未来的发展，决不能被动等待，决不能奋斗乏力。

（2019 年 3 月 18 日）

附录子

中国重要农业文化遗产发掘工作

为深入贯彻落实习近平新时代中国特色社会主义思想和党的十九大精神，按照2018年中央一号文件要求，根据《重要农业文化遗产管理办法》（农业部公告第2283号）规定，农业农村部决定开展第五批中国重要农业文化遗产发掘认定工作，现就有关事项通知如下。

一、目标要求

按照在“发掘中保护、在利用中传承”的思路，以弘扬中华优秀传统农耕文化为目标，以挖掘、保护、传承和利用为重点，以农业生产系统为主体，筛选认定一批中国重要农业文化遗产。不断发掘重要农业文化遗产的历史价值、文化和社会功能，在有效保护的基础上，探索开拓动态传承的途径和方法，努力实现遗产地生态、文化、社会和经济效益的统一，逐步形成中国重要农业文化遗产动态保护机制，传承发展提升农村优秀传统文化，切实保护好农业文化遗产，让优秀传统文化真正实现活起来、传下去，为推动乡村振兴战略实施做出积极贡献。

二、申报要求

中国重要农业文化遗产应在活态性、适应性、复合性、战略性、多功能性和濒危性方面有显著特征，具有悠久的历史渊源、独特的农业产品、丰富的生物资源、完善的知识技术体系、较高的美学和文化价值。一是历史传承至今仍具有较强的生产功能，为当地农业生产、居民收入和社会福祉提供保障；二是蕴含资源利用、农业生产或水土保持等方面的传统知识和技术，具有多种生态功能与景观价值；三是体现人与自然和谐发展的理念，蕴含劳动人民智慧，具有较高的文化传承价值；四是面临自然灾害、气候变化、生物入侵等自然因素和城镇化、农业新技术、外来文化等人文因素的负面影响，存在着消亡风险。具体要求见附件 1。

三、申报程序

采取自下而上的方式，由各省级农业农村行政管理部门筛选推荐，农业农村部汇总后遴选确定。

（一）县级申报。地方人民政府按照要求编制申报书（格式见附件 2）、保护规划及管理办法，有关材料报送至各省、自治区、直辖市及计划单列市、新疆生产建设兵团农业农村行政管理部门。

（二）省级推荐。各省级农业农村行政管理部门严格按照认定标准，优中选优，组织筛选审核，各省、自治区、直辖市及计划单列市、新疆生产建设兵团上报的候选项目原则上不超过 3 个。

（三）材料报送。请各省级农业农村行政管理部门于 2019 年 4 月 1 日前，将所有纸质版申报材料和电子版申报材料（一式二份）报送至农业农村部农产品加工局休闲农业处。

遗产申报书、遗产保护与发展规划编写导则请见《农业部办公厅关于印发〈中国重要农业文化遗产申报书编写导则〉和〈农业文化遗产保护与发展规划编写导则〉的通知》（农办企〔2013〕25 号）。

四、工作要求

（一）加强组织领导。各级农业农村行政管理部门要高度重视发掘和推荐工作，按照本通知要求制订工作方案，完善工作措施，落实工作责任，切实加大工作力度。

（二）强化政策扶持。各级农业农村行政管理部门要结合工作实际，研究探索对中国重要农业文化遗产的扶持政策，拓展工作思路，加强服务手段，创新工作方法，努力形成促进重要农业文化遗产保护与传承的良性机制。

（三）搞好总结宣传。要及时了解发掘和推荐工作的进展情况，不断总结推广好经验、好做法，加强典型宣传，营造良好氛围。

五、联系方式

农业农村部农产品加工局（乡镇企业局）休闲农业处

电　　话：010-59192271，010-59193256

电子邮箱：xqjxxc@agri.gov.cn

通信地址：北京市朝阳区农展南里 11 号

邮　　编：100125

附　　件：1. 中国重要农业文化遗产申报条件

　　　　　2. 中国重要农业文化遗产申报书模板

农业农村部办公厅

2018 年 7 月 30 日

附件 1

中国重要农业文化遗产申报条件

一、概念与特点

中国重要农业文化遗产是指人类与其所处环境长期协同发展中，创造并传承至今的独特的农业生产系统，这些系统具有丰富的农业生物多样性、传统知识与技术体系和独特的生态与文化景观等，对我国农业文化传承、农业可持续发展和农业功能拓展具有重要的科学价值与实践意义。具体体现出以下 6 个特点：

一是活态性：这些系统历史悠久，至今仍然具有较强的生产与生态功能，是农民生计保障和乡村和谐发展的重要基础。

二是适应性：这些系统随着自然条件变化、社会经济发展与技术进步，为了满足人类不断增长的生存与发展需要，在系统稳定基础上因地、因时地进行结构与功能的调整，充分体现出人与自然和谐发展的生存智慧。

三是复合性：这些系统不仅包括一般意义上的传统农业知识和技术，还包括那些历史悠久、结构合理的传统农业景观，以及独特的农业生物资源与丰富的生物多样性。

四是战略性：这些系统对于应对经济全球化和全球气候变化，保护生物多样性、生态安全、粮食安全，解决贫困等重大问题以及促进农业可持续发展和农村生态文明建设具有重要的战略意义。

五是多功能性：这些系统或兼具食品保障、原料供给、就业增收、生态保护、观光休闲、文化传承、科学研究等多种功能。

六是濒危性：由于政策与技术原因和社会经济发展的阶段性造成这些系统的变化具有不可逆性，会产生农业生物多样性减少、传统农业技术知识丧失以及农业生态环境退化等方面的风险。

二、基本条件

（一）历史性

1. 历史起源：指系统所在地是有据可考的主要物种的原产地和相关技术的创造地，或者该系统的主要物种和相关技术在中国有过重大改进。

2. 历史长度：指该系统以及所包含的物种、知识、技术、景观等在中国使用的时间至少有100年历史。

（二）系统性

1. 物质与产品：指该系统的直接产品及其对于当地居民的食物安全、生计安全、原料供给、人类福祉方面的保障能力。基本要求：具有独具特色和显著地理特征的产品。

2. 生态系统服务：指该系统在遗传资源与生物多样性保护、水土保持、水源涵养、气候调节与适应、病虫草害控制、养分循环等方面的价值。基本要求：至少具备上述两项功能且作用明显。

3. 知识与技术体系：指在生物资源利用、种植、养殖、水土管理、景观保持、产品加工、病虫草害防治、规避自然灾害等方面具有的知识与技术，并对生态农业和循环农业发展以及科学研究具有重要价值。基本要求：知识与技术系统较完善，具有一定的科学价值和实践意义。

4. 景观与美学：指能体现人与自然和谐演进的生存智慧，具有美轮美奂的视觉冲击力的景观生态特征，在发展休闲农业和乡村旅游方面有较高价值。基本要求：有较高的美学价值和一定的休闲农业发展潜力。

5. 精神与文化：指该系统拥有文化多样性，在社会组织、精神、宗教信仰、哲学、生活和艺术等方面发挥重要作用，在文化传承与和谐社会建设方面具有较高价值。基本要求：具有较为丰富的文化多样性。

（三）持续性

1. 自然适应：指该系统通过自身调节机制所表现出的对气候变化和自然灾害影响的恢复能力。基本要求：具有一定的恢复能力。

2. 人文发展：指该系统通过其多功能特性表现出的在食物、就业、增收等方面满足人们日益增长的需求的能力。基本要求：能够保障区域内基本生计安全。

（四）濒危性

1. 变化趋势：指该系统过去50年来的变化情况与未来趋势，包括物种丰富程度、传统技术使用程度、景观稳定性以及文化表现形式的丰富程度。基本要求：丰富程度处于下降趋势。

2. 胁迫因素：指影响该系统健康维持的主要因素（如气候变化、自然灾害、生物入侵等自然因素和城市化、工业化、农业新技术、外来文化等人文因素）的多少和强度。基本要求：受到多种因素的负面影响。

三、辅助条件

（一）示范性

1. 参与情况：指系统内居民的认可与参与程度，需要有公示及反馈信息。基本要求：50% 以上的居民支持作为农业文化遗产保护。

2. 可进入性：指进入该系统的方便程度与交通条件。基本要求：进入困难较少。

3. 可推广性：指该系统及其技术与知识对于其他地区的推广应用价值。基本要求：有一定的推广价值。

（二）保障性

1. 组织建设：指农业文化遗产保护与发展领导机构与管理机构。基本要求：有明确的管理部门和人员。

2. 制度建设：指针对农业文化遗产所制定的《保护与发展管理办法》完成情况，要求包括明确的政策措施、监督和奖惩手段等。基本要求：基本完成《保护与发展管理办法》制定工作。

3. 规划编制：指针对农业文化遗产所编制的《保护与发展规划》完成情况，要求包括对农业文化遗产的变化、现状与价值的系统分析，提出明确的保护目标、相应的行动计划和保障措施等。基本要求：编制完成并通过专家评审。

附件 2

中国重要农业文化遗产申报书模板（略）

附录五

重要农业文化遗产管理办法

中华人民共和国农业部公告[①]

第 2283 号

《重要农业文化遗产管理办法》业经 2015 年 7 月 30 日农业部第八次常务会议审议通过，现予公布，自公布之日起施行。

特此公告。

农业部

2015 年 8 月 28 日

重要农业文化遗产管理办法

第一章　总　　则

第一条　为加强重要农业文化遗产管理，促进农业文化传承、农业生态保护和农业可持续发展，制定本办法。

第二条　本办法所称重要农业文化遗产，是指我国人民在与所处环境长期协同发展中世代传承并具有丰富的农业生物多样性、完善的传统知识与技术体系、独特的生态与文化景观的农业生产系统，包括由联合国粮农组织认定的全球重要农业文化遗产和由农业部认定的中国重要农业文化遗产。

第三条　重要农业文化遗产管理，应当遵循在发掘中保护、在利用中传承的方针，

① 此办法实施前有《中国重要农业文化遗产管理办法（试行）》于 2014 年 5 月 21 日正式实施。

坚持动态保护、协调发展、多方参与、利益共享的原则。

第四条 农业部负责认定并组织、协调和监督全国范围内的重要农业文化遗产管理工作，省级以下农业行政主管部门不再搞层层认定。

县级以上地方人民政府农业行政主管部门在本级人民政府领导下，负责本行政区域内重要农业文化遗产管理的申报、检查评估等相关工作。

第五条 农业部支持重要农业文化遗产保护的科学研究、技术推广和科普宣传活动，鼓励公民、法人和其他组织等通过科研、捐赠、公益活动等方式参与重要农业文化遗产保护工作。

第二章 申报与审核

第六条 重要农业文化遗产应当具备以下条件：

（一）历史传承至今仍具有较强的生产功能，为当地农业生产、居民收入和社会福祉提供保障；

（二）蕴涵资源利用、农业生产或水土保持等方面的传统知识和技术，具有多种生态功能与景观价值；

（三）体现人与自然和谐发展的理念，蕴含劳动人民智慧，具有较高的文化传承价值；

（四）面临自然灾害、气候变化、生物入侵等自然因素和城镇化、农业新技术、外来文化等人文因素的负面影响，存在着消亡风险。

中国重要农业文化遗产每两年认定一批，具体认定条件由农业部制定和发布。全球重要农业文化遗产的具体认定条件，按照联合国粮农组织的标准执行。

第七条 申报重要农业文化遗产，应当得到遗产所在地居民的普遍支持，完成基本的组织和制度建设，并提交以下材料：

（一）申报书；

（二）保护与发展规划；

（三）管理制度；

（四）图片和影像资料；

（五）所在地县或市（地）级人民政府出具的承诺函。

申报全球重要农业文化遗产，还应当按照联合国粮农组织的要求提交申请资料。

第八条 重要农业文化遗产的申报，由所在地县或市（地）级人民政府提出，经省级人民政府农业行政主管部门初审后报农业部。

跨两个以上县、市（地）级行政区域的重要农业文化遗产，由相关行政区域的人民政府协商一致后联合申报。

第九条 农业部组织专家按照认定标准对中国重要农业文化遗产申报项目进行审查，审查合格并经公示后，列入中国重要农业文化遗产名单并公布。

第十条 已列入中国重要农业文化遗产名单的，可以由遗产所在地县、市（地）级人民政府申报全球重要农业文化遗产。农业部按照联合国粮农组织的要求审查后择优推荐。

经联合国粮农组织认定的全球重要农业文化遗产，由农业部列入中国全球重要农业文化遗产名单并公布。

第三章 保护与管理

第十一条 重要农业文化遗产所在地县、市（地）级人民政府农业行政主管部门应当提请本级人民政府根据保护要求，积极采取下列保护措施：

（一）将保护与发展规划纳入本级国民经济和社会发展规划，将遗产保护所需经费纳入本级财政预算；

（二）通过补贴、补偿等方式保障重要农业文化遗产所在地农民能够从遗产保护中获得合理的经济收益；

（三）其他必要的保护措施。

第十二条 重要农业文化遗产所在地应当在醒目位置设立遗产标志。

遗产标志应当包括下列内容：

（一）遗产的名称；

（二）遗产的标识；

（三）遗产认定机构名称和认定时间；

（四）遗产的相关说明。

中国重要农业文化遗产标识由农业部公布。全球重要农业文化遗产标识由联合国粮农组织公布。

第十三条 重要农业文化遗产所在地应当在适宜地点设立遗产展示厅，宣传遗产概念内涵、重要价值、保护理念、名特产品、传统技术、景观资源、历史文化和民俗风情等。

第十四条 重要农业文化遗产所在地应当采取措施，确保遗产不被破坏，基本功能、范围和界线不被改变。

遗产基本功能、范围和界线确需调整的，由遗产所在地县、市（地）级人民政府按照原申报程序提出。

第十五条 重要农业文化遗产所在地应当通过展览展示、教育培训、大众传媒等

手段，宣传、普及遗产知识，提高公众遗产保护意识与文化自豪感。

第十六条 重要农业文化遗产所在地应当建立遗产动态监测信息系统，监测遗产所在地农业资源、文化、知识、技术、环境等现状，并制作、保存档案。

第十七条 重要农业文化遗产所在地应当于每年年底前向农业部提交遗产保护工作年度报告。

遗产保护工作年度报告，应当包括下列内容：

（一）本年度遗产保护工作情况；

（二）遗产所在地社会经济与生态环境变化情况；

（三）下一年度工作计划；

（四）其他需要报告的事项。

遗产保护工作年度报告，应当经本级人民政府同意后通过省级人民政府农业行政主管部门提交。

第十八条 发生或者可能发生危及遗产安全的突发事件时，重要农业文化遗产所在地应当立即采取必要措施，并及时向省级人民政府农业行政主管部门和农业部报告。

第四章 利用与发展

第十九条 县级以上人民政府农业行政主管部门应当鼓励和支持重要农业文化遗产所在地农民通过挖掘遗产的生产、生态和文化价值、发展休闲农业等方式增加收入，积极拓展遗产功能，促进遗产所在地农村经济发展。

第二十条 对重要农业文化遗产的开发利用，应当符合遗产保护与发展规划要求，并与遗产的历史、文化、景观和生态属性相协调，不得对当地的生态环境、农业资源和遗产传承造成破坏。

第二十一条 对重要农业文化遗产的开发利用，应当尊重遗产所在地农民的主体地位，充分听取农民意见，广泛吸收农民参与，建立以农民为核心的多方参与和惠益共享机制。

第二十二条 遗产所在地的生态文化型农产品开发、休闲农业发展等商业经营活动以及科普宣传、教育培训等公益活动，经遗产所在地县、市（地）级人民政府指定的机构授权，可以使用重要农业文化遗产标识。

第二十三条 县级以上人民政府农业行政主管部门应当支持遗产所在地相关农产品申报无公害农产品、绿色食品、有机农产品和农产品地理标志等认证，支持遗产地发展休闲农业、建设美丽乡村和美丽田园等，促进遗产所在地农民就业增收。

第二十四条 全球重要农业文化遗产所在地应当积极参与国际交流与合作，配合联合国粮农组织开展相关活动，扩大遗产的社会影响。

第五章　监督与检查

第二十五条　县级以上人民政府农业行政主管部门应当对遗产保护情况进行监督，并开展不定期的检查评估。

第二十六条　因保护和管理不善，致使遗产出现下列情形之一的，重要农业文化遗产所在地应当及时组织整改：

（一）重要农业文化遗产所在地的农业景观、生态系统或自然环境遭到严重破坏，相关生物多样性严重减少的；

（二）重要农业文化遗产所在地的农业种质资源严重缩减，农业耕作制度发生颠覆性变化的；

（三）重要农业文化遗产所在地的农业民俗、本土知识和适应性技术等农业文化传承遭到严重影响的。

第二十七条　中国重要农业文化遗产受到严重破坏并产生不可逆后果的，或者遗产所在地因资源环境发生改变提出不宜继续作为中国重要农业文化遗产的，由农业部撤销中国重要农业文化遗产认定。

全球重要农业文化遗产的撤销，由农业部提请联合国粮农组织决定。

第六章　附　　则

第二十八条　本办法自公布之日起施行。

乙

纵横篇

化虚为实驴文化

——卸磨谢驴大变局

驴文化博大精深，与人类文明同进退，同辉煌。

《清明上河图》明信片
（突泉县农耕民俗博物馆藏）

北宋张择端的《清明上河图》中有驴、骡、马、牛、骆驼等牲畜多达73匹。宋朝驴的数量比马多，还有人统计过，《清明上河图》画了46头驴和骡子，马只有20匹。不仅宋代，历朝历代，驴也比马价格便宜，租驴的收费应该比租马更低一些。宋祁的《僦驴赋》中说："予见京都俚人，多僦驴自给。"宋人王得臣的《麈史》中也说："京师赁驴，途之人相逢无非驴也。熙宁以来，皆乘马也。"原先租驴的人多，不过宋神宗熙宁年间之后，租马的人多了起来。

据《突泉县志》载：1949年突泉全县有驴1.66万头，1985年达2.41万头……本地驴属于中等类型品种，毛色以黑灰居多，可用于骑乘、驮运、拉车、碾场、推碾和拉磨，……本地人以2头驴驾1辆小胶车，运载300～500公斤，日行程可达30公里；以1头驴推碾或拉磨，日可加工粮食120公斤。……（内蒙古人民出版社1993年版，第280页。内容是1985年之前的。）

历史包含文化，这个文化财富应该继承和发展。文化创意产业是新兴产业，生态、绿色、高效益，发展畜牧业需要大力融合文化产业发展。长期以来，畜牧业文化发展比较落后，突泉县要大力发展畜牧业就要把这个问题重视起来，早一天开发畜牧文化产业，对突泉未来的畜牧业优质高效发展大有益处。

文人骑驴苦吟，酝诗思、酿灵感，为出离贫困和落拓，僧道骑驴任诞与参禅则浸润道教、道家思想、佛教信念，如果说任诞的外衣下寄寓的是怀才不遇，那么苦吟的执着坚毅与参禅的境界则与"驴子精神"相映衬。

耶稣骑驴，主谦卑，示和平；张果老骑驴，倒着走，往后看。

您骑过驴吗？您摸过驴吗？您养过驴吗？

人类不会停留在"卸磨杀驴"的原点，一定会走向"卸磨谢驴"的自觉！

咬文嚼字驴文化

学习闫续瑞、任正二位老师的《中国“驴文化”考论》[①]，最初感觉非常详尽，在系统性上是“驴文化第一文”。但是，很显然，这里没有定义什么是驴文化，也没有尝试着探寻更加广阔的文化空间。我们可以追问“驴文化是什么”？“五位一体”总体布局中文化占其一，只有在这个层面，文化才是完整的。在马克思主义的文化观指导之下“驴文化”才会得到全面把握。

关于驴的文字是驴文化的重要载体，但“驴”字怎么诞生的则无从考证了。许慎《说文解字》载：“驴似马，长耳。”也不是“驴”字的源头。清人段玉裁补充道：“驴、骡、駃騠，太史公皆谓为匈奴奇畜，本中国所不用，故字皆不见经传，盖秦人造之耳。”由此可见，关于驴的记载在我国出现较晚，中原地区的驴很可能是从匈奴引进的。

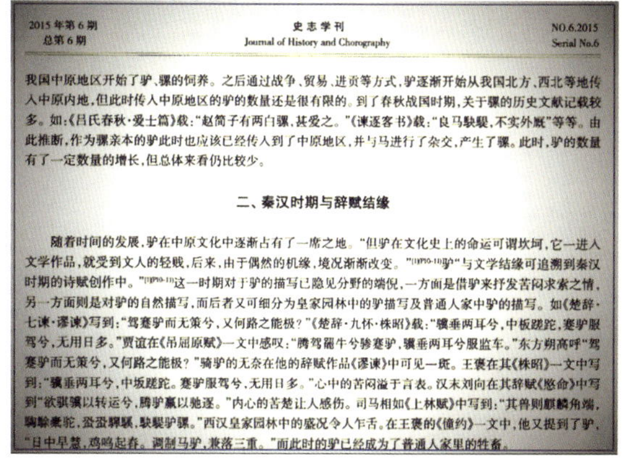

2015年第6期 总第6期　史志学刊 Journal of History and Chorography　NO.6.2015 Serial No.6

我国中原地区开始了驴、骡的饲养。之后通过战争、贸易、进贡等方式，驴逐渐开始从我国北方、西北等地传入中原内地，但此时传入中原地区的驴的数量还是很有限的。到了春秋战国时期，关于骡的历史文献记载较多。如：《吕氏春秋·爱士篇》载：“赵简子有两白骡，甚爱之。”《谏逐客书》载：“良马駃騠，不实外厩”等等。由此推断，作为骡亲本的驴此时也应该已经传入到了中原地区，并与马进行了杂交，产生了骡。此时，驴的数量有了一定数量的增长，但总体来看仍比较少。

二、秦汉时期与辞赋结缘

随着时间的发展，驴在中原文化中逐渐占有了一席之地。“但驴在文化史上的命运可谓坎坷，它一进入文学作品，就受到文人的轻贱，后来，由于偶然的机缘，境况渐渐改变。”[1]P10-11驴“与文学结缘可追溯到秦汉时期的诗赋创作中。”[1]P10-11这一时期对于驴的描写已隐见分野的端倪，一方面是借驴来抒发苦闷求索之情，另一方面则是对驴的自然描写，而后者又可细分为皇家园林中的驴描写及普通人家中驴的描写。如《楚辞·七谏·谬谏》写到：“驾蹇驴而无策兮，又何路之能极？”《楚辞·九怀·株昭》载：“骥垂两耳兮，中坂蹉跎，蹇驴服驾兮，无用日多。”贾谊在《吊屈原赋》一文中感叹：“腾驾罢牛兮骖蹇驴，骥垂两耳兮服盐车。”东方朔高呼“驾蹇驴而无策兮，又何路之能极？”骑驴的无奈在他的辞赋作品《谬谏》中可见一斑。王褒在其《株昭》一文中写到：“骥垂两耳兮，中坂蹉跎。蹇驴服驾兮，无用日多。”心中的苦闷溢于言表。汉末刘向在其辞赋《愍命》中写到“欲骐骥以转运兮，腾驴赢以驰逐。”内心的苦楚让人感伤。司马相如《上林赋》中写到：“其兽则麒麟角端，騊駼橐驼，蛩蛩驒騱，駃騠驴骡。”西汉皇家园林中的盛况令人乍舌。在王褒的《僮约》一文中，他又提到了驴，“日中早慧，鸡鸣起舂。调制马驴，兼落三重。”而此时的驴已经成为了普通人家里的牲畜。

《中国“驴文化”考论》

司马迁的《史记·匈奴列传》记载：“唐虞以上，有山戎、俭狁、獯鬻，居于北蛮，随畜牧而转移，其畜之多，则马、牛、羊。其奇畜，则橐驝、驴、骡、駃騠。”由此推测，我国北方的游牧民族很有可能在最迟不晚于唐虞时代，即距今四五千年时已经开始从事养驴业了。

《汲冢周书·王会》则记载：“商汤时，伊尹为献令，正北空同、大夏、莎车、姑他、旦略、貌胡、戎翟、匈奴、娄烦、月氏……请令以为橐驴、白玉、野马、驹赊、騠、良马为献。”自此，我国中原地区开始了驴、骡的饲养。之后通过战争、贸易、进贡等方式，驴逐渐开始从我国北方、西北等地传入中原内地，但此时传入中原地区的驴的数量还是很有限的。[②]

---

① 闫续瑞，任正．中国“驴文化”考论［J］．史志学刊，2015（6）：41-46.

② 李群，李士斌．中国驴、骡发展历史概述［J］．中国农史，1986（4）：60-61.

春秋战国时期，关于骡的历史文献记载较多。骡为公驴与母马交配所生的杂种，又被称为马骡，駃騠为公马与母驴交配所生的杂种，又被称为驴骡。《吕氏春秋·爱士篇》载：“赵简子有两白骡，甚爱之。”《谏逐客书》载：“良马駃騠，不实外厩。”间接推论：驴的数量一定不比骡少。

驴文化借助“驴”字与文学结缘可追溯到秦汉时期的诗赋创作中。这一时期驴文化已隐见分野的端倪，一支是借驴来抒发苦闷求索之情，另一支则是对驴的自然描写；后者又可细分为皇家园林中的驴描写与普通人家中的驴描写。如《楚辞·七谏·谬谏》，贾谊的《吊屈原赋》，刘向的《愍命》，司马相如的《上林赋》，王褒的《僮约》《论都赋》等。

“驴”字是基础，中性的“驴”字伴随驴文化在魏晋时期出现褒贬分野。《世说新语·伤逝》中与驴有关的故事是惊世骇俗的，但人们的态度是认真、严肃的，褒之情深真挚。南朝宋人袁淑在《庐山九锡公》一文中极尽颂驴。《后汉书》的作者范晔则对驴耿耿于怀，称驴是“迟钝之畜”，并将汉室倾颓的责任归咎于驴，《后汉书》和《三国志》中还有不少关于失意潦倒之人骑驴的记载，对驴的贬低态度多起来。魏晋时期，尊驴和贬驴的现象几乎同时存在。

唐宋时期形成“诗人骑驴”文化和“黔驴”文化。唐代诗人多有骑驴的形象：孟浩然策蹇赴前程，李白乘驴上东平，杜甫、李贺、贾岛诗中写骑驴，元稹、张籍、王建等人的诗句中也有关于诗人骑驴的描写。此时的驴已经成为失意文人文学创作的主要载体。其貌不扬、为现实社会所鄙夷、价格低廉且饲养成本低、温顺耐劳的驴便成了失意诗人的精神慰藉和旅途伴侣，由此便形成了唐代的“诗人骑驴”文化。

影响巨大的是柳宗元的《黔之驴》中以批判黔驴为代表的“丑驴文化”。柳宗元对驴进行无情批判后，驴的名声大损。此后驴便成了德才低下之人的代表意象，“黔驴”文化悄然而生，并对后世驴文化产生了深远的影响，如“驴唇马嘴”“驴头”“驴脸”“驴打滚”“驴年马月”均与“黔驴”文化有着或多或少的联系。

宋代受唐代“诗人骑驴”文化的影响，苏轼的诗作多骑驴，“蹇驴破帽随金鞍”。王安石罢相“骑驴游肆山水间，宾朋至者给一驴”，陆游细雨骑驴入剑门，“文辞博士书驴券”。唐宋时期是我国养驴业最发达的时期之一，驴文学是对驴文化的升华，唐宋时期的驴文化在中国驴文化史上占有重要地位。

元杂剧深受唐宋驴文化的影响，“驴”字入杂剧、元曲是必然的。元代马致远曾创作了杂剧《风雪骑驴孟浩然》；关汉卿的杂剧《窦娥冤》里作恶多端的泼皮无赖“张驴儿”；元杂剧《黄花峪》骂出“叵奈无徒歹禽兽，摘心肝扭下这驴头，与俺那梁山白宋公明为案酒”，讽刺溢于言表。元代诗文中也有关于驴的描写，如王冕的《题贾浪仙骑驴图》中“雪花打帽风搅雪，宽衣破靴骑蹇驴”便是对贾岛骑驴形象的描写。

明清“驴”字入小说极为普遍。《水浒传》中鲁智深的粗话“留下那两个驴头罢，等他去报信”。《三国演义》中吟诵《梁父吟》：“……骑驴过小桥，独叹梅花瘦！”《隋唐演义》中讽刺安禄山：“姑饶下这驴头。”《阅微草堂笔记》中载“看我骑驴过板桥”。明清时期，描写驴的诗歌极多。明人文徵明《题冬景诗》中写道“骑驴客子清如鹤”，清人归庄《有冬后五日访徐昭法于灵岩山下》中写道“不须鞭策灞桥驴”，清人张问陶《题画》中写道“几生修到骑驴人”。唐宋“诗人骑驴”文化和“黔驴”文化对驴文化的影响已经扩展到了诗歌、戏曲、小说甚至绘画等。

综上所述，我国驴文化依托驴文字演化出驴文学。

乙丑

古今驴鞠志

驴鞠者驴球也。文化与体育结缘是社会进步的体现，是社会文化发达到一定程度的产物，驴文化也是如此。驴与体育融合自古有之。驴鞠不是驴在玩球，而是人骑在驴背上挥杖打球。同马球一样，驴鞠是唐宋时期的一个体育运动项目。不过，驴鞠没有马球开展得那样早，驴鞠并不普遍，几乎不为人知。

东晋皇帝司马绍（299—325 年）曾经问大臣，驴什么样子。说明当时驴几乎是没有的。过了漫长的 200 多年，骑驴才有了记载。

驴鞠起源于骑驴，骑驴起源有一种说法，史料中最早见有骑驴记载的是《三国典略》。在《古今图书集成》中就引用《三国典略》：南北朝时期北齐（550—577 年）的太子洗马肖悫（què，约公元 561 年前后在世），身体不好，常患腰痛、头晕，不敢骑马，齐国君主就让他骑驴。结果，"见者笑之"。根据《三国典略》中的这条史料推测，南北朝以前，在东魏、北齐地区是没有人骑驴的，即使有也是极其少见的。

驴鞠起源于公元 763 年之前。据目前所能见到的记载，驴鞠大约始于唐代宗李豫执政时期（762—779 年）。据《旧唐书 · 郭英乂传》，剑南节度使兼成都尹郭英乂"聚女人骑驴击毬"，《新唐书 · 郭知运传》也有类似记载："(知运子英乂）教女伎（指当时专门作技艺表演的女子）乘驴击毬。"

唐广德元年（763 年），原剑南节度使严武逝世，郭英乂通过宰相元载的关系调任为剑南节度使兼成都尹。所以，郭英乂教女伎骑驴打球的时间当在公元 763 年之后。而唐代马球则早在唐中宗时期（705—708 年）就已经在社会上特别是在大明宫里蓬勃兴起了。[1] 据此推论，唐代驴鞠的出现比马球的流行晚五六十年。

唐代出现女人骑驴击毬的驴鞠属于小众运动。先在女子中兴起，有唐代的社会特殊原因。

① 林思桐 . 驴鞠小考：体育文化导刊［J］.1985（01）：27-28.

唐代不仅有骑驴的风气，而且唐代也允许女子公开参加体育活动。如有礼教束缚，就不会有女子驴鞠的产生了。

唐代养驴业大发展，骑驴就相当普遍了。驴鞠的出现还同驴的生物学特点有关。与马相比，驴身体矮小、性格温驯，因此是女人、孩子、老人、体弱者都适宜的坐骑。在女子体育开展得比较普遍的唐代，女子仿效马球运动，以驴代替马，挥棍击球，是不足为奇的。

成都出现驴鞠后不久，在都城长安的大明宫里就出现了正式的驴鞠表演项目。《新唐书》记载，宝历二年（826 年）六月甲子日，唐敬宗李湛“观驴鞠、角抵于三殿”。三殿即麟德殿，麟德殿是大明宫内规模最大的宫殿之一，是皇帝举行宴会，接待外国使节、宾客的场所，在此地观驴鞠是比较稀少的。

宋代有关驴鞠的记载比唐代多，而且还比较详细地记载了比赛的过程，可以看出驴鞠发展的脉络。

据《宋史・郭从义传》记载，从义善击球，尝侍太祖于便殿，命击之。从义易衣跨驴，驰骤殿庭，周旋击拂，曲尽其妙。既罢，上，谓之曰：“卿技固精矣，然非将相所为。”从义大惭。郭从义（909—971 年）在开宝二年（969 年）被升任为左金吾卫上将军，与宋太祖赵匡胤在一起，皇帝让郭驴鞠，60 岁的老郭做了精彩表演，但却“非将相所为”，自然惭愧了。说明驴鞠已经是男子运动了。

北宋灭亡前，驴鞠更加流行，不再是女子独占。孟元老在《东京梦华录・驾登宝津楼诸军呈百戏》中记载：“有花装男子百余人，皆裹角子向后拳曲花璞头，半着红半着青锦袄子，义襕束带丝鞋，各跨雕鞍花鞿驴子，分为两队，各有朋头一名，各执彩画球杖，谓之小打。”“一朋头用杖击弄毬子，如缀毬子方坠地，两朋争占供与朋头。左朋击毬子过门入盂为胜；右朋向前争占，不令入盂，互相追逐，得筹谢恩而退。”有了小打小闹，就有

1947 年清华大学校庆打驴球
（拍摄于毛驴博物馆）

大打出手。续有黄院子引出宫监百余，亦如小打者，但加之珠翠装饰，玉带红靴，各跨小马，谓之“大打”。

明清时期有关驴鞠的文字便所见甚少了，这可能是驴鞠随着驴文化的生活化而衰落了。

1947 年 4 月 27 日，清华大学 36 年校庆上，清华学生在玩传统游戏“打驴球”。所谓“打驴球”就是骑在驴上拿根棍子打足球，就是驴鞠。

驴鞠就是驴球，这就是驴文化的历史。体育运动和畜牧业的发展是实实在在的历史文化，正是：“人人乘骑精熟，驰骤如神，雅态轻盈，妍姿绰约，人间但见其图画矣！”[①]

① 孟元老. 东京梦华录[M]. 郑州：中州古籍出版社，2010：136.

丙寅

巴尔扎克《驴皮记》

巴尔扎克的《驴皮记》[1]，居然是一本哲学书，大家有时间可以看看。

清道光十年（1830 年）《驴皮记》出版，巴尔扎克 31 岁。这一年，中国是什么样子呢？如果当时这本书被翻译成中文，又会是什么样子？这本书在当时几乎是没有办法翻译的，而我看到的是完全现代语言的翻译版本。

《驴皮记》一经出版就受到大文豪歌德的称赞，称“这是一部新型的小说”；高尔基也对书中的文学技巧赞不绝口。

1952 年《驴皮记》封面和版权页
（突泉县农耕民俗博物馆藏）

名著总是烦琐的，在无数的细节中构造出魔幻色彩。在《驴皮记》中，驴皮只是一个意象

① 《驴皮记》作者奥诺雷·德·巴尔扎克（1799 年 5 月 20 日— 1850 年 8 月 18 日）。

物，用于象征主角的命运，表明了人的欲望和生命之间无法两全的矛盾，给读者带来了震撼人心的力量。

只有亲身体会过金钱的威力和贫穷滋味的人才会明白人世间的辛酸痛苦。驴皮仿佛在说：人类为了谋求生存，尚且需要耗费巨大的精力，如果想要追求某种大的快乐，满足某种强烈的欲望，则无疑要付出生命的代价。这种交换是巨大的力量，一旦你进入这个过程，你几乎没有办法停下来。

“需要力”是怎么来的？欲望是人类一切行动的动力，是一切发明创造和成就的来源，同时也是一切人间悲剧的根由。力量总是在正负两极相伴相生的。《驴皮记》的负能量是巨大的。

《驴皮记》中文译本如下：

1952 年，高名凯译[①]，海燕书店刊行，新文艺出版社，第 2 版，竖版繁体。1982 年，梁均译，人民文学出版社。1996 年，郑永慧译，译林出版社。2012 年，鸿夫译，新疆美术摄影出版社。

我看到的是另外一个版本，看着像盗版，但翻译是用现代语言。比如，“刷新”这个词是互联网语言。而老一些的“刷新纪录”在巴尔扎克的时代似乎也没有。

“驴皮咒”是只要你有任何欲念，不管是善念还是恶念，愿望一经实现，驴皮立刻缩小，你的寿命也随之减少。

尤其是把神话和科学放在一起，在同一个文化环境里一同研究“驴皮”其实是科学启蒙的过程。博物学、力学、机械制造、化学、医学等，格物致知。

驴皮是什么？在中国文化里，驴皮也是神奇的中药，用来制作阿胶，现在是美容养颜的滋补品。在巴尔扎克看来，驴皮是哲学，老古董商说得明白：“这件东西便是欲和能的结合，这里面包含着你们的社会观念，你们过分的欲望，你们的放纵行为，你们置人于死命的欢乐，你们使生活丰富的痛苦……”简言之，驴皮是社会生活的象征，是人类生命历程的缩影，甚至是某种不以人的意志为转移的运动规律的体现。所以，尽管小说中有这么一张神奇古怪的驴皮，但小说所反映的矛盾和提出的问题却是十分现实的。文学总是在没有办法的时候思考着出路。

小说的第三部分“濒死的人”才是真正写驴皮与生命的直接互动。拉法埃尔利用驴皮实现欲望，驴皮不断缩小，而他的生命也在不断变短。这部分带有魔幻色彩，但巴尔扎克却煞有介事地用长篇大论去介绍各种涉及多个自然科学领域（如物理、生物、医学等）的理论观念。

《驴皮记》被巴尔扎克分配在“人间喜剧”的哲理研究系列中，驴皮的魔力必然有矛盾之

① 高名凯（1911—1965 年），语言学家。福建省平潭人。1936 年自燕京大学哲学系毕业，赴法国巴黎大学攻读语言学。

处。如果拉法埃尔的愿望是长命百岁或是驴皮不会缩小，驴皮应该怎么办呢？这似乎是一个悖论，应该也是很多读者的疑问。当然，拉法埃尔的内心估计早已千万遍祈求驴皮不会变小了，只是驴皮却依旧不为所动。

我最近看《驴皮记》，这是第二遍了。当驴皮剩下叶子般大小的时候，不敢再产生一丝的欲念，所以在剧院拉法埃尔会戴上能让心境扭曲的眼镜，丑化眼前所有的女人。从对社会的不满到对人生的思考，在青年阶段诉诸赌博，在天堂和地狱之间来回奔波而乐此不疲。

据说，歌德看过《驴皮记》之后对其大为赞赏，他总结这部小说时说："生命里有两种悲剧，一种是得不到任何的悲剧；一种是得到一切后的悲剧。""喜剧"这个词在法语中并不仅仅指让人发笑的戏剧，还代表着所有形态的戏剧。"人间喜剧"实际上是描绘人生百态，并没有讽刺其为"喜剧"的意思，《驴皮记》就是一个彻头彻尾的悲剧。歌德说，《驴皮记》就是在讲一个关于欲望的故事。拉法埃尔经历了爱情和金钱的双重打击，在准备自杀时得到了一块所罗门王留下的驴皮，一块具有神奇力量的驴皮。这件宝贝能满足主人的任何愿望，根据愿望实现的难度，驴皮相应地缩小。当驴皮缩小到消失时，它主人的寿命也就到了尽头。拉法埃尔通过驴皮成为富翁，这时他开始担心他的生命，尽力不去许下任何的愿望。然而当他无意识地说出一个愿望时，驴皮又缩小了一圈。生活在恐惧中的拉法埃尔找到了爱情，但逐步缩小的驴皮将他带往死亡。故事最后，拉法埃尔死亡了，他的爱人也离去了。[①]

《驴皮记》的法文原名是 Le peau de chagrin，而 chagrin 除了"驴皮"之外，在法语里还指一种异常悲伤的场景。从小说的结尾来看，这的确就是 chagrin。在小说的开头，驴皮的原"主人"102 岁的老古董商说："我用简单的几句话给您揭露人生的一大秘密吧！人类由于本能地完成两种行为而衰弱，这两种行为使他的生命源枯竭。有两个动词可以表达这两种死亡原因的各种形式：意愿和能力。在这两者之间，贤人采取了第三种行动，我的幸福和长寿就是由此而来。意愿焚烧我们，能力摧毁我们；只有知识可以使我们软弱的躯体永远处在平静的状态中。因此欲念或者愿望在我身上已经被思想扼杀。"[②]

有的朋友解读《驴皮记》是"欲望多一点，生命就少一点"，我的感觉却正好相反——欲望愈多，生命愈多。活过了，难道是失去了？我活了 50 岁，就是失去了 50 岁？战友、同学、亲人互相见面，见一次多一次，还是见一次少一次？反过来看，驴皮是牺牲自己，拯救他人。悲观主义者认为《驴皮记》不是喜剧，而是悲剧。难道主人公一出场就跃入塞纳河死了，没有后来的一切，就是"人间喜剧"了？

---

① 驴皮记，巴尔扎克（驴皮记）书评[EB/OL].[2012-11-19].https://book.douban.com/review/1712195/.

② [法]巴尔扎克.驴皮记[M].郑永慧，译.西安：西安交通大学出版社，2015：25-26.

《驴皮记》法文版插图和主人公母亲的画像
（突泉县农耕民俗博物馆藏）

《驴皮记》的主人公拉法埃尔曾经说：“我感到自己有某种思想要表达，有某种体系要建立，有某种学说要阐释。”正是这样，对于养驴业、畜牧业、农业和突泉、内蒙古、中国，我感到“驴文化思想要表达，驴文化体系要建立，驴文化学说要阐释”。《驴皮记》是很有价值的，尤其是作为驴文化的一部分值得未来深入研究。把法国的《驴皮记》搬到内蒙古突泉来，让人们感受驴文化的世界内涵。

1996 年，人民文学出版社出版过《驴皮记　绝对之探求》，“绝对之探求”永远是一个历史切入点，每一次的“绝对之探求”都是驴历史悲剧的结束，驴文化喜剧才刚刚开始。

（2019 年春节）

中国《驴皮记》

> 寿卿廷玉在同时，三度蓝关韩退之，《松阴楚》里三生事。《驴皮记》、情意资，冤报冤，《赵氏孤儿》。编成传，写上纸，表表于斯。

我第一次看到贾仲明的《小令（双调）凌波仙 吊纪君祥》时，我意识到中国早已经有过《驴皮记》，而且是元朝的一个杂剧。再仔细追索下去，有了很多发现。

连环画《变驴》封面
（突泉县农耕民俗博物馆藏）

一搜索，看到了《山花》2015 年第 17 期上舒飞廉的《驴皮记》，已经现代化、意象化了。

据《元佚杂剧〈驴皮记〉本事考》[①] 研究，《驴皮记》作者纪君祥，《录鬼簿》《太和正音谱》并录，均为简名，原本已佚不传。析《太平广记》卷二百八十六，得《板桥三娘子》一篇，出自《河东记》，故事内容与此剧有关。故事结尾：

> 季和乘策所变驴，周游他处，未尝祖失，日行百里。后四年，乘入关，至华岳庙东五六里，路傍忽见一老人，拍手大笑曰："板桥三娘子，何得作此形骸！"因捉驴谓季和曰："彼虽有过，然遭君亦甚矣，可怜许，请从此放之。"老人乃从驴口鼻边，以两手开，三娘子自皮中跳出，宛复旧身，向老人拜讫，走去，更不知所之。

① 胡颖 . 元佚杂剧《驴皮记》本事考［J］. 社科纵横，2002（4）：64.

板桥三娘子利用法术变人为驴，却被别人窥去秘密，“以其人之道还治其人之身”，结果自己反受其害，被人奴役达 4 年之久。最后，被一不知名的神秘老人解救，替其剥去驴皮，还以本来面目。这个故事本身就是一篇《驴皮记》。

连环画《变驴》[①]
（突泉县农耕民俗博物馆藏）

当时的大食（波斯）商人来华进行贸易的同时也会带来一些天方夜谭式的外国民间故事，板桥三娘子就是一例。不过，故事既入中土，自然会染上东方的色彩，久而久之就变成流传于山东半岛的民间传说。纪君祥是元代前期的杂剧作家，所作除《赵氏孤儿》外，如《陈文图悟道松阴梦》《韩湘子三度韩退之》，多神仙道化之言。《驴皮记》则近于宋人小说妖术之类，亦与之相近。因此，把这类“人变兽”的故事写入杂剧是完全可能的。故事内容别致，情节离奇，无形中为杂剧添彩，由此得见中外文化交流中杂剧所受之影响，尽管剧本失传，这个故事还是应该讲出的。

纪君祥的《驴皮记》似乎只剩下一个空空的名字。

早在 1984 年，连环画《变驴》是根据《太平广记》中的一篇题为“板桥三娘子”的小说改编而成的一个寓言故事，讲的是我国唐朝时候有个名叫赵季和的少年，在寻找哥哥的过程中机智地运用“以其人之道还治其人之身”的办法，惩办了一个把人变成驴的恶人，救回了自己的哥哥。

这个故事改编得非常好，适合少年儿童阅读。后来“板桥三娘子”又有很多版本，不知道内容怎么样。但是希望中国的《驴皮记》有新的内涵和新的版本。毕竟，驴文化进入了新时代，也必然有新的发展。

① 郑泽中改编，叶建森绘画．变驴［M］．长沙：湖南少儿出版社，1984：71.

驴文化之爱

2017 年 7 月 23 日《三亚日报》刊登了一篇张光茫的“文人与驴”：“自古以来，爱马的人极多，而喜欢驴的人甚少。驴没有马秀气，不如骡子剽悍，也没有被当作宠物的运气，但就是这个不幸的动物，却和文人结下了不解之缘。”

2015 年邮票“诗词歌赋”小版张——杜甫吟诗、东坡填词、白居易醉歌、曹植作赋（突泉县农耕民俗博物馆藏）

然后列举了“建安七子”的诗人王粲、魏文帝曹丕、西晋文学家孙楚、柳宗元的《黔之驴》、李白骑驴游华山、杜甫骑驴十三载、李贺骑驴背锦囊、贾岛骑驴吟诗“推敲”、孟浩然骑驴踏雪寻梅，还有王安石乘驴出游、陆游骑驴行医和细雨骑驴入剑门。

最后说：“如今，无论如何也看不到一位文人骑着一匹俊秀的毛驴潇洒过市的情景了，然而千百年前那些文人与驴的故事，却让我们感叹于文人的真性情，莞尔一笑的背后，恐怕更多的是对执着和坚持的一种思考！”

文人大约是人类的文化先知，他们先知道了驴文化的价值，但是一两千年毕竟太短暂了，而且分配给每个文人的只有短短几十年，人和驴的互动也绝不仅仅是文人和驴的互动，文人和人的关系又有多少可以说得清楚呢？何况文人和跨越了动物种群的驴的关系，简单化的物化解读一定是不全面的，而把驴精神化为人也是片面的。

是驴“技止此耳”吗？不是，是我们自己“技止此耳”！驴是人的驴，而不是相反之。

古代文人在马、牛、驴、骡上挑来选去，还是驴子靠谱，对等、均衡、经济、适用。

此时，我又想到新疆的作家刘亮程，他用驴的眼睛看人，他用驴的心理悟人，他用濒危的驴的意境鉴人，驴的“风月宝鉴”是一种玄幻，不是真实的世界。我总觉得那不是先知，而是把世界已经遗弃的一些景观重新放映。

驴文化是人类的文化先知吗？爱驴的人们大概是这样认为的。但是，不要用驴文化之爱严苛人类自身，人与人之间还做不到驴文化之爱。苛求驴文化之爱会把人降低到人不如驴。

有多少人误会了柳宗元？有多少人误会了“黔之驴”？又有多少人误会了“黔之虎”？1000多年过去了，驴文化不但没有化解文人与驴的结节，也没有化解人与驴的结节。人越发达，驴越危亡；文人越发达，驴越濒危。文化越发达，驴越衰亡；驴文化越发达，驴越濒危。

空洞的文人的驴文化“技止此耳”。

诗画有驴不独行

看到书画君的《中国的毛驴，是有文化的毛驴！》文章，深感驴有文化不孤独。在中国的历史上，毛驴的确是和文化人交谊融合，从生活本身而言，中国的毛驴也确可称得上是有文化的毛驴。①

范宽《溪山行旅图》（局部）印制本
（突泉县农耕民俗博物馆藏）

驴不独行化生活。日常关于驴一向有很多不恭敬的贬义说法，如蠢驴、懒驴、犟驴、呆驴、笨驴等。人的脸略长一点，被称为“驴脸”，谁也不会高兴。说人有“驴脾气”，也不是什么好

① 中国的毛驴，是有文化的毛驴！［EB/OL］.［2017-10-06］. http://www.sohu.com/a/196537556_558480。

仿倪田　丁卯《骑驴访友》(1915年作)
(突泉县农耕民俗博物馆藏)

话。驴的形象被人糟蹋得有些过分。

其实，人们应该“卸磨谢驴”，因为驴待人不薄，惠人很多。驴吃得差，干活多，可说任劳任怨。驴皮做了阿胶，驴肉更是“天上龙肉，地上驴肉”的极品美味。人们对驴的误解和轻蔑完全是因为人的“卸磨杀驴”和忘恩负义。虽然如今驴已淡出大多数人的生活，但细细想来，驴之功劳大矣，而且驴还很神奇、很有文化。

驴不独行有文人。早在汉代，东方朔就写过驴：“驾蹇驴而无策兮，又何路之能极？”魏晋时名士阮籍为东平太守，“便骑驴迳到郡”，十余日后，又骑驴而去，优哉游哉，潇洒自在。《世说新语》记载：“王仲宣好驴鸣，既葬，魏文帝临其丧，顾语同游曰：‘王好驴鸣，可各作一声以送之。’赴客皆一作驴鸣。”

驴不独行有诗人。李白、杜甫也都爱骑驴，前者有《李白骑驴图》为证，杜甫则写过“骑驴十三载，旅食京华春”等诗句。

唐代诗人贾岛骑着一头驴，为“僧推月下门”用“推”字还是“敲”字，一路低头“推敲”，驴竟冲撞了高官韩愈的仪仗队，韩愈问明缘由，便和贾岛一起“推敲”起来，并认为“敲”比“推”更好，从此留下一段文坛千古佳话。唐代的“诗鬼”李贺也是每天骑着驴转悠，四处寻觅灵感，得了佳句就马上写下来，投入背上的一只破锦囊内。可以说，骑驴在某种程度上已成为中国诗人的一种标准形象，就像《唐诗纪事》中说的那样，**“诗思在灞桥风雪中驴子上”**。

仿黄慎《骑驴寻诗》
(突泉县农耕民俗博物馆藏)

在数量上，宋代大诗人陆游是“驴子入诗第一人”，诗句“此身合是诗人未？细雨骑驴入剑门”更直接点明了自己与驴的亲密关系。

驴不独行有画家。驴的行走速度比较

慢，性情温和，脚步稳健，所以在道路不平之处，驴是好用的交通运输工具，在历代书画“行旅图”中往往都有驴的身形。在有些古画中，驴并不仅仅是交通工具。不但诗人爱驴，画家对驴也情有独钟。早在北宋时期，有个叫朱子明的画家，因为擅长画驴而受到宋徽宗的赏识。

自古诗画一体，宋代孙光宪的《北梦琐言》记载，唐代有人询问诗人郑綮近来是否有新诗，郑綮回答：“诗思在灞桥风雪中的驴子上，此处何以得之？”此后，表现诗人骑驴游山、涉水、踏雪寻诗觅句的题材逐渐为画家们所青睐。

明末清初，一位驴友画家自号为“驴”，他就是八大山人朱耷。他不是画驴，而是在画上用“驴”字签名落款。除了“驴”字，还有“驴书”“个山驴”“驴屋”“驴汉”“技止此耳”等诸多相关题款或印章。而朱耷的耷字，也有耷拉下大耳朵的驴的意思，颇有《小熊维尼》动画片中“屹耳驴”的意向。八大山人之所以以“驴”为号，除了有禅宗思想“骑驴觅驴”喻其在现象之外找真实，应当还有恨自己无力对抗清政府的自嘲和讽喻之意。八大山人极少画驴，倒是印证了他真的不喜欢驴的形象。

黄胄《骑驴》
（突泉县农耕民俗博物馆藏）

驴马同科，可是驴走了另外的路子，虽然没有马长得高大威武，但性温顺、食料少、耐力久，又比马便宜，是经济实惠的脚力。

文化给人力量，但是只有少数文人“春风得意马蹄疾”，文人多是怀才不遇，经济上也大多窘迫，这时能有一头驴作为坐骑已是相当不错，但常常是疲驴、瘦驴、老驴、蹇驴，“雪花打帽风搅须，宽衣破靴骑蹇驴”。此时的文人与毛驴可以说是“相看两不厌”了。

“举世多少人，无如这老汉；不是倒骑驴，万事回头看。”这是《东游记》里写张果老的一首打油诗。张果老是道教八仙之一，他平时总是倒骑着一头毛驴，日行万里。他的驴就是一头神驴，不骑的时候可以收入皮囊中。爱倒骑毛驴的除了张果老，还有滑稽、智慧、快乐的阿凡提，他骑的新疆毛驴会讲话，也很神奇。

近现代画家中的画驴高手也层出不穷，当代画家黄胄[①]以画驴名闻天下，赵望云更是因为画驴出色而获得了“赵望驴”的雅号。

很多画家都画了《百驴图》，如马南坡、高月冬、黄胄的弟子吴俊彬。

唐寅《骑驴归思图》中的驴
（突泉县农耕民俗博物馆藏）

① 黄胄（1925—1997年），著名中国画画家、收藏家，杰出的社会活动家。曾任第六、七届全国政协委员；第八届全国政协常务委员；轻工业部工艺美术公司原顾问；中国美术家协会常务理事。黄胄手绘三尺条幅国画《骑驴》由突泉农耕民俗博物馆藏。

庚午

老北京的“驴口儿”

“嗯——啊！嗯——啊！”驴大概是这么叫的，还记得吗？

老北京除有正式牌匾的铺子外，还有一种非正式的铺子叫作“口”。“口”在北京话中有行业的意思。中国改革开放前，还曾经流行过一阵子“农业口”“工交口”“文教口”之类的词汇，指不同的行业“归口”。“驴口儿”是北京一个古老的行业，服务于人们租用毛驴，也叫“驴行”。分为“常口儿”“临时口儿”“对槽口儿”三种形式。

北京东便门外“驴口儿”和骑驴行人（1915—1920年）
（突泉县农耕民俗博物馆藏）

驴“常口儿”一般设在各城门外。脚夫多愿跑短途，稍远些的应事先讲明是一去一回，当日不能返回，得在驴店休息。“常口儿”短途和长途也不一样，短途关系不大，怎样骑都可，脚夫照应周到，骑客不必费什么力。跑长途则不然，路不好走，骑客必须熟练，否则一路颠簸，可能会摔得鼻青脸肿。妇女回娘家时褥套架在驴背上，女客端坐稳如床榻，也是一番功夫。

老北京胡同（局部）
（突泉县农耕民俗博物馆藏）

不是什么驴都能骑的。“临时口儿”就有“尥蹶子不给钱，立刻下驴”的规矩。“临时口儿”是为城乡庙会临时准备的，这种驴都是快驴，以能跑为上乘。一般逛庙会的人全想骑跑驴，客人骑驴技术未必皆精，但脚夫却另有秘诀，即以快而善蹶的驴让顾客来骑。一开始非常快，即至连蹶之后骑者心惊，自然要让脚夫慢走，否则驴虽没关系，脚夫却受不了。

驴曾经遍及北京的犄角旮旯。市内，驴是人们逛庙会、串亲戚时的代步工具。倘若出城，北京的外城 7 个城门和内城对着外面的 6 个城门的关厢，都有这种驮脚的长途驴聚集地。[①] 有人就把这种脚驴的聚集地叫作“驴窝子”。在城门口关厢雇长行驴，宾主双方要谈价，价钱谈妥后，驴主要先收费：“对不起您等会儿，家里还没饭辙呢。”拿着钱飞跑送回家，让家里人赶早去买棒子面。好在家不远，然后再赶驴上道。赶驴人的生活很苦，主要是城门外头关厢里住的穷苦人家，也有近郊农民。甭管夏天多热，冬天多冷，为家里的几张嘴也得上路，有人管他们叫“戳驴屁股的”。但是驴夫称自己是赶驴行，说“一个驴”，驴和人一样也论“个”。

民国初年，干净、快捷的洋车引进北京城，车夫抢了驴夫的生意。但是出了城，在土路上走远道，洋车怕颠坏，价钱低也不出城。所以城外还是驴的天下。张恨水的小说《春明外史》写到，二人出了会馆，向永定门而来。到了城门口，两人各雇了一头驴子出城扫墓，遇上同乡，他也是骑驴来的。完事后，三人结伴骑驴到了永定门。可见他们在城门租驴出城，回到城门把驴交还。

郁达夫曾回忆 1923 年的北京：“大雪时晴的傍晚，和几位朋友，跨上跛驴，出西直门上骆驼庄去过过一夜。”他还写道：“秋高气爽，风日晴和的早晨，你且骑着一匹驴子，上西山八大处或玉泉山碧云寺去走走看；山上的红柿，远处的烟树人家，郊野里的芦苇黍稷，以及在驴背上驮着生果进城来卖的农户佃家，包管你看一个月也不会看厌。”

季羡林先生回忆，自己在 20 世纪 30 年代初期读清华大学本科时，来自燕京大学兼国文课

① 忆京城——京城的驴窝子［EB/OL］.［2017-08-13］.http：//www.sohu.com/a/164223661_642365。2017-08-13.

的教授郑振铎（1898—1958 年）先生兼职很多，常常奔走于城内城外。当时交通还不像现在这样方便，清华、燕京宛如一个村镇，进城要长途跋涉。校车是有的，但非常少，有时候要骑驴，有时候坐人力车。可见那时北京城门外的“驴口儿”还有生意。骑驴、人力车已经平分秋色了。

老北京胡同（局部）
（突泉县农耕民俗博物馆藏）

当时北京这十几个城门外的关厢驴口，每一处大约都有 100 多头驴，大家都住在一条街上，相互影响形成了职业群体。每个城门的“长行驴口”都有自己的行驴路线，可以一站接一站地将客人送下去。

后来城外的公路质量提高了，而洋车也越来越多，不值钱了，于是洋车开始出城抢“驴口儿”的生意。

到抗战时期，因为日本侵华占据北京，日军骚扰，战事频繁，北京城门常关闭，人不敢出城，乡下不安定，驴不敢下乡，城乡往来客流量大为减少，断了“驴口儿”的饭辙。人不得不卖了驴，另求谋生手段。

往事如烟，“驴口儿”早已经退出了历史舞台，“驴口儿、脚驴行、驴窝子、对槽驴”也成为历史名称，甚至已经被人们遗忘了。

（参考张淑媛、张淑新：《紫禁城内外：皇朝·关帝·驴窝子》，中国城市出版社 1996 年版）

辛未

神奇的“对槽驴”

北京十三陵骑驴人
（突泉县农耕民俗博物馆藏）

今日，“对槽驴”也是一个鲜为人知的传说。两个草料槽相对，驴在一个槽可吃草料，在另一个槽也可吃。可是“对槽驴”这两个槽之间距离有些远，远到了从北京到通州。通州现在是北京城市副中心，交通非常发达，可是百年前如果去通州，从朝阳门西大桥到通州西门要走20千米，来回几乎是一整天的行程了。

据清末老人讲，朝阳门至通州的这条路上的“对槽驴”出现于乾隆年间，此后一直延续到民国初年。八九十岁的老北京人见过赶驴人跟着普通的驴驮着客人赶路，而没见过不跟着驴夫的“对槽驴”。

雇驴时，先讲明下驴的终点站，付足押金，雇主将鞭子交给乘客，不跟随脚夫。驴顺道而行，只慢不快，骑驴人如令其“离经叛道”是绝对不可能的，到地后，又和一般驴没了区别。从脚驴行讲，“对槽驴”的主人比较富裕。养驴多，一群十来头驴。人手也比较宽裕，常常是亲戚、父子、叔侄，也有雇伙计的。[①]“对槽驴”一个人干不了。

对槽驴认识路，不用驴主跟着，单驴就能上路。几十里路，颠儿颠儿走到头，绝走丢不了。

① 涓之．老北京的“驴口儿”[N]．生活时报，1999.01.12.

当驴主和客人讲路费时，驴就在旁边不露声色地听着，似乎是斜着眼看着客人给钱没给钱，没给它也不吭声。客人骑上驴，驴迈开步，不紧不慢，任劳任怨，岔道口也不会走错。

1887 年 明信片《骑驴》
（内蒙古突泉县农耕民俗博物馆藏）

几个小时后，熬过枯燥的旅途颠簸，快到驴站了，驴精神抖擞起来，昂头“嗯——啊，嗯——啊”地叫着，小碎步一溜烟儿朝着终点站驴槽边的主人奔过来。对槽的驴主抓住笼头，正正经经对客人说：“驴说了，您还没给驴钱呢，8000 元。”这价钱对槽了！驴对槽了！主人也对槽了！

“对槽驴”忒神了。

一神“老驴识途”。与“老马识途”一样，这是动物识别道路的习性。常年驮脚的驴，好像行驶在轨道上一样，大概是闻着味儿、闭着眼也能轻车熟路走到终点。

“神驴”的训练必须从小驴开始。将小驴系在驮着客人的大驴后边，跟着来回走。一定要起点不喂料，都在终点的槽头喂料，如此反复，约有一两年时间，小驴也长成壮驴，就成了能认终点槽的“对槽驴”。

二神“拐不走”。半道上坏人要弄走驴，驴的倔脾气就来了，它会死死撑着四个驴蹄“钉”在地上，任你打、任你骂，也甭想让它挪动，除非抬着走。倔脾气是美德，驴认主人，其他一概不认。所以，当一个生人硬要往生道上引它，它自然死活不去。

三神“钱对槽”。据说是起点的驴主趁客人没注意，飞快地“结绳记事”。将一小根细麻绳往驴脖子下颏的笼头底下一套，随手打结放信号“尚欠资 8000 元”传递给对槽。对头槽的主人一把抓住驴笼头的同时，也就触摸到了麻绳结扣。说驴报信，那是开玩笑呢。

为什么“对槽驴”一个人无法操作？因为要有一个人在朝阳揽客放驴走，另一个人在通州接驴，所以至少两个人才能办到。“对槽驴”也是一对驴，东西两头都揽客放驴，也都接驴，来回都挣钱，人不空等。

“对槽驴”有一两百年的历史，到民国初年去通州办事往返骑的还有“对槽驴”。再后来，京郊社会不安定，散兵游勇到处流窜抢劫，“对槽驴”就难以为继了。

1907 年 6 月 10 日《骑驴人》
（突泉县农耕民俗博物馆藏）

（参考张淑媛、张淑新：《紫禁城内外：皇朝·关帝·驴窝子》，中国城市出版社 1996 年版。《北京文物》2005 年第 1 期。2017 年 10 月 17 日《北京文物报》）

王申

骑毛驴儿逛白云观

在很多民国作家的作品中，有不少驴文化的因素，这和当时“驴交通”有着千丝万缕的联系。林海音（1918—2001年），原名林含英，女，1918年出生于日本大阪，台湾苗栗县头份镇人，祖籍广东蕉岭，著名作家。林海音不是土生土长的北京人，所以反而有深刻的理解和记忆。1921年，她随父母返回台湾。1923年，她随父母迁到北京，定居城南。1948年，她回到台湾。她的自传体长篇小说《城南旧事》于1999年获第二届五四奖“文学贡献奖”，德文版获瑞士颁赠“蓝眼镜蛇奖”。以下《骑毛驴儿逛白云观》中的描述是林海音的回忆。①

白云观庙会的毛驴
（突泉县农耕民俗博物馆藏）

很久不去想北平了，因为回忆的味道有时很苦。我的朋友琦君却说：“如果不教我回忆，我宁可放下这支笔！”因此编辑先生就趁年打劫，各处拉人写回忆稿。她知道我在北平住的时候，年年正月要骑毛驴儿逛一趟白云观，就以此为题，让我写写白云观。

白云观事实上没有什么可逛的，我每年去的主要的目的是过过骑毛驴儿的瘾。在北方常见的动物里，小毛驴儿和骆驼，是使我最有好感的。北方的乡下人，无论男女都会骑驴，因为它是主要的交通工具。我弟弟的奶妈的丈夫，年年骑了小毛驴儿来我家，给我们带了他的乡下的名产醉枣来，换了奶妈这一年的工钱回去。我的弟弟在奶

① 盛锡珊著.北京梦华录·市井风俗［M］.北京：故宫出版社，2018：125.

妈的抚育下一年年地长大了，奶妈却在这些年里连续失去了她自己的一儿一女。她最后终于骑着小毛驴儿被丈夫接回乡下去了，所以我想起小毛驴儿，总会想起那些没有消息的故人。

骑毛驴儿上白云观也许是比较有趣的回忆，让我先说说白云观是个什么地方。

白云观是个道教的庙宇，在北平西便门外二十里的地方。白云观的建筑据说在元太祖时代就有，那时叫太极宫，后来改名长春宫，里面供了一位邱真人塑像，他的号就叫长春子。这位真人据说很有道行，……掌管天下的道教。据说他活到八十岁才成仙而去。在白云观里，邱真人的像是白皙无须眉。

现在再说说我怎么骑小驴儿逛白云观。

白云观随时可去，但是不到大年下，谁也不去赶热闹。到了正月，北平的宣武门脸儿，就聚集了许多赶小毛驴儿的乡下人。毛驴儿这时也过新年，它的主人把它打扮得脖子上挂一串铃子，两只驴耳朵上套着彩色的装饰，驴背上铺着厚厚的垫子，挂着脚镫子。技术好的客人，专挑那调皮的小驴儿，跑起来才够刺激。我虽然也喜欢一点刺激，但是我的骑术不佳，所以总是挑老实的骑。同时不肯让驴儿撒开的跑，却要驴夫紧跟着我。小驴儿再老实，也有它的好胜心，看见同伴们都飞奔而去，它也不肯落后，于是开始在后面快步跑。我起初还拉着缰绳，“嘚嘚嘚”地乱喊一阵，好像很神气。渐渐地不安于鞍，不由得叫喊起来。虽然赶脚的安慰我说：“您放心，它跑得再稳不过。”但是还是要他帮着把驴拉着。碰上了我这样的客人，连驴夫都觉得没光彩，因为他失去表演快驴的机会。

到了白云观，付了驴夫钱，便随着逛庙的人潮往里走。白云观，当年也许香火兴旺过，但是到了几百年后的民国，虽然名气很大，但是建筑已经很旧，谈不上庄严壮丽了。在那大门的石墙上，刻着一个小猴儿，进去的游客，都要用手去摸一摸那石猴儿，据说是为新正的吉利。那石猴儿被千千万万人摸过，黑脏油亮，不知藏了多少细菌，真够恶心的！

……打完金钱眼，再向里走，院子里有各式各样的地摊儿，最多的是“套圈儿”，这个游戏像打金钱眼一样，一个个藤圈儿扔出去，什么也套不着，白花钱。最实惠的还是到小食摊儿上去吃点什么。灌肠、油茶，都是热食物，骑驴吸了一肚子凉风，吃点热东西最舒服。

……白云观庙会在正月十八“会神仙”的节目完了以后，就明年见了。“神仙”怎么个会法，因为我只骑过毛驴儿而没会过神仙，所以也就无从说起了！

文学也是历史，《骑毛驴儿逛白云观》中对于骑驴有很有意思的叙述，这难道不是历史吗？和林老的《城南旧事》一样，对于驴都很有感情和感觉。北京白云观最有特色的是“六趣”：骑驴、摸猴、打钱眼，抚马、顺星、会神仙。1985年，骑驴逛庙会是北京白云观庙会的一绝，颇受孩子们欢迎。

《城南旧事》中有一节“驴打滚儿”，有小吃，也有真正的毛驴打滚儿，并用孩子的思维解释了“驴打滚儿”和驴打滚儿的关系。把一个驴夫赌徒卖儿卖女骗老婆的“京味儿”故事童话一样展示出来，揭示了“小毛驴儿和骆驼，是使我最有好感的”渊源。

2011年长江文艺出版社《城南旧事》——驴打滚（关维兴绘图）
（突泉县农耕民俗博物馆藏）

《城南旧事》中的英子已经把驴夫赌徒家的地址背下来了：顺义县牛栏山冯村妥交冯大明吾夫平安家信。驴夫赌徒冯大明的冯村可能是虚构的，北京现在似乎只有门头沟有一个冯村。一个距离北京南城100多里路，一个是五六十里路，骑驴走一趟都不近。所以，驴夫要随身带着干草。

小驴大概饿了，它在地上卧着，忽然仰起脖子一声高叫，多么难听！黄板儿牙过去打开了一袋子干草，它看见吃的，一翻滚，站起来，小蹄子把爸爸种在花池子边的玉簪花给踩倒了两三棵。驴子吃上干草子，鼻子一抽一抽的，大黄牙齿露着。怪不得，奶妈的丈夫像谁来着，原来是它！宋妈为

骑驴逛庙会是白云观庙会特色，如今已成往事

什么嫁给黄板儿牙，这蠢驴！

小驴儿吃好了早点，黄板儿牙把它牵到大门口，被褥一条条地搭在驴背上，好像一张沙发椅那么厚，骑上去一定很舒服。

宋妈打点好了，她用一条毛线大围巾包住头，再在脖子上绕两绕。她跟我说：

“我不叫你妈了，稀饭在火上炖着呢！英子，好好念书，你是大姐，要有个样儿。”说完她就盘腿坐在驴背上，那姿势真叫绝！

黄板儿牙拍了一下驴屁股，小驴儿朝前走，在厚厚雪地上印下了一个个清楚的蹄印儿。黄板儿牙在后面跟着驴跑，嘴里喊着：“嘚、嘚、嘚、嘚。”

驴脖子上套了一串小铃铛，在雪后的清新空气里，响得真好听。

……

骑驴赶集
（突泉县农耕民俗博物馆藏）

不知道什么时候，北京还能有小毛驴，还有骑毛驴的人在街上逛。

鲁迅骑驴游北京

1981 年纪念鲁迅诞辰 100 周年邮票
（突泉县农耕民俗博物馆藏）

北京赶驴桥在明朝属明时坊，清朝属正蓝旗。清乾隆时称大、小顶银胡同。1965 年，甘石桥、草厂小门并入，驴文化衰落，调整地名时赶驴桥胡同就没有了。赶驴桥是座石桥，东边是贡院，每逢赶考时，有上万来自全国各地的学子进京。考生大多骑驴，而石桥旁就有一些养驴户，久而久之，石桥得名“赶驴桥”，胡同也被称为赶驴桥胡同。赶驴的是常驻，骑驴的是常走，故“赶驴桥”以常驻的“赶驴”命名顺理成章。

钱振文先生的文章《旧北京骑驴的人和事》[①] 收集了很多驴友骑驴的故事，下面把老北京话精简一下，叙述给大家。

1926 年 3 月 7 日鲁迅日记：“星期。晴。下午小峰来交泉百。季市来，同品青、小峰等九人骑驴同游钓鱼台。”邓云乡的《鲁迅与北京风土》书中有“钓鱼台骑驴”，说鲁迅骑驴踏青之前，先说一番老北京骑驴游山的传统：

> 骑驴的事，要由当时的骑驴游山说起。当时北京城里人把出城骑小驴当作是一桩十分有趣的娱乐。正月里出阜成门、西便门、广安门骑驴逛白云观；春三月里，在香山脚下骑驴游樱桃沟；秋天在阜成门边骑驴逛西山；在香山脚下，或在西直门外骑驴游香山、看红叶，这都是当年最吸引人的胜游。这种驴叫作“脚驴”，城里城外都有，是那时最廉价的一种交通工具。

① 钱振文 . 旧北京骑驴的人和事［N］. 文汇报 笔会，2018.06.23.

鲁迅不专门游山玩水，他居北京15年，城外只去过两处不远的地方，一处是万牲园，另一处是钓鱼台。万牲园就是北京动物园，过去也叫农事实验场，是离皇宫最近的饲养场，也是北京第一个对外开放的公园；钓鱼台就是玉渊潭公园，其中有现在不对外开放的钓鱼台国宾馆。川岛的《和鲁迅先生相处的日子》中就有骑驴同游钓鱼台的记载：

> 城内的青年学生们，到了春秋佳日，每逢星期天，常常到西直门外来骑驴玩，我就是一个最爱骑驴的人。有一年的春天，我们有八九个人跑去要鲁迅先生和我们一起骑驴去玩，鲁迅先生就和我们一起出来，骑驴到钓鱼台。一路上还和我们讲了好些骑术。

《北京旧影——老明信片记录的历史》中驴友十三陵神道
（突泉县农耕民俗博物馆藏）

1924—1926年，鲁迅住在西城阜成门内西三条胡同。钓鱼台就在阜成门外2000米的地方。阜成门外和毛驴的关系是很密切的。阜成门外现在有南礼士路和北礼士路，而“礼士”是“驴市”的谐音。王彬的《阜成门外的关厢地理》写道：“在清代，这一带有驴市，可以租用脚驴，便以阜外大街为界，分称南、北驴市口，1911年以后，驴市谐音为礼士，延至今天。”阜成门外、西直门外过去都是可以租驴的地方。

《五四运动回忆录》中记载了骑毛驴的北京人，学生们骑驴可不是轻松游玩，而是赶赴参加轰轰烈烈的五四运动。当年正在长辛店留法高等法文专修馆工业科学习的何长工在文章中回忆说：“**我们怕乘火车不能如时赶到，那时自行车是有钱人骑的，我们谁也买不起自行车，便都骑着毛驴走进北京。**”①

1992年，姜德明先生编选了《北京乎——现代作家笔下的北京》，其中有几篇都说到了“骑驴游”，那时候的驴友才真正是“驴友”。②

现代著名女作家冯沅君在其《明陵八达岭游记》中写了1921年10月13日秋游明陵和长城的情景。先从西直门坐火车到南口，再骑毛驴去十三陵。读者感受一下第一次骑驴的心情：我向来是怕马骡一类的大动物，驴子也是我所怕的。所以当我听见她们说往明陵须要骑驴，我心就觉得胆怯，但是害怕驴子的恐怖和要逛明陵的愿望交战的结果，还是恐怖递了降表，……我

---

① 中国社会科学院近代史研究所编．五四运动回忆录［M］．北京：中国社会科学出版社，1979：312.

② 姜德明．北京乎——现代作家笔下的北京［M］．北京：生活·读书·新知三联书店出版，1992.

的出游的冲动，鼓着我的勇气，照例跨到驴背上，果真恐怖又来了。驴子一动，我心里就捏着一把汗。没有法子，只得极谦恭地卑躬屈节地支持下去。熟能生巧，俗话说的真正不错，骑不上二里，我果然胆子大起来了。我也要抬起头来浏览四围的景色，或和同行的谈话，甚至于不拉缰绳，让它自己走。

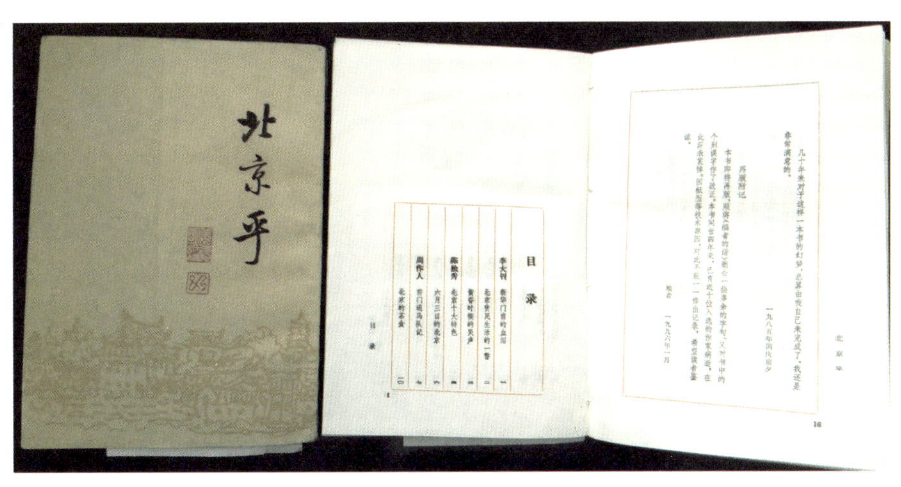

《北京乎》
（突泉县农耕民俗博物馆藏）

朱自清在《潭柘寺戒坛寺》中写到的骑驴就很是艰难曲折和惊险了。潭柘寺和戒坛寺都在北京西南的门头沟区，比近郊的西山要远很多。朱自清是在门头沟下的车，然后再去潭柘寺，就只能是或走路或坐轿或骑驴了。朱自清开始选择了走路，走到精疲力竭时候又只能骑驴：

这时候自己忽然逞起能来，要走路。走罢。这一段路可够瞧的。像是河床，怎么也挑不出没有石子的地方，脚底下老是绊来绊去的，教人心烦。又没有树木，甚至于没有一根草。……走一点钟光景。自己觉得已经有点办不了，怕没有走到便筋疲力尽，幸而山上下来一头驴，如获至宝似的雇下，骑上去。

但有驴骑也并不轻松，因为那天赶上了大风。这一天东风特别大。平常骑驴就不稳，风一大真是祸不单行。……想起从前人画风云骑驴图，极是雅事，大概那不是上潭柘寺去的。驴背上照例该有些诗意，但是我，下有驴子，上有帽子眼镜，都要照管，又有迎风下泪的毛病，常要掏手巾擦干。当其时恨不得生出第三只手来才好。

在《北京乎》中，唐弢的《帝城十日》中也说到了骑驴游山的事。1944 年 10 月 10—21 日，正是北京秋高气爽的好时候。在城里各景点之间的交通工具一般是洋车，从城里到郊区的颐和园、香山是用三轮车。到香山后游香山及卧佛寺就是骑驴了：“在山脚雇了两只毛驴，嘚嘚上山。山路颠簸，时俯时仰，回首向山上望，鬼见愁高出岩岭，如在头顶。我们打算到碧云寺去，就向左折了回来，沿路采了许多红叶。……出碧云寺后，绕道游万花山及卧佛寺。……卧佛寺除了大卧佛外，不见有什么好处，我提议谒梁启超墓去。驴在荒山小径中拐弯，盘绕又盘绕的，终于到了目的地。……我忽然着了魔，又哼出四句滥调来：荒山走马吊梁公，乱世文章眼底空。不信才人甘寂寞，墓园松柏有悲风。这里得来个声明，我们骑的其实是驴子。哲民笑我骑驴的姿势不好，活像骑马，我就也只能把坐下当作马了。”

《北京旧影——老明信片记录的历史》中1901年驴友在十三陵留影
（突泉县农耕民俗博物馆藏）

如果有头毛驴骑上，尤其是在上山越岭的时候，还真是可以节省不少脚力。另外，人骑在驴上看风景，不用付出走路爬坡的辛苦，可以用更轻松的心态悠然自得地环顾四周，一定有和一边“筋疲力尽”地走路一边看景不一样的感受。但不知道的是，在什么时候、是什么原因，驴蹄的嘚嘚声在北京大地上消失了。

看到以上文字的读者，也许可以来突泉重温老北京的骑驴情趣，穿越时光隧道和这些民国“驴友”们共情，感受独特的骑驴魅力。虽然不是北京，但也是别有情调，虽然不是回归百年前，但是也许可以体会千年历史。特意在旧书摊淘来《北京乎》，陈列在突泉的驴文化博物馆。

才女驴友骑驴美

民国骑驴踏行，成为当时一道独特的人文风景。不说读书的梁实秋骑驴上学，不看朱自清的日记中记载的骑驴到潭柘寺游玩的滑稽样儿，只看风流才女石评梅骑驴归家，或独行，或同好友骑驴到颐和园游玩；建筑学家梁思成和林徽因考察古建筑时，骑驴不可或缺……才女们骑驴远行，可谓名副其实的美丽“驴友”。①

《北京城百年影像记》中小脚媳妇骑毛驴
（突泉县农耕民俗博物馆藏）

一、才女骑驴逛颐和园

石评梅（1902—1928 年），女作家，“民国四大才女”之一，她的散文多次记载了骑驴的事情。《龙潭之滨》写得极美：

① 黄强．骑驴而行成独特风景：骑驴而行的老北京“驴友”［N］．北京晚报，2016.05.12.

细雨蒙蒙里，骑着驴儿踏上了龙潭道。

……天边絮云一块块叠重着，雨丝被风吹着像细柳飘拂。远山翠碧如黛。如削的山峰里，涌出的乳泉，汇成我驴蹄下一池清水。我骑在驴背上，望着这如画的河山，似醉似痴，轻轻颤动我心弦的凄音；往事如梦，不禁对着这高山流水深深地叹了一口气！

……这边是悬崖，那边是深涧，狭道上满是崎岖的青石，明滑如镜，苍苔盈寸；因之驴蹄踏上去一步一滑！远远望去似乎人在峭壁上高悬着。危险极了，我劝芸下来，驴交给驴夫牵着，我俩携着手一跳一窜地走着。

《翠峦清潭畔的石床》记载了她与几个朋友相约骑驴逛游颐和园的故事。20 世纪 20 年代，颐和园对骑马或者骑驴的游人还没禁止，人们雇头小毛驴，慢慢悠悠在园内溜达，显得非常惬意。

黄昏时候汽车停到万寿山，揆已雇好驴在那里等着。

梅隐许久不骑驴了，很迅速地跨上鞍去，一扬鞭驴子的四蹄已飞跑起来，几乎把她翻下来，我的驴腿上有点伤不能跑，连走快都不能，幸而是游山不是赶路，走快走慢莫关系。

1937 年，北京城外女孩骑驴郊游
（突泉县农耕民俗博物馆藏）

……他们的驴儿都走得很快，转过了粉墙，看见梅隐和揆并骑赛跑；一转弯掩映在一带松林里，连铃声衣影都听不见看不见了。我在后边慢慢让驴儿一拐一拐地走着，我想这电光石火的一刹那能在尘沙飞落之间，错错落落遗留下这几点蹄痕，已是烟水因缘，又那可让他迅速地轻易度过，而不仔细咀嚼呢！……

在一片松林里，我看见两头驴儿在地上吃草，驴夫靠在一棵树上蹲着吸潮烟，梅隐和揆坐在草地上吃葡萄干；见我来了他们跑过来替我笼住驴，让我下来。……

那时驴夫已将驴鞍理好，我回头望了望这不相识的墓，骑上驴走了。他们大概也疲倦了，不是他们疲倦是驴们疲倦了，因之我这拐驴有和他们并驾齐驱的机会。这时暮色已很苍茫，四面迷蒙的山岚，不知前有多少路，后有多少路。那烟雾中轻笼的不知是山峰还是树林？凉风吹去我积年的沙尘，尤其是吹去我近来的愁恨，使我投入这大自然的母怀中沉醉。

惟自然可美化一切，可净化一切，这时驴背上的我，心里充满了静妙神微的颤动；一鞭斜阳，嘚嘚蹄声中，我是个无忧无虑的骄儿。

大概是七点多钟，我们的驴儿停在卧佛寺门前，两行古柏萧森一道石坡欹斜，庄严黄红色的穹门，恰恰笼罩在那素锦千林，红霞一幕之中。……

其实，这所谓游览颐和园是经过颐和园围墙绕了一个大圈子，从颐和园去了卧佛寺。走驴观景想心事，乐在其中。而石评梅的《归来》是写回家的：

四围山色中，一鞭残照里，我骑着驴儿归来了。

过了南天门的长山坡，远远望见翠绿丛中一带红墙，那就是孔子庙前我的家了，心中说不出是什么滋味，……抬头已到了城门口，在驴背上忽然听见有人唤我的乳名。这声音和树上的蝉鸣夹杂着，我不知是谁？回过头来问跟着我的小童："珑珑！听谁叫我呢！你跑到前边看看。"

接着又是一声，这次听清楚了是父亲的声音；不过我还不曾看见他到底是在那里喊我，驴儿过了城洞我望见一个新的炮垒，父亲穿着白的长袍，站在那土丘的高处，银须飘拂向我招手；我慌忙由驴背上下来，跑到父亲面前站定，心中觉着凄梗万分眼泪不知怎么那样快，我怕父亲看见难受，不敢抬起头来，也说不出什么话来。父亲用他的手抚摩着我的短发，心里感到异样的舒适与快愉。也许这是梦吧，上帝能给我们再见的机会。

沉默了一会儿，我才抬起头来，看父亲比别时老多了，面容还是那样慈祥，不过举动现得迟钝龙钟了。

我扶着他下了土坡，慢慢缘着柳林的大道，谈着路上的情形。我又问问家中长亲们的健康，有的死了，有的还健在，年年归来都是如此沧桑呢。珑珑赶着驴儿向前去了，我和父亲缓步在黄昏山色中。

过了孔庙的红墙，望见我骑的驴儿挂在老槐树上，昆林正在帮着珑珑拿东西呢！她见我来了，把东西扔了就跑过来，喊了一声"梅姑！"……

她也写过《社戏》:“有一天姑母来接我去看社戏。这正是一个清新的早晨。微雨初晴，旭日像一团火轮，我骑着小驴儿，嘚嘚嘚嘚地走过了几个小村堡到了姑母家。姑母家，充满了欣喜的空气迎接着我。”

驴在石评梅的笔端都是美好的生活，都是美丽的影像。

二、林徽因骑驴找古建

林徽因（1904 年 6 月 10 日—1955 年 4 月 1 日）一生留下了很多骑驴的照片。1930 年在北平香山的骑驴照；1932 年在香山的骑驴照；1934 年，与费正清夫妇在山西考察的骑驴照；1936 年带着 6 个小孩在香山骑驴合影；1937 年和梁思成赴山西五台山寻找佛光寺的骑驴照；等等。20 世纪 30 年代，著名建筑学家梁思成与同仁们骑驴跋山涉水 200 多个县，调查研究了 2000 多座古建筑和早期造像石窟。林徽因文集里有一张林徽因骑驴的照片，是在西山碧云寺考察时所摄。

《北京城百年影像记》中骡轿后跟着毛驴
（突泉县农耕民俗博物馆藏）

1937 年 6 月，林徽因、梁思成骑着毛驴来到山西五台山脚下的豆村。黄昏时分，偏僻村落背面山坡上的一座外形奇特的大殿映入他们的眼帘。巨大而简洁的斗拱、超长的屋檐，显示其年代之久远，大殿的屋顶架构在唐代绘画里才有，而大殿的塑像、梁架、斗拱甚至壁画、墨迹都传达出晚唐遗风。这就是五台山的佛光寺大殿，是中国目前发现的最有分量的唐代建筑，梁思成称它为“国内古建筑的第一瑰宝”。

看这些骑驴照片，想起来有人赞美林徽因是位真正的无名英雄！试想以她那样老早就被医生宣布患有绝症的瘦弱女子，却不顾自己的健康状况，在当时极为落后的穷乡僻壤四处骑驴奔走，坐骡车，住鸡毛小店，根据地方县志的记载去寻访早已被人们遗忘了的荒寺古庙。

才女驴友骑驴美，踏雪寻梅梦中谁？

乙亥

天津也有“对槽驴口儿”

在长途雇驴中，有一种“对槽驴”堪称北京一绝。而20世纪20年代前，杨柳青至杨村也有“对槽驴口儿”。[①]

“对槽驴口儿”一般属于长途直达。杨柳青距杨村40多千米，当年设的是“对槽驴口儿”。

“对槽驴”专跑固定的路段，客人雇“对槽驴”时先讲明到什么地方下驴，交钱之后，槽口儿的人就把毛驴牵出来，把鞭子交给客人，让客人自己走，赶脚的并不跟随。到目的地后，客人把毛驴交给指定的槽口儿即可。

1890年东单牌楼下的毛驴车 明信片
（突泉县农耕民俗博物馆藏）

有的客人不愿预付脚钱或只预付一部分，驴主人若同意客人到那头再结清，就会对着驴耳朵说：“到了地方，别忘了告诉二爷收多少多少脚钱哪。”同时，暗中把一根细麻绳顺手系在驴笼头上，那上面有结扣，结个死扣代表1吊钱，结1个活扣代表半吊钱。如果是35个铜板即3吊半脚钱，就结3个死扣1个活扣。

到站后，那边槽上的主人看到绳扣后，便把耳朵贴在驴的嘴边对驴说：“那边大爷有什么交代呀？”同时暗中掐一下驴的下颌，驴便嘶叫一声。于是，主人对顾客说：“老客儿，您老得交多少多少脚钱。”

“对槽驴”上路后，只走大道，不走小路。如客人想令其离开大道，抄近道走小路，无论如

① 杨柳青至杨村的“驴口儿”[EB/OL].[2012-07-12]. http://blog.sina.com.cn/s/blog_4d46e6fc0101qs1c.html.

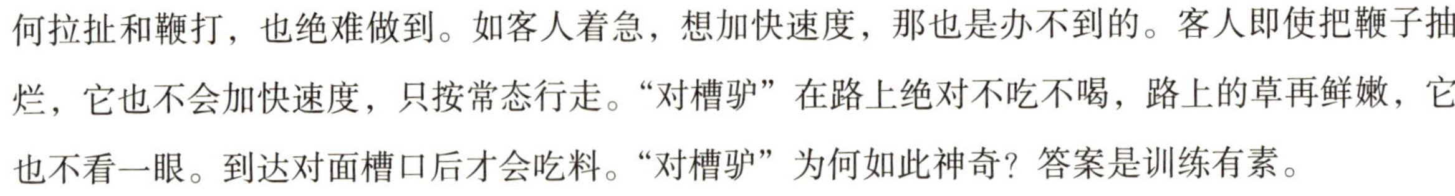

何拉扯和鞭打，也绝难做到。如客人着急，想加快速度，那也是办不到的。客人即使把鞭子抽烂，它也不会加快速度，只按常态行走。“对槽驴”在路上绝对不吃不喝，路上的草再鲜嫩，它也不看一眼。到达对面槽口后才会吃料。“对槽驴”为何如此神奇？答案是训练有素。

生下小驴后，如果主人想令其做“对槽驴”，在 4 个月大时就开始训练。让它每天跟着母驴跑“对槽驴口儿”，路上不许吃喝，不许拐岔道，稍有犯规便会遭到严厉的鞭打。天长日久，便成了“对槽驴”。

丙子

复旦“驴背诗思”添新景

2006 年 12 月 23 日，复旦大学校园雕塑“驴背诗思”揭幕仪式在光华楼前举行。“驴背诗思”是著名雕塑大师袁晓岑先生的得意之作，捐赠方将其送给哲学学院作为复旦哲学系建系五十周年的贺礼。从此，百年复旦校园新添了一处驴文化景观。

复旦大学雕塑

（突泉县农耕民俗博物馆藏）

我总觉得复旦大学哲学学院“驴背诗思”应该是“驴背哲思”，因为毕竟是哲学系、哲学院。

"驴子仿佛是诗人特有的坐骑。"钱钟书先生说。当人们注视着这座塑像，驴子的笃诚、诗人的忧郁一起构成了"驴背诗思"的深邃意境。"诗思在灞桥风雪中，驴背上"，毕竟真正的诗人并不仅仅需要骏马。诗人屈原、贾岛、苏轼、王安石、陆游经常骑在驴背上构思，正是旅途的颠簸使他们诗思泉涌。"诗圣"杜甫一生穷苦，骑驴作诗千篇，诗里句间融入了对底层民众的无限关切。

复旦大学雕塑
（突泉县农耕民俗博物馆藏）

复旦大学哲学学院全体师生一定会倍加珍惜大家的厚爱，与这位"驴背上的思者"共同守护我们的精神家园。哲学家吴晓明院长在致辞中认为，诗与思是对天地神人的原初回应，思想道说着存在命运，是一种特殊的诗，而人的生命则在诗与思中得以形诸语言，"驴背诗思"正是这种中国文化精神的体现。

有一首词是《卜算子·驴背诗思雕塑》（和"南山翁"先生词）："天下数神雕，驴背诗思妙。形态逼真源灞桥，意境袁重钓。自古有阆仙，得句翁欢笑。杜甫一生炼字词，雅韵皆独到。"

另一首词是附南山翁先生原玉的《卜算子·踏雪寻梅》："骑驴灞桥边，踏雪寻梅妙。已是黄昏独徘徊，苦把诗思钓。觅香有天机，无缘君啼笑。遍学高人戴风帽，曷以成仙道？"

有评论说，诗思之道在中国文化中乃是"二位一体"。诗之所以能够打开新的生存维度，在于诗乃是一种特殊的思，一种鲜活生动的思。同样，思想意识之所以能够开启新的存在方式，在于思想乃是一种特殊的诗。诗与思让事物每一次与我们照面都仿佛是一个新生，人在其间充满惊讶与欢喜。

"驴背哲思""驴背诗思"都是生活之思，是对这种中国文化精神的一种体会。雕塑驴背上的这位老者仿佛陷入了沉思之中，给人们无穷无尽的妙诗佳句，身陷现代性困境的当代人，在奔波忙碌之余应该从这尊塑像中得到启迪。

丁丑

绿色驴鸣音乐美

从驴的叫声中听出美，确实需要不一般的美学鉴赏能力。“小驴大概饿了，它在地上卧着，忽然仰起脖子一声高叫，多么难听！”《城南旧事》中小英子的感觉很有代表性。

早晨起床，听到不远处的驴鸣，望着窗外的田野和绿树，感觉乡村之美是立体的。

除了美学价值，驴子的叫声还预示着驴的命运甚至人类自身的命运，新疆作家刘亮程听到“驴叫是红色的”，而在突泉，“驴叫是绿色的”！

一、驴音之美谈[①]

驴的叫声好听吗？在没有摇滚乐的古代，驴叫声很刺激，一些人很喜欢，尤其是魏晋时期。[②]

（一）戴良殡母鸣驴声

《后汉书·逸民列传·戴良》曰：良少诞节。母喜驴鸣，良常学之以娱乐焉。

范晔在《后汉书》中就记载了东汉后期的汝南人戴良（字叔鸾）的母亲喜欢听驴的叫声，因为戴母“喜驴鸣”，于是身为其儿子的戴良“常学之，以娱乐焉”。戴良学习驴的叫声一定是学得惟妙惟肖的，不然他的母亲是不会高兴的。

用学驴叫表达情意，戴良是第一人。为了

1909 年，王府井大街源盛木厂门市前经过的驴车
（突泉县农耕民俗博物馆藏）

---

① 齐安，驴 - 简书［EB/OL］.［2017-08-19］. https://www.jianshu.com/p/9fb418b87477. 2017.08.19.

② 盛锡珊 . 北京梦华录·市井风俗［M］. 北京：故宫出版社，2018：117.

讨母亲欢喜，为母亲学驴叫是因为戴良心中有母亲，才会投其所好。这一点还是值得现代人思考的，想一想，你知道自己的父母喜欢什么吗？有没有尽力地去满足他们呢？

（二）曹丕领悼驴叫情

《世说新语·伤逝》开篇：王仲宣好驴鸣。既葬，文帝临其丧，顾与同游曰："王好驴鸣，可各作一声以送之。"赴客皆一作驴鸣。

东汉末年，著名文学家王粲，字仲宣，建安七子之一，先投刘表，不被重用，后归附曹操。魏晋时，许多名士喜欢模仿驴叫，认为驴的叫声有音乐感，竞相延习，不以为粗俗。王粲在跟随曹操征东吴的途中死去，年41岁。魏文帝曹丕亲临葬礼致悼，为了表达对死者的怀念，便按照当时文士习俗及王生前喜作驴鸣的嗜好，让吊丧的人都学一声驴叫。吊客于是从命，各人都一作驴鸣。

清顾大申《闻驴鸣》诗："夜台王仲宣，能辨此声否？"即指此事。真情的驴叫，驴叫的真情，可见曹丕性情之肆意洒脱。

（三）孙楚吊唁拟驴鸣

这是鲁迅《古小说钩沉》里的文章，源自《太平御览》。王武子葬夕，孙子荆哭之甚悲，宾客莫不垂涕。哭毕，向灵坐曰："卿好我作驴鸣，今为卿作驴鸣。"因作驴鸣，似真声，宾客莫不笑。孙闻笑，顾谓曰："诸君不死，令王武子死。"宾客莫不皆怒。

魏晋确实是个狂生泛滥的年代，西晋王济46岁死了，他的好朋友孙楚来吊丧。王济父亲王浑尚且健在，也是白发人送黑发人了。孙楚是西晋的文学家，一手好文章，为人有点儿狂，所以仕途一直不顺。孙楚与他则是同郡人，王济对孙楚的评价是"天才英博，亮拔不群"，也因此孙楚一直感念王济的知遇之恩。

孙楚哭得甚悲，哭了一阵，悲伤真切，突然对着灵位和棺材说："坑人的武子，你活着的时候就爱听驴叫，如今你突然这么一死了，我也没能及时赶过来送你，就给你学两声驴叫吧！"然后真就学起驴叫，学得还挺像，还真以为灵堂上牵来一头驴。满屋子宾客哄然大笑，就听孙楚又说："你们这些人没死，让王武子死？"驴叫人言皆很伤人，如何不激起众怒。到这个时期，驴叫已经开始被嘲笑了。

二、魏晋驴叫成时尚

古人认为驴的鸣叫声非常悦耳，于是就非常喜欢驴的鸣叫声。因此，学驴叫就成了一种非常时尚的东西。曹丕的"驴鸣之吊"也称为"驴鸣吊"。西晋孙楚吊唁学驴叫有"孙楚声"的雅称。[①]

① 星宇，驴的"正负"面形象[EB/OL].[2014-11-27]. http://www.huayiw.com/leader/html/2014/11/27/1022.html。

物以稀为贵，人之所好，党亦同之，创新无处寻，喜欢标新立异的魏晋名士爱驴的风气和驴少直接有关。据记载，东晋皇帝司马绍（299—325 年,322—325 年在位）不知驴是啥样，宰相谢安让他猜，司马绍说，驴像猪。东晋时期，驴是当时的珍稀动物。驴少，驴鸣也非常时尚。

余嘉锡先生指出：“此可见一代风气，有开必先。虽一驴鸣之微，而魏晋名士之嗜好，亦袭自后汉也。况名教礼法，大于此者乎！”(《世说新语笺疏》) 驴鸣难觅知音。当时，名士之与知己之死，自然有着“匠石废斤于郢人、伯牙绝琴于子期”这种知音难遇的悲痛，那么选择死者生前的喜好之物为其送行，在他们看来才是真正的知己之举。驴鸣送葬，于常礼有悖，然而名士之所以为名士，就在于他们敢于循情背礼，率性而作。①

审美与时尚都不会是死水一潭，而是随着时代的发展而变化，这种变化甚至是翻天覆地的。

三、驴叫是红色的

刘亮程的思维是极为特异的，不信就看看下面的摘编吧。

驴叫是红色的。全村的驴齐鸣时村子覆盖在声音的红色拱顶里。驴叫把鸡鸣压在草垛下，把狗吠压在树荫下，把人声和牛哞压在屋檐下。狗吠是黑色的，狗在夜里对着月亮长吠，声音悠远飘忽，仿佛月亮在叫。羊咩是绿色，在羊绵长的叫声里，草木忍不住生发出翠绿嫩芽。鸡鸣是白色。鸡把天叫亮以后，就静悄悄了，除非母鸡下蛋叫一阵，公鸡踩蛋时叫一阵。人的声音不黑不白。人有时候说黑话，有时候说白话。

也有人说驴叫是紫黑色的。还有人说黑驴的叫声是黑色的，灰驴的叫声是灰色的。都是胡说。驴叫刚出口时，是紫红色，白杨树干一样直戳天空，到空中爆炸变成红色蘑菇云，然后向四面八方覆盖下来。那是最有血色的一种声音。驴叫时人的耳朵和心里都充满血，仿佛自己的另一个喉咙在叫。人没有另一个喉咙，

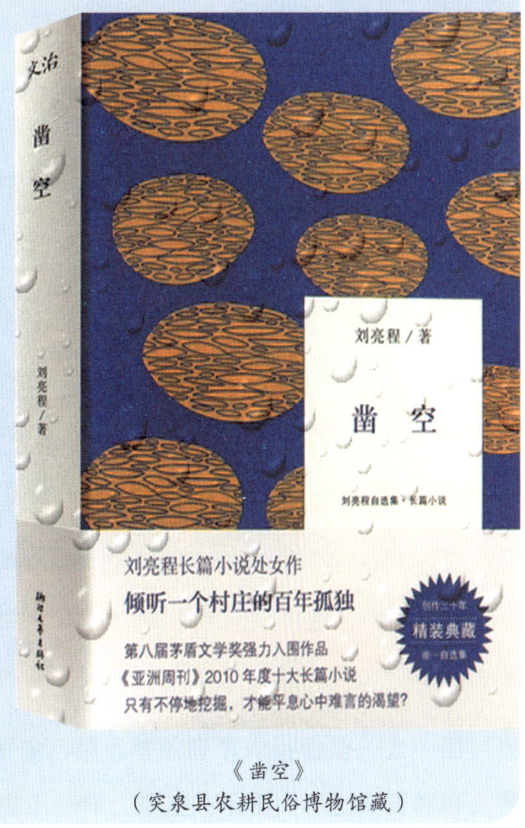

《凿空》
（突泉县农耕民俗博物馆藏）

① 吴军．学驴叫曾经是一种时尚［N］．检察日报·文化随笔，2019.05.24：6.

叫不出驴叫。人的音色像杂毛狗，从人的声音里能听出村里各种动物的叫声。人是复杂的东西，身体里有一群动物，还有一群像拖拉机一样的机器。

拖拉机的叫声没有颜色，它是铁东西，它的皮是红色，也有绿皮的，冒出的烟是黑色。它跑起来的时候好像有生命，停下来就变成一堆死铁。拖拉机到底有没有生命狗一直没弄清楚，驴也一直没弄清楚，拖拉机突突跑起来像是活的，一停下又死了。驴跟拖拉机比叫声，比了几十年，还在比。

突泉秋天的毛驴

驴顶风鸣叫。驴叫能把风顶回去五里。刮西风时阿不旦全村的驴顶风鸣叫，风就刮不过村子。驴是阿不旦声音世界里的王。驴叫尽头是王国边界，从高天到深地。

不刮风时，驴鸣王国是拱圆的。驴鸣朝四面八方，拱圆地膨胀开它的声音世界。驴鸣之外一片寂静。寂静是黑色的声音，走到尽头才能听见它。

如果刮风，王国变成椭圆形，迎风的一面被吹扁，驴叫被刮回来一截子。驴脾气上来了，嘴对着风叫。风刮了千万里，高山旷野都过来了，突然在这个小村庄，碰到敢跟风对着干的家伙，风也发威了。驴叫和风声，像两头公牛在旷野上拉开架势，一个从遥远的荒野冲过来，一个从低矮的村子奔出去。两个声音对撞在一起，天地嘎巴巴响，风声的尖角断了，驴鸣的头盖碎了。仍顶住不放，谁也不肯后退。

但在顺风一面，驴叫声传得更高更远。驴叫骑在风声上，风声像被驴鸣驯服的马，驮着驴鸣翻山越岭，到达千里万里。声音王国的疆域在迎风一面收缩了，在顺风面却扩展到无限。

…… ……

我的耳朵里突然响起驴叫。像从很远处，驴鸣叫着跑过来，叫声越来越大。先是一头驴在叫。接着好多驴一起叫。驴叫是红色的。一道一道声音的虹从田野村庄升起来。我四处望，望见我们家烟囱，望见树荫土墙里的阿不旦村。没有一头驴。我不知道阿不旦的驴真的叫了，还是，我耳朵里以前的驴叫声。

——刘亮程《凿空·序》

四、在突泉，驴叫是绿色的

清晨的突泉，驴叫是蓝色的！蓝色天空回荡着“嗯——啊嗯——啊”的驴鸣，和蓝色融合，浑然一体。

新疆作家刘亮程的《凿空》简直就是新疆农民养驴的玄幻历史记录，如果希望对养驴有更多的感性认识，就读一读这本小说。新疆是驴的故乡，几千年了。如今，驴在新疆也日益减少，驴叫声几乎在驴的故乡也听不到了，这件事情没有人注意，刘亮程把这个减少和消失的过程记录下来，用新疆味道的文字记下来，非常宝贵。在新疆味道的文字中，可以听到柳青《创业史》的农耕文明的乡土气息和农业革命的红色声乐，这是万分宝贵的历史感性体验。

希望驴文化博物馆可以记录下这段特别的历史转折。用驴换了三轮摩托车、驴丢了、驴被吃了、驴的眼、驴的思想、驴怎么想、驴从几十块钱的身价涨到七八百块、驴数量的统计、养驴协会、驴不睡觉、听懂驴叫……新疆是中华驴文化的宝库，真是不假。可是这座宝库已经开始被“凿空”了。

新疆驴存栏数量最多的时候是 2001 年，年末有 126.06 万头，而到了 2017 年只有 20.83 万头，让人们感到驴几乎见不到了。多年的驴大区，驴子的故乡，就这样在短短十几年被现代化颠覆了，如此自觉和积极，这就是一场“驴革命”。

所以，再回头看驴叫是红色的，血红色的驴叫恰恰有一种隐喻，预示着驴子的命运的张力。驴的命运不是驴自己的，也不是驴自己可以改变的，驴的命运在人的掌握中，人类怎么对待驴，驴就会怎样鸣叫。人类可以改变驴叫的颜色吗？

在突泉，清晨的驴叫是蓝色的！傍晚的驴叫是绿色的！

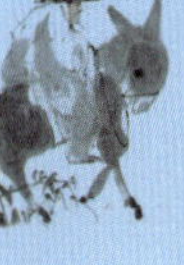

戊寅

圣诞节和毛驴

1984 年英国明信片——圣诞节抵达伯利恒　毛驴和基督进耶路撒冷
（宊泉县农耕民俗博物馆藏）

干什么吆喝什么，“驴文化”是世界性的，不仅是咱中国独有。收集国外“驴文化”明信片，发现了大量的圣诞节主题。原来外国文化中，和毛驴关系最大的节日应该算是圣诞节了。大约 10 年前，我听到了一个“圣诞老奶奶”赶着毛驴车给村里的孩子们送礼物的故事。

一、“圣诞奶奶”

“圣诞奶奶”牧琳爱，美国人，英文名 Eunice Moe Brock，1917 年 8 月 11 日生，2013 年 4 月 28 日逝世，享年 95 岁。她在中国河北北戴河出生，之后随父母住在山东聊城山陕会馆附近。1930 年，13 岁的她回到美国。1941 年，她获得护理学硕士学位，之后又获美国田纳西州范德比尔大学博士学位。她最初在美国北部的科罗拉多州一家儿童医院当护士，后相继被提升为教育部主任、院长，曾任美国丹佛市儿童医院院长。

1999 年 9 月，牧琳爱已经是 80 多岁的老奶奶。在丈夫去世后，深爱中国的牧琳爱变卖了自己在美国的房产、汽车和山林，带着两只行李箱出现在中国。在中国青少年发展基金会的帮助下，她毅然决然地来到聊城。由于喜欢小时候跟着当传教士的父母在聊城的生活，就选择了回到聊城的阳谷县安乐镇刘庙村长期居住。1999 年 10 月经阳谷县教育局批准，牧琳爱博士被聘为阳谷县刘庙村中美友谊小学名誉校长。“圣诞奶奶”喜欢慈善活动，一干就是 14 年，直至去世。

“圣诞奶奶”不是摆摆样子的。每年圣诞前，刘庙村都会出现一位圣诞老人，高鼻深目，是个地地道道的洋人，和童话故事里不一样的是，这位圣诞老人是位没有白胡子的“圣诞奶奶”。

牧琳爱说："我跟刘庙村是息息相关的，从我一开始来到这里就特别有感情。我很爱这里的老百姓和孩子。"和土生土长的村民一起生活，看着周围的孩子出生、长大，每一个圣诞节，牧琳爱都装扮成圣诞老人，赶着毛驴车"过洋节"，给村里的孩子们送礼物。

到了 2011 年，牧琳爱已然在这里度过了 11 个圣诞节。毕竟已经 94 岁了，"圣诞奶奶"虽然体力下降，还是坚持在大伙的搀扶下来到孩子们中间，给孩子们准备了 1000 多本笔记本和 60 多盒油画棒，和孩子们热情抱抱，老人的脸上绽放出开心的笑容。

1991 年英国圣诞节极限片——《骑毛驴逃往埃及》首纪戳
（突泉县农耕民俗博物馆藏）

下课铃声一响，大一点的孩子们里三层外三层地围过来。"圣诞奶奶"说，这天特别高兴，收到孩子们这么多的卡片，并且每个都不一样，很有创造力，所以在给他们爱的同时，自己也收到了他们的爱。希望老师和学生都有一个快乐的节日，并且将来在新的一年里，能够幸福快乐。

什么是节日？在孩子的小心眼里，节日就是礼物、好吃的、新衣服，痛痛快快地玩儿。在"圣诞奶奶"到来之前，很多乡村孩子没有圣诞节的概念，礼尚往来，"圣诞奶奶"不仅仅是送出礼物，在每年圣诞节牧琳爱都会收到许多孩子画的贺卡，每个孩子都在用自己的方式向老奶奶表达祝愿。不单单在每年圣诞，过去的十几年里，牧琳爱一直没有中断过对周边人的帮助。她多次向当地的学校、医院、村民捐款捐物，支持当地农村发展，获得多项慈善方面的荣誉称号，她也是山东省内第一个因为公益方面的特殊贡献拿到"绿卡"的外国友人。2006 年，"圣诞奶奶"被评选为感动山东人物。

二、圣诞文化毛驴多

圣诞节文化中，毛驴是一个非常大的背景。在这个意义上讲，驴子是圣诞节的动物。圣诞节（Christmas）最早源自古罗马人迎接新年的农神节，与宗教本无关系。后来基督教入乡随俗，把这个民俗节日纳入宗教节日，同时为庆祝耶稣的降生注入了新的含义，圣诞节也和毛驴密切的联系起来。因为圣诞是耶稣的降生，而这位神奇的孩子降生之处是马槽，马槽、马棚里的牲畜就包括牛和驴。接下来，约瑟、玛利亚带着孩子逃命，一家人奔往埃及，而在逃往埃及的途中必然要休息，于是大量的《逃往埃及》系列的艺术细节创造就诞生了。

例如，《逃往埃及途中休息》。意大利画家卡拉瓦乔（1571—1610 年）的这幅油画作品取材

卡拉瓦乔的《逃往埃及途中休息》印制版
（突泉县农耕民俗博物馆藏）

于圣经故事。在这幅油画中，显得过于苍老的约瑟手拿圣经，正在向他前面的“拉小提琴”的天使问询着什么，好像为下一步做好打算，也好像是讨论小提琴乐谱，我第一次看就觉得是在练习音乐。而旁边的玛利亚抱着熟睡的耶稣，一定是由于旅途过于劳累，坐着就已经打起盹来了。年轻的卡拉瓦乔的创作细致描绘，再现给赏画的人们各种感受，约瑟一行逃往埃及的过程中是那样的千辛万苦，也充满了乐趣。约瑟看起来像是一位老者，面孔饱经风霜，前额布满皱纹，卡拉瓦乔喜欢把这种批判精神隐喻在他的作品中。另外，如果天使演奏的是“催眠曲”，是不是会有更多的含义呢。

我的感受是《逃往埃及途中休息》中怎么没有毛驴呢？第一次看这幅画，我就找了好久，也是由于仿制的作品发暗，终于在画中约瑟老头的背后，看到了一只精灵的眼睛，这精灵的眼睛正在看着画外的世界，那就是一头毛驴的眼。毛驴是背景，也是另外一层世界。

圣诞节和毛驴有关的文化作品是无数的，而且还在不断的创作中。

比如，1974 年葡萄牙邮票——圣诞节画像，骑驴，其实就是另外一个版本的“逃往埃及”，可是很多集邮爱好者不知道根底，只是看到了“骑驴”的画面，不知道为什么骑驴，骑驴去哪里，骑驴的、牵驴的、怀中的孩子又是什么人，这里面的故事还是很有意思的。小小的邮票有大故事呀！

一个古老的故事不是固定的，是一代代人不断演绎，后人甚至把前人不知道的细节也复活了，这就是文化创造的神奇之处，也是文创产业的神奇之处。在一系列的“突泉驴友文化展”中，我们还有很多同一系列的文化展品。

等您了！

1974 年葡萄牙邮票——圣诞节画像，骑驴
（突泉县农耕民俗博物馆藏）

拿破仑让驴走中间

在《埃及记述》扉页上印着拿破仑的命令：让驴和学者走在队伍中间。不要误会，这句话不是说“学者像驴一样笨”！

2019 年 8 月，拿破仑诞辰 250 年前夕
（拍摄于东阿毛驴博物馆）

1798 年，不满 30 岁的拿破仑·波拿巴（Napol é on Bonaparte，1769 年 8 月 15 日—1821 年 5 月 5 日）率领远征军开始对埃及大举进攻。远征军共 20 万人、1 万多匹马、200 多头毛驴，还有 175 名专家、学者。这些专家、学者成立了“埃及研究院”，专门收集、研究埃及的文化、历史、艺术、宗教，而非常热爱文学与宗教的拿破仑则兼任这个研究院的院长。[①]

战争是残酷的，远征军受到英、俄、奥等国联盟军队的顽强抵抗，损失很大。这时，拿破仑发出一道命令：让驴走在队伍中间，让那些专家、学者骑在毛驴上研究埃及的天文、地理、

① 李良旭 . 让驴子和学者走在队伍中间［J］. 芳草（经典阅读），2012（12）：38.

宗教。他告诉将士们，大炮和战马可以损失，但专家、学者和收集来的书籍决不能损失。对此，将士们十分不解：许多士兵受伤后行进十分困难，如果能骑上毛驴该多好，而让不打仗的学者骑在毛驴上，有什么意义？

拿破仑看出了将士们的心思，他解释道：我们远征的目的，不仅要征服埃及，更要吸收埃及的古文明。野蛮和杀戮不能征服一个国家，文明才是人类发展和进步的力量。

和其他伟大人物一样，拿破仑一直保持着人文精神的清醒。法军曾包围一座名叫沙姆沙赫的小城，正要下令进攻，突然得知小城居民正在悼念刚刚去世的诗人，全城百姓正处于巨大悲痛之中。拿破仑立刻下令停止进攻。将士们十分不解，因为如果错失战机，后果将不堪设想。拿破仑解释道：城邦之间交火，许多是野蛮与霸权的暴虐，但是科学与艺术是超越国界的，值得全人类顶礼膜拜。

2019 年 8 月，编者在东阿毛驴博物馆拍摄了“拿破仑与毛驴”。1800 年 5 月，拿破仑骑驴率领 3.7 万法军攻击意大利，发动马伦戈会战。

1802 年，远征埃及长达 4 年的拿破仑，最后在英、俄、奥、葡、土等国组成的反法联盟军队的强大阻击下，以失败告终。远征军回国后，原来的 2000 门大炮只剩下两门，仅有 1000 多名士兵。可是人们惊讶地发现，远征军里的 175 名专家、学者却一个不少，毛驴还驮回来成百箱书籍。

拿破仑亲自担任主编，将这些专家、学者召集起来，历时 5 年终于编纂完成了巨著《埃及记述》。这部巨著包括了埃及的生物学、医学、机械学和考古学等诸多方面。史家称，《埃及记述》填补了埃及文化的很多空白。

庚辰

毛驴参演歌剧

2006年，“驴到中年”的22岁毛驴波尔亚妮成为英国最耀眼的“动物娱乐明星”之一。这一年由它出演的经典歌剧《卡门》登上了伦敦皇家歌剧院的舞台[①]，英国著名的《卫报》《泰晤士报》、BBC和独立电视台都对这一盛事进行了报道，也有媒体透露了波尔亚妮曲折有趣的“星路”。

毛驴在歌剧院的舞台上

1994年10月5日，波尔亚妮因为“乱叫吵人”，被老主人送往市场出售，随时面临被屠宰加工成驴肉腊肠的厄运。51岁的约翰·麦克拉伦大动恻隐之心，支付了250英镑，买下了10岁的母驴，带回“小岛农场毛驴庇护所”，精心培养。12年后，波尔亚妮一鸣惊人。

麦克拉伦最初发觉波尔亚妮的嗓音饱满高亢，富有震撼性和穿透力，能配合并模仿音乐的节奏，表现出了更为卓越的“音乐天赋”。动物行为学家莫利斯来到毛驴庇护所参观访问时，郑重地建议麦克拉伦注意挖掘波尔亚妮的特异才能，为毛驴的智力与行为研究写上前所未有的篇章，并推荐波尔亚妮到了马戏团。

马戏团用马戏表演所用的音乐《斗牛士序曲》试验，随着音乐的响起，波尔亚妮立即振奋起来，努力学习着乐曲的节奏，跟着乐曲而鸣叫。9个月的训练成果令人目瞪口呆和捧腹大笑。

① 袁海．英国获赦毛驴演歌剧［N］．现代快报，2006-12-19.

又用了 5 年，在麦克拉伦和专业驯兽师的精心调教下，波尔亚妮除了在一些简单的马戏和舞台剧上当小配角，还成了专工《卡门》的“女演员”，这是一部由法国作曲家比才于 1875 年创作的歌剧。随着精心锤炼和全国巡演，波尔亚妮的表演经验日益丰富，舞台感逐渐变得准确、从容，名声也开始响亮起来，“表演舞台”更从动物大使馆换到了享有盛名的伦敦歌剧院。波尔亚妮演任何角色都竭尽全力。它从不怯场，仿佛天生就属于舞台。①

毛驴雕塑

每次登台表演前，驴厩管理员琳达 · 奇尔顿都会为波尔亚妮精心打扮一番。先是将灰色的鬃毛梳洗一番，然后梳理成“一簇毛”式的莫希干人发型，最后再给它的 4 个蹄子分别刷上黑漆和特制的“指甲油”。经过打扮，原本灰不溜丢的波尔亚妮顿时艳惊四座。随着舞台经验日益丰富，波尔亚妮被安排出演著名歌剧《卡门》。波尔亚妮的戏份很重，总共 3 幕戏中需要出演 2 幕。也许是“乐感”太强的缘故，为了防止它“兴奋过度”，同台表演的麦克拉伦不得不随时给它喂食姜汗饼干和胡萝卜，以便让它“住嘴”。《卡门》在著名的伦敦皇家歌剧院首次公演之后，立即引起轰动。

2006 年 12 月 12 日，当波尔亚妮来到伦敦皇家歌剧院时，街道两旁挤满了它的少年粉丝，纷纷向它招手致意。14 日，在梦幻般的灯光中，舞台的大幕缓缓拉开了，那一晚前来捧场的观众多达 2200 人。在观众贵宾席上，端坐着专程赶来的查尔斯王子和卡米拉王妃。

动物直接上舞台除了马戏表演，还有很多，不过毛驴成为歌剧演出的一个环节真的比较少见。连世界著名的男高音歌唱家多明戈也抚摩着波尔亚妮额上的“刘海儿”，幽默地赞美它比自己唱得棒！

① 思远 . 毛驴歌手　唱响皇家歌剧院［J］. 西江月，2008.12.

毛驴庇护所

什么是感恩？人类是不是已经到了感恩毛驴的时刻？

曾经看到一个伟大的毛驴保护成绩。2008 年公布的数字显示，英国德文郡一家照顾毛驴的慈善组织“英国驴保护协会”年度收到**捐款 2000 万英镑**，而著名的女性救助慈善团体“避难所”“英格兰女性救助联盟”“义福女性之家”的全年收入总和只有 1700 万英镑。[②]

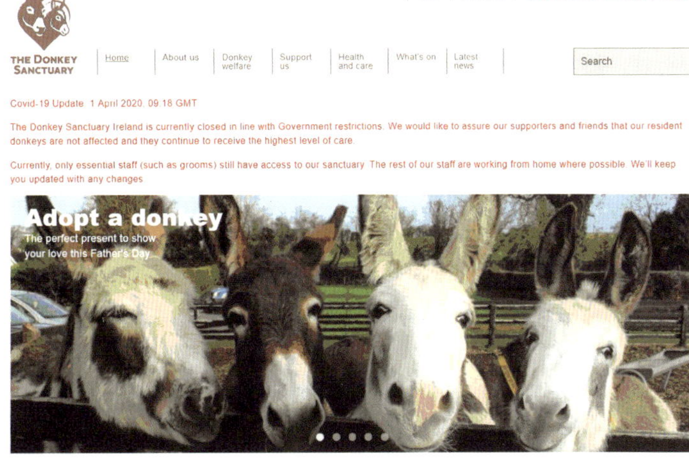

2020 年 6 月 14 日，毛驴庇护所网站截屏[①]

“英国驴保护协会”就是驴庇护所。英国的驴庇护所始建于 1969 年，1973 年注册为慈善机构，总部位于德文郡西德茅斯，是目前世界上最大的关于骡子和驴的动物保护慈善团体，其目的是为传达对世界各地的骡子和驴“无私的关怀和奉献精神”。在全球 28 个国家和地区展开的慈善保护中，已有 14500 头被忽视和虐待的驴得到照顾和保护。

1969 年，毛驴庇护所的创始人伊丽莎白・斯文德森在德文郡奥特里圣玛丽经营萨尔斯顿酒店，这是座乡间别墅，有 8 英亩土地。斯文德森在报纸上看到，“出售的纯种驴马，肯尼特伯里・马莎——申请莫高先生”。斯文德森一家立即驱车前往，花费 45 英镑买下“淘气脸”。用一周时间，斯文德森夫妇在酒店前面的田地周围建了一个驴厩和栅栏，并买了稻草，为即将到来的“客人”铺了一张很深的床。

① The Donkey Sanctuary, Ireland [EB/OL]. [2020-06-14]. https://www.thedonkeysanctuary.ie/。

② 在英国捐款也麻烦——舆情频道 [EB/OL]. [2010-10-12]. http://qnck.cyol.com/content/2010-10/12/content_3861055.htm。

斯文德森坐在围场栏杆上，看着毛驴“淘气脸”自信地从卡车上走下坡道，视察她的新家，包括田野和庇护所，“我完全被它移动的方式、检查它新环境时使用的智力以及它每过几分钟都会回到我身边的方式所吸引，好像在说：‘请不要走，我只是环顾四周一会儿。’”当驴把斯文德森推离围栏时，她惊叫道：“别用那张淘气的脸推我了。”

从这一刻起，肯尼特伯里·马莎深情地变成了“淘气脸”。不久之后，斯文德森博士为“淘气脸”买了一个最好的朋友——安吉丽娜。这两位“挚友”将是两万头驴子中第一对受到驴保护区照料的“驴友”。

1985 年，在肯尼亚的拉姆岛（LAMU）庇护所由英国伊丽莎白博士设立，类似一个分支，对游人免费开放。在拉姆岛，驴友应该能寻找到世外的宁静和感受 Swahili 原始的生活。全岛无机动车，毛驴是交通运输工具。沿着拉姆岛码头的一排店面构成了小岛的商业中心，店面之间的胡同通入一个由无数珊瑚岩的房子形成的迷宫，珊瑚石是从附近岛上的采石场一块块手工凿成形的，是当地的主要建筑材料。

拉姆岛没有机动车，毛驴是唯一的运输工具。珊瑚石从船上被卸到码头，剩下的运送任务交给毛驴了。毛驴不干活时是自由的，光着背在街上闲走。圈着的毛驴待在“毛驴庇护所”里，非病驴即孤驴，需要保护。

而英国德文郡的驴庇护所也是一个小型的主题公园，每年吸引来此参观的人已超过 25 万人次。驴庇护所发布了全新的视觉形象，新形象整体采用与小毛驴外表颜色相近的棕色，并将两头小毛驴的脖子部分设计成心形，更加形象地呼吁大家要用心关爱小毛驴。

1995 年肯尼亚邮票——驴
（突泉县农耕民俗博物馆藏）

在庇护所里有一群非常友好的驴，你能在驴群中认出领养驴，例如可可和汉娜。庇护所收容所还有一些需要额外照顾的老驴。

毛驴庇护所一点也不用为资金发愁，2002 年筹得了 1300 万英镑的捐款，其中 70% 以上的捐款来自毛驴爱好者的遗赠。当时，庇护所已收养了 5000 头毛驴。毛驴庇护所里驴满为患，也迫切需要外界支援。

一般说来，毛驴的平均寿命为 28 岁，但这里的毛驴平均寿命达 38 岁，有一头甚至已经活到了 54 岁。

每年 5 月，毛驴庇护所都要举办“毛驴周”。

届时，英国各地的毛驴爱好者都会到德文郡来欢度这个节日。这些毛驴爱好者放着酒店不住，偏偏来到驴舍与毛驴“共度佳节”。他们白天陪毛驴外出遛弯，晚上就在驴舍搭一张床铺，和毛驴住在一起。

这也启发我们，在内蒙古突泉也要建立认养平台，突泉就是“驴庇护区”。

壬午

驴陪我们思人生①

《驴学》插图
（突泉县农耕民俗博物馆藏）

美国养驴不多，但是驴的用途很特殊。如果一个人脑袋让驴踢了，人生会很不幸吧？那可不一定。如果我们脑袋有些问题，小小驴蹄踢一踢，人生开窍，可能开启另外一番天地呢！

美国的一个驴公园在纽约，叫阿尔斯特公园（位于纽约市北部），20 个聚集在后院的人听组织者斯蒂尔演讲。在他看来，驴是被误解最深的动物。它们其实非常善良、可爱且体贴。驴的本性能够帮助人们保持更冷静的思想和简单的生活方式。

聚会中，有些人坐在干草堆上，有些人赞许地点头观看。不到一米高的驴陪伴着他们，并啃着干草。一头 4 岁的灰驴靠近了一名穿着粉色 T 恤的女性，她做出想要亲吻它的样子。驴的回应则是将它的头靠在了她的肩膀上，似乎是在拥抱她。在野外，驴妈妈会将它的脖子圈在小驴周围，让它靠得近一些。

斯蒂尔是一名工程师。有一年发生了许多事情，离婚、被解雇……“每天都是毛驴节。”斯蒂尔 2012 年迷上驴，那时他的孩子是一名兽医预科学生，孩子加入了一个毛驴俱乐部后，他也开始看驴视频，一下子为驴而神魂颠倒。他的第一头驴是银迪——有着灰色斑点的白驴子。接着驴兄弟拉帕和斯托儿也来了。银迪是大克塔的“父亲”，银迪只有 68.6 厘米高，被视为超小迷你驴。

在驴公园的活动中，“长耳伙计们”被带到养老院或者学校，让驴接触残疾人。通过举办活

① 驴子疗法：让毛驴陪你思考人生［EB/OL］.［2016-09-06］. http://www.sohu.com/a/113757792_459955.

动，吸引了400多人。有人不断地参加此类活动，是因为驴不会评判人。它们能理解你，即便它们无法说话。任何以为和小驴见面就是听驴叫比赛的人，都会大吃一惊。驴友说，驴的天性就是思考事情。它们有着独立的思想，如果它们想过来，那么它们就会过来。看看这个“火石”就知道了。“火石！”“火石”从草堆里抬头看了一眼，又低头重新开始吃草了。

人们原本只是用驴充当养老院和残疾人士的疗养动物，但一般人也能从驴子身上获益。我遇到的许多人都在经历人生的转变，他们正在寻找某些能让他们不断探索的东西。驴有不少优点，但也有点固执。驴拒绝走小巷，它靠近了一条铁轨交叉口，停了下来。散步者拿出小吃，抚摸着它的背，并轻声鼓励着它。可驴站着不动。

1973年英国明信片图画每天骑驴的孩子

驴子陪伴人生，骑着毛驴走一走，对人和毛驴都有益处
英国明信片（突泉县农耕民俗博物馆藏）

有时候，驴的倔强也是好事。一年，斯蒂尔的两头驴子走入了金山养老院的痴呆病房。痴呆病房里有名老人是阿尔兹海默病晚期，他不记得自己的家人，只会盯着东西看，或者坐着闭上双眼。驴子“火舌”不断地想要接近他，人们想要让它去某个反应更积极的老人那里，但“火舌”拒绝移动。那时，在养老院员工惊讶的目光之下，这名老人转向了“火舌”。就在“火舌”靠近他的时候，他伸出手摸了摸它。斯蒂尔说：“他和驴子一起看到了某样东西，并有了相同的感受。”

驴懂很多人不懂的事情。这在刘亮程的作品中随处可见。

“驴象之争”

2020 年 6 月 7 日，在中国的淘宝网上搜索“驴子党徽”和“大象党徽”，前者少得可怜，不到 20 个商品，而后者品种多，商家也很多。按照往届规律看，似乎“大象党”又要胜利了。

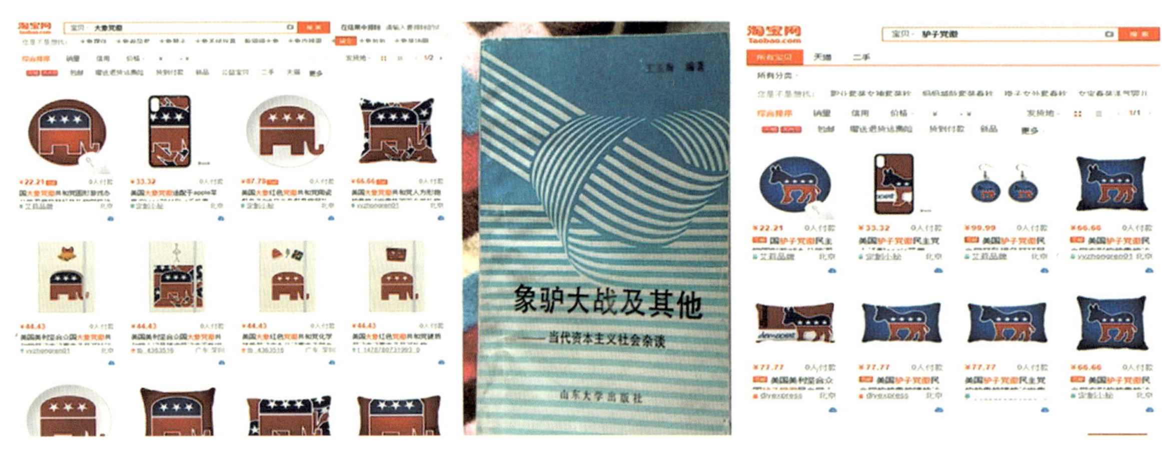

美国选举的“淘宝指数”显示驴又输了

2010 年 9 月，美国民主党推出了该党的新党徽，驴标志将被作为非正式党徽使用。民主党的传统党徽为驴，象征勇敢和智慧，与美国共和党象征坚定、威严的大象相对，因此美国选举往往被称为“驴象之争”。

民主党推出新党徽，取代沿用逾百年的驴党徽。新党徽是一个简单的大写英文字母“D”，代表民主党，外面加上一个圆圈，颜色仍是沿用多年的蓝色，下面分别以蓝色写着“民主党人”字样、以红色写着“需要的改变”的口号。美国前总统奥巴马曾巧妙地用新党徽做比喻，指“驾车前进时，要把排挡放在 D 上；若放在 R(意指共和党) 上，就会后退”！

在美国，“驴”通常是贬义的象征，“蠢驴”和驴子懒惰、不随时鞭策踢打就不好好走路的说法十分普遍。但是现在驴的优点已经得到人们的认可，驴忠诚有耐力，驴的视力不好，只能看到前方 1 米多的距离，人应该理解驴胆小的毛病，记住其脚踏实地的优点。

“驴党”“象党”是美国两党制的比喻，也指代美国政治竞选。民主党与共和党分别以驴和象作为自己的象征是源于德裔美国政治漫画家托马斯·奈斯特的讽刺漫画。

1870 年，奈斯特在美国《哈泼斯周刊》上刊登了一幅笨头笨脑的驴漫画，以讽刺当时反对内战的民主党人。没想到，民主党欣然接受，把笨头笨脑的驴视为既聪明又勇敢的动物。4 年后，奈斯特又画了一幅漫画：一头毛驴和一头大象在压跷跷板。这幅漫画的寓意是美国政府是由两个政党一上一下轮流执政的。民主党人和共和党人看了这幅画不但不以为忤逆，相反还表示欣赏。他们解释说，毛驴性格倔强，大象老成稳重。自那以后，驴和大象就成为民主党与共和党的标志。1880 年，民主党在总统选举中开始以驴作为民主党的代表动物。后来，每逢大选之年，两党支持者总是喜欢举着驴和大象的标志牌进行竞选宣传，一些热心人甚至把真的驴、大象拉出来游街，以壮选举的声威。

牵驴跑越野

——“中国突泉驴友牵驴大赛”教材

这是一篇“中国突泉驴友牵驴大赛”教材。看了突泉的地理情况，很多地方适合这种比赛，而且将来可以邀请驴友来比赛。突泉应该组织一下，去这里考察一下，回来好好地设计一下“中国突泉驴友牵驴大赛”。

全世界每天都在上演毛驴参加的比赛
牙买加明信片（突泉县农耕民俗博物馆藏）

美国驴界虽然数量不多，但还是比较热闹的，在科罗拉多州费尔普莱，当地时间 2017 年 7 月 30 日，民众在第 69 个年度毛驴日参加毛驴赛跑，选手需要在自家毛驴身上绑上 15 千克的沙袋，比赛长度分为 24 千米和 45 千米 ~ 48 千米。

西部毛驴系列越野赛是为了纪念美国早期的西部采矿者而设立的赛事。参赛者需要与一头租来或买来的驴组队，在山路或公路上跑 8 千米 ~ 50 千米。当然，这也需要遵守动物种类鉴别、动物福利、负重限额、骑行限制等一系列强制规定。联盟赛事包括 6 个分站赛，目前已成为科罗拉多州一项“文化遗产”性质的特色民俗旅游，其中在费尔、莱德、布纳举行的三站是冠军挑战赛。

比赛始于 1948 年，于每年 7 月最后一个周末举行。比赛共设有驴赛、泥马赛和儿童短距离赛狗 3 个项目。其中驴赛距离为 50 千米，累计爬升 4000 米，较高点海拔高度 4019 米，完赛记录为 4 小时 54 分。每年约有二三十支队伍参加驴赛。“驴节日”并不是单纯的比赛，它还是当地夏季的一个户外狂欢周末，期间还要举办花车巡游、歌舞表演、烧烤露营、比萨尝鲜、牛仔展示等系列活动。现场还会设立 140 多个手工艺品售卖窗口和 30 余处美食展销摊位。每年约有 10000 人参与比赛。比赛的规则十分简单，充满乐观互助精神、动物福利理念和奇思妙想的乐趣。

毛驴系列越野赛禁止骡、马参赛，检录环节会有兽医作为“动物裁判”，根据体貌特征鉴定动物种类，以防出错或者作假，比如用骡代替驴不一定是假冒，因为很多人分不清楚骡子和驴。确保驴队友处于适合参赛的健康状态，并留存影像记录供赛后复查。赛后，兽医还会再次对驴队友“验明正身”，防止出现中途调包替换的作弊行为。

参赛者必须善待队友，禁止使用任何可能导致动物产生生理痛苦的暴力手段。如果兽医在赛前与赛后的查验中发现动物身上有任何人为损伤和服药行为，比如电击、棍棒殴打或鞭打造成的淤血，马刺踢伤或辔头缰绳造成的面部与嘴唇勒痕等，整支队伍将被逐出比赛，并受到禁赛惩罚。同时，赛会还强烈建议参赛者雇请兽医，在参赛前为驴队友进行体检。

参赛者可以用牵、推、劝诱或搬运等方法，让驴队友沿赛道前进，但是不允许骑行（会有抽查监督）。这项奇特的比赛不仅对参赛者本人有强制装备要求，就连驴队友也有强制装备及负重要求。比如，驴队友必须全程驮着沙袋、铲子以及淘金锅 3 项总重量不低于 16 千克的装备。当然，参赛者所携带的 1.4 升饮用水、保暖服及食品等参赛物品并不包含在这 16 千克之内。此外，参赛者还必须使用笼头和牵驴绳，绳子长度不得超过 4.5 米且只能系在笼头上。

体育比赛就是生活的延续，生活每天都在负重行进
希腊明信片（突泉县农耕民俗博物馆藏）

所有参赛者都必须保证驴队友时刻处于受控状态，不得撒泼或攻击其他参赛者和观众，否则都将被终止比赛。必须沿指定路线前进，不得抄近道。如果驴队友走错路，参赛者必须把它牵回赛道，然后继续比赛。比赛过程中，如果参赛者和驴队友走散，则必须在走散处重新集结，方可继续参赛。不允许其他选手、驴队友中途加入陪跑，以及进行任何形式的非官方支援。

赛事规定，人驴组合必须同时冲线。当然，在牵驴绳不撒手的前提下，驴队友的鼻子先碰到终点也是可以算作完赛的。

乙酉

毛驴篮球赛

中国曾有驴鞠，而骑着毛驴打篮球在美国已经有几十年的历史了，据说20世纪30年代，毛驴篮球赛就在美国流行了。

2009年，《现代快报》报道，美国加利福尼亚州山景城中学举办了一场奇特的毛驴篮球赛。毛驴篮球比赛规则大致与篮球比赛规则相同，除了毛驴的加入外，每队在比赛中只能有4名选手上场比赛，而球员的每一次投篮、传球、跑位、防守等动作都必须骑在毛驴上完成。除此之外，从安全角度考虑，为了避免毛驴突然发脾气，每位参赛者都需要戴上头盔和护腕。有趣的是，在毛驴篮球比赛中的裁判除了基本的工作外，还需要在毛驴不听话的时候用胡萝卜慰劳一下它们。

骑驴打篮球

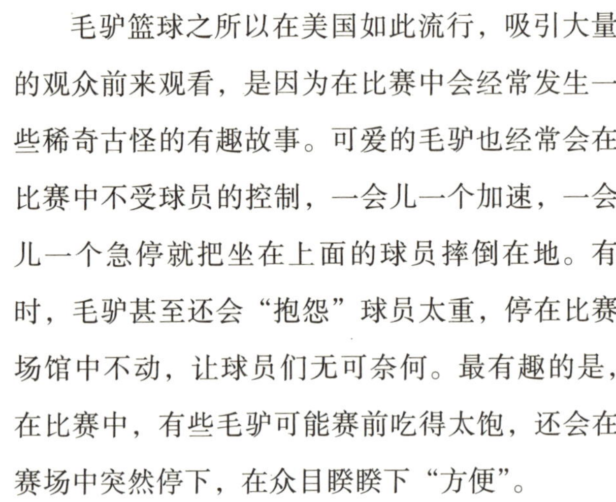

毛驴篮球之所以在美国如此流行，吸引大量的观众前来观看，是因为在比赛中会经常发生一些稀奇古怪的有趣故事。可爱的毛驴也经常会在比赛中不受球员的控制，一会儿一个加速，一会儿一个急停就把坐在上面的球员摔倒在地。有时，毛驴甚至还会“抱怨”球员太重，停在比赛场馆中不动，让球员们无可奈何。最有趣的是，在比赛中，有些毛驴可能赛前吃得太饱，还会在赛场中突然停下，在众目睽睽下“方便”。

人们还为这项运动专门成立了毛驴篮球爱好者协会。尽管该运动引起了一些善待动物人士的不满，可从该比赛几十年的历史来看，毛驴并没有受到伤害。北达科他州的一所中学还通过一场骑驴篮球比赛募集到6000美元的发展资金。

另一个州的一个小镇也举办过骑驴篮球赛，人们纷纷涌向当地高中的体育馆，兴致勃勃地观看骑驴篮球赛。场上球员窘态百出，观众笑声不断。体育馆内水泄不通，两组球员骑着毛驴从侧门缓步登场。

比赛分为上、下半场，每半场 8 分钟。每队派 4 名选手上场，球员的投篮动作必须在驴背上完成。为了安全考虑，球员需戴上头盔。有时候，毛驴会突然站着不动，球员只能下驴，连拖带拉地拽它；有时候，毛驴会突然弯下身子，令猝不及防的球员滑倒在地；有的毛驴甚至直接躺倒在地，拒绝参赛。球员陷入窘境时，观众却乐在其中，场内笑声不断。

毛驴篮球赛虽然广受欢迎，但遭到动物保护团体反对，理由是毛驴会受到参赛者和训练员的虐待。针对指控，毛驴篮球队成员进行反驳。有人认为这些毛驴在忍受饥饿，但你看看它们各个膘肥体壮。“我们用最好的干草喂养它们，一顿不少，绝没有虐待它们。”毛驴篮球赛组织者说。

超重禁骑驴

驴是一种抗压性很强的动物，任劳任怨，尽可能地坚持工作。但人的很多行为都会伤害它们，如超时劳动、驮运货物超重等，骑驴人超重也会损伤驴的脊柱，甚至不合适的鞍座也会造成驴背受伤。

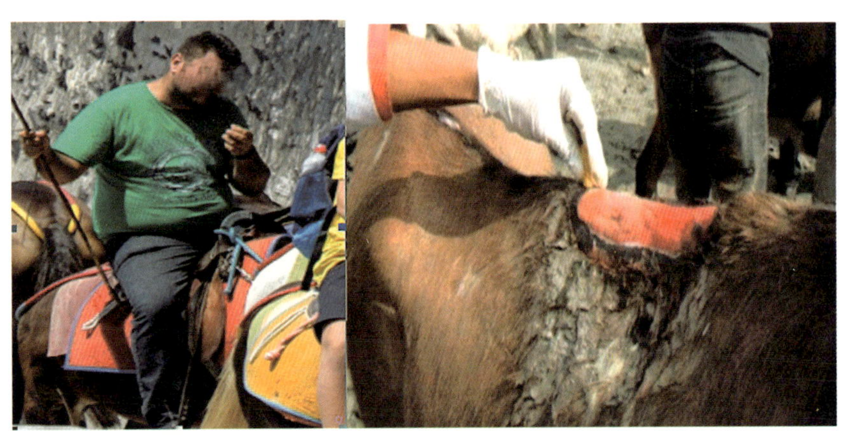

超重的骑驴人和驴背上的伤疤

驴在希腊农业、运输业中扮演重要角色，过去 60 年数量大幅减少，从 1955 年的 50.8 万头降至 2015 年的 1.2 万头，幸存的约 2000 头就在圣托里尼。

爱琴海上的希腊圣托里尼岛 (Santorini) 面积 96 平方千米，是世界著名的旅游胜地。岛上毛驴随处可见，驴驮着游客在岛上观光是当地比较有特色的旅游项目之一。从旧港到费拉城的道路非常狭窄，骑驴成为进城的最好方式。“Z” 字形蜿蜒的道路共有 10 厘米高的台阶 568 级，全长 1300 米，每天几十只驴驮着游客和行李往返。

2008 年全球金融危机后，希腊旅游业压力大增。随着驴友的增多，驴子不堪重负。2018 年 7 月，媒体报道，超重的游客造成驴受伤，且得不到护理。驴过度劳累，背部被骑得皮开肉绽。每年 5—10 月旅游高峰期间，驴的任务繁重，每天工作很久，每周 7 天无休息，驮运中无防晒措施，也无补水。岛上的驴几乎全年都在工作，要么运送游客，要么运建材或者沉重的垃圾袋。而驴的工作生涯结束后常被抛弃，任其自生自灭，有的甚至被推下悬崖。

2019 年 5 月，突泉的种公驴乘车去配种，待遇很好

2018 年 10 月 9 日，英国《太阳报》报道，希腊农业部门规定，驴不能承载超过 100 千克的重量，无论是载人还是货物。早在 2015 年，希腊已立法保护动物，处罚提高到 1.5 万欧元和 5 年监禁。规定商贩必须有正规的驴舍，驴每天至少自由活动半小时，在高温下减少负重活动。禁止负重 100 千克以上或超过驴自重的 1/5。

禁令实施后，有肥胖游客从山脚到山顶，总共换乘了 3 头驴，以免驴子负担太重而受伤。2019 年起，圣托里尼岛限制每日搭乘大型游轮的旅客人数上限为 8000 人。这也可以让驴松口气了。但是，新规实行后，尚无任何一例受惩治的案件，对驴的虐待仍在继续。因此，动物保护人士呼吁："请不要在圣托里尼岛骑驴！"

动物福利不是单一的，也是文化问题，需要正确的动物文化和动物福利结合，否则也是空喊口号。比如，解决岛上运输超重货物和游客的问题，而骑驴应该保留。

丁亥

德国养驴干什么

2015年4月7日，新华网报道，德国没有东郭先生的故事，牧羊人也完全没有“黔之驴”的思维定式，没有歧视驴，反而信任驴的力量，依靠养驴驱赶狼群护羊。德国下萨克森州特维斯特林根的农夫蒂诺·巴尔特最近买了3头驴，用来保护他饲养的200头羊免遭狼群袭击。他在接受德新社记者采访时说：“**驴没有逃跑的习性，在遇到入侵者时会试图驱赶对方……它们身处险境时发出的叫声也足以起到恐吓作用。**”近年来，德国境内狼的数量增长迅速。德新社说，不只是巴尔特，萨克森－安哈尔特地区的不少牧羊人都用驴来保护羊群。

1991年德国邮票——圣诞节、宗教画家施恩告尔逝世500周年圣母领报与天使（窦泉县农耕民俗博物馆藏）

到德国养肉驴，这是在网上看到的2009年的一个中国驴友的观点。我是不看好的，为什么只是“菜驴”，为了吃吗？“主业是出租或者出售毛驴”反而是个好主意。

欧洲的驴多在罗马尼亚、保加利亚和波兰。但那是一种欧洲大叫驴，估计驴相不好。我喜欢的是河北农村小媳妇回娘家骑的那种小毛驴。那种小毛驴温顺、体形匀称、诚恳，很像老实的小学生。欧洲的儿童玩的最高境界是冰岛的矮种马，有钱人的家庭经常将矮种马作为圣诞礼物送给孩子。但是矮种马很贵，甚至比一辆汽车还贵，所以大多数孩子没有福气玩矮种马。如果大量饲养河北的小毛驴，估计可以和这种矮种马比一比风头。

什未林靠近波罗的海南岸，气候基本上湿润温和，估计小毛驴会喜欢。另外小毛驴体态娇小，估计吃得也不多；想来和矮种马竞争，价格上颇有优势。小毛驴生命顽强，寿命也长，可以活到三四十岁。在商言商，可以将小毛驴出租，让所有的孩子都有福气玩小毛驴。既然荷兰的田园风光是黑白斑点的奶牛群，为什么东北德的田园风光不可以是悠闲的小毛驴呢？

中国人常说“天上龙肉，地下驴肉”，赞驴肉之美。德国是“香肠之国”，香肠种类成千上万，有一种很粗的，也是最常见的香肠，叫撒拉米。撒拉米是用于切成薄片，夹面包吃的。遍访德国的饕餮之徒，均认为用火鸡肉做的最差劲，而来自南欧用驴肉做的最香、最美味。虽然主业是出租或者出售小毛驴，供孩子们疯玩，少不得也要煞风景，养些肉驴以维持驴地主的田园牧歌式生活。如果驴肉真的像“龙肉”一般好吃，想来德国的香肠很快会提高一个品味档次。

问题是我不会养驴。当然，当地主不一定需要自己种地，当驴地主也不一定需要亲自养驴。我可以经营驴农场，和当地政府打交道，领各种许可证，填写复杂的欧盟农业表格，买草，卖驴，卖驴肉。更重要的是现在国内有很多人也喜欢当地主，喜欢田园牧歌式的生活。虽然当的是驴地主，但是也马马虎虎算是地主了，何况在什未林这样美妙的地方。所以，如果你也想当地主，一定和我联系，共同享受这田园牧驴的美好生活，顺便带几个精通养驴的河北农夫来，我们可以让他们技术移民。①

养肉驴只是把驴和人的关系降到了养猪的水平，不是好的创意，况且养肉驴的窗口期在德国已经关闭。在发达国家都是这样，将来是否开启，要看资本和生态等综合社会因素的博弈了。

① 去德国发展养殖肉驴［EB/OL］.［2009-09-06］. http://blog.sina.com.cn/s/blog_5f71d1aa0100dacp.html.

德国驴儿吃豪车

德国的驴不多，不仅仅是保护羊群，也有闯祸的。揭开“盖子”的是英国驴友。综合了新闻，大概情况弄明白了。

据 2017 年 9 月 28 日英国《每日邮报》报道，2016 年 9 月，德国一头毛驴将一辆停在围场附近的橙色麦克拉伦 650S 超级跑车的后保险杠吃掉了。这辆车价值 28 万英镑 (约合人民币 251 万元)，经法院判定，驴主人需赔偿车主 5260 英镑 (约合人民币 4.71 万元) 的损失费。

左：1993 年德国邮票——下萨克森州徽志、马、州徽与地图
右 :1992 年德国马术第 22 届奥运会邮票
（突泉县农耕民俗博物馆藏）

“犯案”的毛驴名叫为突思 (Vitus，“为突泉思念”之意)。警方称它在啃食车后保险杠、破坏油漆和碳纤维片的时候，可能将这辆橙色的跑车当成了一个巨大的“胡萝卜”。为突思给车主造成了 3 万英镑 (约合人民币 27 万元) 的损失，但保险公司却拒绝为该车车主提供全额赔偿，因为车辆损失归因于车主将车停放在围场附近。该车主表示，虽然他能看到这件事中“有趣的一面”，但是依旧要求驴主人赔偿剩余的损失。

当地媒体报道：驴主人认为车主应该找一个更好的地方停车，而不应该停在围场附近，所以拒绝向车主赔偿。于是，车主向吉森州法院提出诉讼。9 月 28 日，法院做出判决，支持车主的诉讼请求，并最终判决驴主人应向该车主赔偿保险公司未赔偿部分的金额。[①]

英国广播公司28日也报道，2016年9月15日，49岁的企业家马库斯·察恩把他的爱车——一辆亮橙色的“迈凯轮蜘蛛”停在德国黑塞州福格尔斯贝格地区一处停车场。

一头名叫为突思的驴恰好在边上的小牧场里吃草。察恩回到车内时，惊讶地发现后视镜内有一对毛茸茸的耳朵。他随后听见奇怪的声响，原来这头驴正在啃食跑车的后挡泥板。

察恩告诉德国《图片报》：“这头驴或许以为这辆车是‘有轮子的胡萝卜’。我不生它的气。”不过，他仍决定追责。这辆价格据信高达30万欧元（约合234.7万元人民币）的“迈凯轮蜘蛛”事后定损3万欧元（约23.5万人民币）。其中大部分由迈凯轮维修商承担，察恩本人只掏了6000欧元（4.7万元人民币），但他要求驴主人赔偿这笔自付费用。

驴主人认为，察恩咎由自取，把车停在牧场边上才导致为突思成为“肇事者”。为突思已经被“发配”到30千米外的另一处农场。[②]

① 德国一毛驴将豪车当“胡萝卜”啃食坑惨主人[EB/OL].[2017-09-30]. http://sc.people.com.cn/n2/2017/0930/c345167-30795685.html.

② 一口23.5万！德国驴错把豪车当成胡萝卜[EB/OL].[2017-09-30]. http://news.sina.com.cn/o/2017-09-30/doc-ifymkxmh8095485.shtml.

己丑

鹈鹕“非礼”老实驴

驴有多么老实温柔？英国媒体喜欢报道德国驴的事情。

2010 年 8 月，据英国《每日邮报》报道，德国业余摄影师罗兰·亚当在自己的私人动物园里拍摄到了一对鹈鹕不断“戏弄”一头驴子，但驴子始终隐忍，没有爆发“驴脾气”，让人忍俊不禁。

不知何故，这头名为“阿波罗”的驴与一对鹈鹕关在了一起，可笑的事情就发生了。

起初，这对鹈鹕的其中一只看到驴在全神贯注地吃草，走到它背后，一下叼住了它的尾巴。

然而，“阿波罗”不恼不怒，回头看了一眼鹈鹕后，似乎发觉地上的草更有吸引力，又低头吃了起来。

1970 年德国明希豪森雕塑《断裂的马》极限片
（安泉县农耕民俗博物馆藏）

驴的容忍使得这对鹈鹕更加放肆，它们冲到阿波罗前面，其中一只还咬住了它的耳朵，另一只则在旁边“呐喊助威”。

最终，可能由于驴的拒不应战让鹈鹕感到无聊又无趣，它们讪讪地走开了。[①]

德国大诗人海涅是犹太人，为此他常常遭到无端攻击。一次晚会上，一个旅行家对他说：“我发现了一个小岛，这岛上竟然没有犹太人和驴子！”

海涅不动声色地说：“看来，只有你我一起去那个岛上，才会弥补这个缺陷！”

① 遭鹈鹕非礼 没闹“驴脾气”［EB/OL］.［2010-08-22］. http://news.enorth.com.cn/system/2010/08/22/004951460.shtml。

欧洲驴产业“慢慢”发展

2008 年 12 月 24 日，摩尔多瓦商人马塔撒卢为了宣泄自己对当局的不满，竟然将摩尔多瓦检察官制服套在了自己养的驴身上，并因此受到了拘捕。他是在 12 月 18 日被逮捕的，当时只有一家独立电视台对此事进行了报道，他正牵着那头头戴检察官帽子、身穿检察官服装的驴和身着警察制服的猪在摩尔多瓦首都举行的反对当局执政的游行上表演。摩尔多瓦虽然是一个欧洲国家，但是经济比较落后，所以国内还经常看到毛驴。

2010 年 8 月 5 日，俄罗斯“跳伞驴”被英国媒体《太阳报》送往俄罗斯有名的克里姆林宫马术学校。这头“因祸得福”的毛驴于当地时间 8 月 4 日与俄罗斯媒体见面，游客纷纷与之合影留念。7 月下旬被几个俄罗斯企业家当风筝一样放起来的“跳伞驴”已经 17 岁，它被绑在降落伞上在天上绕着圈，并不停地嘶吼，引发了人们的关注与议论。

1952 年荷兰邮票——儿童与毛驴
（突泉县农耕民俗博物馆藏）

2013 年 6 月 3 日，比利时的“明星驴”住阳台扰民，警察出面来处理纠纷。

2017 年 8 月 15—17 日，山东省东阿县召开国际毛驴产业发展学术交流会，交流会上来自意大利比萨大学兽医学院的临床兽医产科学教授弗朗西斯科·卡米洛呼吁，为促进驴产业在欧洲的进一步发展，希望能有更多机会和中国相关企业深入交流。

在意大利，驴是娱乐产业的组成部分，可以作为赛驴或者孩子们的休闲娱乐工具。经过良好驯养的驴还可以成为家里的宠物，陪伴“空巢老人”安度晚年。

有人感觉欧洲驴产业在快速发展，但产业规模还是比较小。全球超过 80% 的驴集中在亚洲和非洲，而在欧洲的存栏量只占全球的 1.7%。驴肉具有非常好的营养价值，富含蛋白质、维生素以及其他营养元素，可以成为猪、牛、羊肉的替代产品，以应对日益增长的红肉消耗问题。随着驴产业的发展，在欧洲的一些地区，养驴户通过散养等方式让驴在更好的环境中自主觅食、成长，逐渐提高驴肉的质量。驴有上千年作为人类奶源的历史，目前，驴奶业在欧洲也有长足的发展。意大利对于驴奶的需求量正在稳定增长，驴奶已经成为全世界驴产品和驴制品的重要组成部分，吸引了越来越多的从业者，在一定程度上解决了一部分人的就业问题。

欧洲驴产业蓬勃发展和政府加强知识产权保护、鼓励驴产业研究不无关系。近年来，欧洲在驴产业发展、驴繁殖、驴基因学研究、驴奶研究等方面发表了很多学术文章。欧盟对于驴繁育相关的研究给予了大力支持，比如驴的保育和育种问题等。欧洲驴产业的发展资金仍然相对缺乏，驴产业的相关研究有待进一步开展，特别是在驴奶产业发展和生产方面，亟待投入更多的关注。这是挑战，也是机遇，希望中欧有机会在这方面继续深入交流。

欧洲驴产业持续发展完全是另外的含义，既没有肉驴大规模的饲养，也没有大资本牟利的驱使，平和而缓慢，这也许正好符合慢慢来的“驴脾气”。

辛卯

法国养驴成时尚

法国文化发达，驴文化也很发达。地势平缓的坡地上牧草一望无际，毛驴们安详地在天然牧场中吃草，旁边就是富裕的农庄……这是 19 世纪法国的诺曼底地区每逢春夏都会出现的田园图景。然而，到 20 世纪 80 年代时，这一如诗如画的美景在法国几乎绝迹。有了汽车，驴子地位江河日下，几近灭绝。直到 90 年代，怀旧和渴望乡村生活的人们才重新想起了昔日任劳任怨的好伙伴。这种感情一旦唤起便一发不可收拾。如今，驴子简直成了法国人的新宠。①

1902 年《农场》摄影版明信片
原画为让·巴普蒂斯特·乌德里 1750 年创作（法国卢浮宫藏画）
（突泉县农耕民俗博物馆藏）

2005 年是驴子在法国备受宠爱的一年，不仅驴子的形象上了法国邮票，而且专门的《驴子》杂志也开始出版发行。《驴子》杂志内容丰富，主要面向毛驴爱好者。该杂志的宣传页上写着这样的广告词："马提尼（一头驴的名字）是个好看守，比我们的狗要强得多，只要一声驴

① 撰文 / 康忻冬，法国人养驴成时尚［EB/OL］.［2005-04-14］. http://news.cri.cn/gb/3321/2005/04/14/782@515498_1.htm.

叫，我们就知道有客人来了。”连法国著名周刊《新观察家》也猛为毛驴捧场。该刊在最新一期上向法国人呼吁：**“忘掉狗吧，买一头驴！”**

在法国南部，营养丰富的驴奶已经成为薰衣草香皂和面霜的配料。由于繁殖率大大提高，驴已经成为旅游和登山爱好者的“四条腿大使”。巴黎人喜欢租驴攀登高山。作家雅克·克洛特是个闲不住的旅行爱好者。他对驴宠爱有加，曾骑着他的爱驴“费迪南德”游历了欧洲大部分地区。“很多人都记得自己的祖父、祖母家里有驴。”

在19世纪的法国，干活不辞劳苦的驴曾是农民们最好的帮手。它们不仅拉车、拖船，还在后来的“一战”中上了前线，执行运输任务。“一战”结束后，为了纪念驴做出的贡献，法国人把驴的形象做成纪念品，还在乡村的驴墓地献上了小小的十字架。然而，拖拉机和货车在法国乡村的出现使驴的地位一落千丈。到1990年前后，法国乡村里的驴越来越少，一度成为濒危动物。当时有不少人认为，驴很快就要从人们的生活中彻底消失了。

法国手指头大小的瓷器驴
（突泉县农耕民俗博物馆藏）

为了挽救驴，法国的驴饲养者成立了协会，并游说法国政府重视保护有特色的驴品种。尽管驴成为法国人的新宠，但它们已经不大可能恢复往日的辉煌了。**据统计，19世纪时法国驴的数量是40万头，到1980年时骤减到2万头，现在驴的总数不过10万头。**

法国一份双月刊的主编玛丽·蒂克认为：驴数量在法国增长迅速是因为它价格便宜、好饲养，而且不易生病，与马相比，驴的性格更好，驯服的时间更长，而且像狗一样对人亲近。据说，目前法国大多数买驴的人都住在乡村，并都有一些土地。根据品种的优劣，**驴的价格从300~3000欧元不等。**

驴的优点虽多，但也有不可忽视的缺点。如果没有人照料的话，它会整天大叫，吵得四邻不安。此外，一些人为赶时尚买了驴后，却发现自己其实并不喜欢驴，于是又将它遗弃了事。法国的一个驴子收容组织说：“一些人只买小驴，等它老了就把它赶出家门。”

壬辰

不剪毛的驴

BAUDET DU POITOU 普瓦图驴（法语：baudet de Poitou，英语：Poitou donkey，Poitou ass，Poitevin donkey），俗称长毛驴，一种驴的品种，因原产地在法国普瓦图省而得名。厚重的毛皮是其外观最主要的特征，目前全球剩下不到 100 头。2012 年夏天，一头长毛驴 17 年来首次剪毛是为了在炎热的天气里保持凉爽。这是一种罕见的法国驴，它的长毛绺并不是饲养员刻意为之，而是它的毛自然而然长成了绺状。

未剪过毛的普瓦图驴

在法国有一头驴很吸引人们的眼球，它已经有 17 年未剪过毛了，毛长得拖到地上，像柳树枝条垂地。据介绍，这种可爱的长毛小毛驴主要分布在法国巴黎西南部的普瓦图地区，所以叫普瓦图驴，已经濒临灭绝。30 年前，普瓦图驴在全世界不到 30 头，幸好当地出台了拯救这种可爱毛驴的保护计划，才使得它们免遭灭绝的厄运。现在长毛普瓦图驴的数量超过了 200 头。①

据 2013 年 5 月 8 日英国《每日邮报》报道，英国女子安妮发现濒于灭绝的普瓦图驴之后对其产生浓厚兴趣，在过去的 9 年一直致力营救并饲养这一稀有动物。全球仅存不到 1000 头普瓦图驴，她保护了其中的 22 头。普瓦图驴过高，饲养员只能用节食的方法来限制它们的成长。52 岁的安妮对它们性格的描述是友好中带着调皮。安妮和她的队友夜以继日地精心照看这些可爱的普瓦图驴，还为它们梳理毛茸茸的“外衣”。

2004 年法国极限片——普瓦图驴
（突泉县农耕民俗博物馆藏）

普瓦图驴身高可达到 8 英尺（约 2.4 米），体型比大部分马更大。1950 年以前，普瓦图驴是普遍的农耕驴，它们是用来出口的，之后由于机械化的发展，它们就迅速消失了，到 1977 年仅存 44 头。②

央视纪录片《毛驴变身记》也介绍了普瓦图驴，纯种的普瓦图驴存栏 400 头左右。法国还有普瓦图骡类饲养员协会，专门育种普瓦图骡。

① 长发飘逸的小毛驴 17 年未修剪过毛发［EB/OL］.［2017-02-17］. https://news.china.com/socialgd/10000169/20170217/30261877.html.

② 普瓦图驴［EB/OL］.［2019-09-06］. https://baike.sogou.com/v70744965.htm?fromTitle=%E6%99%AE%E7%93%A6%E5%9B%BE%E9%A9%B4.

癸巳

驴外交：布隆迪退法国赠驴

布隆迪国土面积不到3万平方千米，而人口竟然达到了上千万。2018年，布隆迪下令退回法国捐赠给该国村庄的10头驴，并称这种捐赠“是对国家的羞辱”。①

五角硬币大小的法国迷你斑马胸针，
法国 vintage 迷你胸针做工精美，保存完好
尺寸约 2.3×2.5cm，正面 VIE SAUVAGE
意为野生动物、狂野的生活、野蛮生活
背后有 Made in France 字样。
（突泉县农耕民俗博物馆藏）

据卡塔尔半岛电视台报道，作为当地非政府组织项目的一部分，法国驻布隆迪大使馆从邻国坦桑尼亚购来这群驴，捐赠给当地村民，以帮助妇女儿童运送货物。

布隆迪总统顾问加比·布加加在推特上称，法国人“把我们看成驴”，“老实说，驴到底是品质还是缺陷的象征”。农业部部长德奥要求地方官员“加紧收回所有分发给村民的驴”，并表示这种捐赠不符合进口外来动物的程序。

法新社称，一位不愿透露姓名的欧洲外交官表示，此前由比利时捐赠给布隆迪的驴没有发生任何问题。布隆迪此举可能是为了报复，因为法国之前就布隆迪公投修宪提出批评。

法国人自己没有驴，送人的“驴礼物”也是借花献佛，但不知是文化差异还是其他原因，使得“好心成了驴肝肺”。

① 葛元芬.布隆迪退回法国捐赠的10头驴：把我们看成驴［N］. 环球时报，2018.05.30.

甲午

动物园的“斑驴”宝

2014 年 8 月 8 日新加坡《联合早报》报道，克里米亚动物园的一只雌斑马和雄驴交配，上周产下了“斑驴”宝宝，动物园管理员将它命名为“电报”(Telegraph)。[①]

“电报”的头部和上半身像驴子，它的四只脚则有斑马的黑白斑纹。管理员说，可爱的“电报”总是贴在妈妈身边，非常受游客的欢迎。

2014 年 4 月，墨西哥动物园也诞生了一头小“斑驴”宝宝，这个小家伙的长相也继承了父母的特点，腿上和颈部拥有斑马的斑纹，但长相又像驴。

“斑驴”宝宝和驴妈妈在一起

① 欧洲一动物园迎“斑驴”宝宝 头像驴子腿像斑马 [EB/OL]. [2014-08-08]. http://www.xinhuanet.com/world/2014-08/08/c_126846693.htm.

闹趣奥通巴毛驴节

2019年5月1日，人们牵着驴参加赛驴。五月的阳光照在墨西哥中部的奥通巴镇，一群驴横七竖八地站在镇中心的广场上，一年一度的“驴子节”正在这里举行。“如果你要驴，请到奥通巴。”50多年前，这里举行了第一届“驴子节”，以感谢驴的辛勤劳动。西班牙殖民时期，奥通巴镇一直是西班牙商旅中途修整的驻地，同时也是墨西哥中部著名的毛驴交易市场。

有时从引人注目的“驴球比赛”开始，驴的主人们手持扫帚，骑在驴背上追赶着地上的足球，听话的驴在熟练的口令下左冲右突，势如破竹频频得分，而那些“驴脾气”上来的则伫立在场中央，任你主人左蹬右踹我自岿然不动，虽然比赛场面比较混乱，但是妙趣横生。

一般节日中最搞笑的要数化装比赛，驴主人头天晚上把自己的爱驴化装成各种各样的形象，其中多数都是墨西哥政治人物，比如总统、州长或者议会议员等，这种善意的嘲弄并没有招致政府的反感，相反一些政客还特意跑来参观驴扮演的自己的形象。

毛驴节视频截图

驴是温顺的牲口，但是在骑驴比赛中，当你看到尚未驯化的驴把陌生的骑手摔得人仰“驴”翻的时候，也许会改变这种想法。节日的高潮是最后盛大的游行活动，华丽的马利亚奇民间乐队（墨西哥特有的民间音乐形式）、色彩鲜亮的彩车、装扮得各有特点的驴纵队从欢呼的人群中穿过，博来阵阵掌声。有的孩子化装成驴，他们在游行队伍中蹦蹦跳跳，十分可爱。

人群多的地方就会有财源，一些精明的商人搞起了“驴经济”，木头雕刻的驴像、棉布编织的驴布艺、一根棍上套个玩具驴脑袋就成为孩子们喜爱的“小坐骑”，还有的商人为驴的主人们准备了驴护腿、驴背垫等，尽管手艺比较粗糙，但购买的人络绎不绝，正是文化大于实际用途的体现。

2008 年墨西哥邮票——彩绘奶牛巡游
（突泉县农耕民俗博物馆藏）

六七十年前，驴还是墨西哥农村的主要劳力，如担水送货，送人们上学就医，或者把醉酒的主人驮回家，如今的奥通巴镇虽然已经是汽车满街跑了，驴在体力和速度上都不如马，更比不上拖拉机和卡车，所以好像越来越没有用武之地了，再加上名声不佳的“驴脾气”，渐渐成了不得宠的牲口。但是朴实的人们并没有忘记这些忠实的动物朋友，所以为它们特别举办了毛驴节。

2020 年，奥通巴没有举办毛驴节的信息。看看这张夸张的奶牛巡游的邮票，就可以感受毛驴节有多热闹，只是没有见到毛驴巡游的邮票，甚至没有一张驴邮票，有些遗憾。相比之下，中国毛驴更多，但是既没有专门的毛驴邮票，也没有这样国际知名的毛驴节，就更加遗憾了。

巴西“驴满为患”

2016年巴西里约奥运会，中国田径队训练营就驻扎在里约热内卢以北约160千米的小城茹伊斯迪福拉（Juiz de Fora），而这座小城有一条法律：马和驴都必须穿尿布。据说当地的农场随处可见穿着纸尿裤行走的马和驴，但城市里却很少能看见。粪兜可能，纸尿裤太奢侈，应该是商业广告宣传。

央视新闻报道了巴西“驴满为患”

在巴西，12月—2月为夏季，而每年的1月开始下雨，也逐渐进入收获季节。此时，农村毛驴几乎随处可见，而“驴满为患”究竟是何种程度呢？2018年1月16日，英国《每日邮报》报道，在巴西东北部卡雅泽拉斯市的一栋民居，野驴从屋顶上坠落到厨房，事主拍摄了视频。开始是驴倒挂房顶，两条后腿卡住，不停蹬踹挣扎，破洞的屋顶碎屑掉下，随即驴后腿也伸了进来。目睹这一切的主人喊叫，“要掉下来了，快闪开”！砰的一声，驴四脚朝天地滚落，房间里光线明亮，大门敞开，驴子却站在原地不想离开。这是一头高约1.2米、体重约254千克的成年野驴。最近该地区经常下大雨，地面湿滑，“驴满为患”导致驴被挤到屋子上方的山坡上吃草时不小心滑倒，摔了下来，砸破屋顶，并掉进了屋里。所幸驴子和人都没有受伤，只是屋顶必须修理了。

巴西本无驴，16世纪殖民者把驴引入。现代化使得驴子长期以来的重要地位日益下降。因妨碍交通或食用人们院子里的绿植，曾因辛苦干活而备受珍视的驴日益被人排斥。经济的发展使得驴失去了价值。家里不需要再用驴拉水。如今“卸磨弃驴”，驴被遗弃后跑上公路，造成大量交通事故，被抛弃的驴已成为“马路杀手”。

巴西的一头驴约40元人民币

2018年3月23日，央视网消息：在巴西东北部的塞阿拉州，驴成为警察法定的逮捕对象。这个看似荒谬的现象源于当地公路上大量弃驴的存在。央视记者有机会参与了警方的捕驴行动。[①] 节目中，央视记者还实地探访了一所“驴监狱”。然而，这些交通惨剧真的是驴子的过错吗？在寻驴的背后隐含着太多的启示。公路边25米内就是“逮捕”范围，塞阿拉州有13支捕驴执法队在执法，一辆卡车可以装下50头驴，全程录像执法，不能虐待驴。有一个月交通捕驴队创造了抓获2500头的纪录，并将驴关进了“驴监狱”。详细登记、编号，上传交通系统。无人认领的驴会“终身监禁”。捕驴行动使得交通事故下降了34%。

1959年巴西邮票——儿童游戏
（窦泉县农耕民俗博物馆藏）

根据2018年4月9日参考消息网报道，美媒称，可靠的驴在巴西东北部的阿波迪曾经什么都干，从收获季节拉物资驮着孩子去偏远的学校。现在，巴西广袤的农村地区“驴满为患”，但对有些人来说则是个机会。有些巴西人听说在中国，驴肉成为美味佳肴。中国消费者不仅热衷于吃驴肉，对阿胶——驴皮熬制浓缩后的一种胶质——的需求也日渐增大。据说，这种胶质可增强免疫

① 巴西公路抓驴 记者体验警方捕驴行动［EB/OL］.［2018-03-23］. http://news.cctv.com/2018/03/23/ARTIC2PRmfbvsjVarbvgbmRW180323.shtml.

力，延缓衰老。这就是商机。

巴西有约 100 万头驴和世界级的屠宰场及肉品加工厂。阿波迪郊区正在建造一个专门面向中国出口驴肉的屠宰场。这将是第二家面向中国市场的屠宰场。巴西农业部官员说，我们希望尽快打开这一市场的大门。

巴西尚未颁发卫生许可证，这是定期向中国出口驴制品所必需的。据报道，中国也尚未批准从这两家屠宰场进口产品。但双方都充满信心，认为从 2018 年下半年开始将可以向中国运输驴制品。

除了不能当作食物外，驴在巴西几乎什么都干，驴在巴西人的生活中占有重要的地位，俨然是中国 20 世纪农村的翻版。“驴满为患”的巴西因此产生了数个世界级的屠宰场和肉品加工厂。至于销路问题，巴西第一个想到了中国，毕竟在中国，驴肉是众多“吃货”眼中的美味佳肴。更何况中国人不仅热衷于吃驴肉，对阿胶的需求也是惊人的旺盛。

2019 年 10 月 24—26 日，巴西总统博索纳罗对中国进行国事访问。9 月 9 日，中国批准巴西 25 家肉类加工厂（包括 17 家牛肉工厂、1 家猪肉工厂、6 家鸡肉工厂和 1 家驴肉工厂）向中国出口，其中包括鸡肉、猪肉和驴肉等肉类，巴西获批向中国出口的肉类加工厂总数从 64 家上升至 89 家。11 月 12 日，又有 13 家巴西肉类加工厂获得了对中国出口的资质，这样巴西共有 102 家肉类加工厂获得了对华出口资质，包括 16 家猪肉加工厂、46 家鸡肉加工厂、39 家牛肉加工厂和 1 家驴肉加工厂。

当地时间 2019 年 11 月 13 日，中巴两国首脑在巴西利亚会谈。深受“驴满为患”之苦的巴西建造了专门面向中国市场出口驴肉的屠宰场，如果中巴双方的驴肉贸易进展顺利，巴西驴肉就可以端上中国人的餐桌。

1998 年巴西邮票——羊、驴、牛、狗、猫等动物不干胶自粘票
（突泉县农耕民俗博物馆藏）

丁酉

巴西驴保卫战

巴西不仅是“驴满为患”，还有驴保卫战，这是一对相辅相成的矛盾体。

1998 年巴西邮票——驴
（突泉县农耕民俗博物馆藏）

巴西农业部一直打算宰杀驴后出口至中国，供应驴皮熬阿胶和驴肉做料理，但民众对此看法不同。[①] 以往在巴西东北的农村，驴负责运输农产品、送孩童上学，但如今随着时代变迁，驴被摩托车取代。此外，为数不少的驴在路上横行而妨碍交通并啃食居民家的草皮，令当地居民不胜其扰，农业部官员于是打算宰杀驴出口至中国。村民说，小时候家里养驴专门用于运送干净水源，但如今根本没人想养驴。“时代不一样了，驴现在毫无价值可言。”

中国不少餐厅开始提供驴肉料理。但比起驴肉，中国消费者更喜爱阿胶。阿胶据说有益健康、延缓衰老并具备壮阳功效。

巴西境内的驴约有 100 万头，当地设有一流的屠宰场与肉品加工厂，农业部官员打算宰杀

① 郑胜得 . 巴西驴皮保卫战［N］. 工商时报，2018/04/29.

驴子后出口。《华尔街日报》报道，有人认为驴子不过就是一种动物，宰杀食用并无不妥。但也有人将驴子视为巴西农村生活的象征，他们对于驴子怀有深厚情感，发誓要保护这类动物。巴西东北约有九成的驴无人管理，在农田里四处闲逛，甚至阻碍当地交通。动物保护团体负责人雷塔表示："驴是巴西东北部的象征，希望大家能饶驴子一命。"

巴西阿波迪市镇的人口约 3.6 万，小镇郊区目前正兴建一座屠宰场，农业部打算将驴子在此处宰杀后出口至中国，这是当地第二座专为出口中国而建造的驴屠宰场，第一座位于巴伊亚州。巴西尚未针对运往中国的驴肉产品核发过卫生许可，而中国也未核准从巴西这 2 家屠宰场进口驴肉。但双方皆有信心开展驴肉进出口。

有的国家对于食用驴肉、驴皮难以理解，甚至相当嫌恶。非洲部分国家过去曾是驴肉的最大出口国，如今则开始禁止贩卖驴。英国动物保护团体驴庇护所指出，有人经常偷窃驴后宰杀，之后再将驴皮卖往中国。中国对于阿胶的需求旺盛，导致境内驴数量大减。驴庇护所估计，每年驴皮交易量超过 180 万张，而市场潜在需求为 1000 万张。宰杀巴西东北部驴子正好补足中国需求的缺口，但不少人反对这种做法，因为驴在他们心中具有特殊地位。巴西部分地区的民谣歌词甚至写道"驴是人类最好的朋友"。

为了保护驴免于屠杀，有人开始宣传驴乳的好处。圣保罗大学兽医学院教授查内拉表示，驴乳是最接近人乳的乳品，不仅营养价值高、好喝，也适合对于牛奶蛋白过敏的孩童。

1943 年家畜展巴西邮票——良种肉牛

（突泉县农耕民俗博物馆藏）

驴就是自己

如果女人没有驴，她自己就是一头驴。没有驴的农民自己就是驴。

——埃塞俄比亚谚语

一、埃塞俄比亚驴肉不能吃[①]

埃塞俄比亚曾经有900万头驴，是养驴大国，到了2017年降到了740万头。该国禁止驴子出口，因为驴是“圣物”，人们不能虐待驴，更不能吃驴肉。曾有外国人偷吃驴肉，被当地人围攻，不得不连夜逃离。埃塞俄比亚有的人家仍然很简陋，屋子用栅栏分成居室、厨房、畜室3部分，牲畜和人住在同一个屋檐下。畜室优先给驴、羊、鸡住，驴就是“家庭成员”，理应有高于牛、马的待遇，还由于驴、羊、鸡的力量比牛、马弱，夜晚易遭非洲鬣狗的攻击，必须多加保护。

1965年埃塞俄比亚邮票——畜牧业
（突泉县农耕民俗博物馆藏）

据说早在1896年，埃塞俄比亚皇帝孟尼利克二世依靠大批毛驴驮运武器弹药和粮草物资，率军抵抗装备精良的侵略者，最终取得阿杜瓦战役的胜利，打败了意大利军。驴成为国家和民族独立的贡献者，也被融入了埃塞俄比亚的民族精神和社会生活中。[②]这个说法让我想起莫言的小说《我们的七叔》中，七叔认为裤子就是当年与小推车一样为

① 李汉平．埃塞俄比亚驴是神物［N］．环球时报，2003年7月25日。

② 埃塞俄比亚的毛驴［EB/OL］．［2010-12-13］．http://blog.sina.com.cn/s/blog_4992e2020100mxw8.html。

解放全中国立过战功的裤子。

驴是埃塞俄比亚人生活中的重要组成部分。他们说，驴是善良、忠实、勤劳的动物，只需要少量的食物和水就可以没完没了地干活。驴看上去浑身脏兮兮、瘦骨嶙峋，背上总是驮着小山堆一样的东西，有晃晃悠悠的水罐，有沉甸甸的麻袋，还有柴草垛。它们像勤劳的妇女，干得精疲力竭仍任劳任怨。

二、在农村，驴就是自己

农村的驴更多。在埃塞俄比亚买一头驴需要 25 美元，这可是大数目。孩子长到十二三岁就要干活，到时家人送他一头驴，祝愿家道兴旺。姑娘出嫁，娘家为了女儿的幸福，无论如何也得给女儿陪嫁一两头驴，驴是父母送给女儿的重要陪嫁，帮女儿婚后在婆家分担体力劳动。她的驴帮她运水，每天往返 4 趟。19 岁的女孩边说边慢慢地把塑料桶放进池塘里，每桶都要装满 23 升水，她提水时，胳膊颤悠悠的。她和驴要一起走 20 多千米。驴是干活的好搭档，也是患难与共的朋友。

埃塞俄比亚男人提起毛驴时一脸兴奋，他们常说的谚语是“没有驴的农民自己就是驴 (a farmer without a donkey is a donkey)”，因为他必须自己背东西。驴相当于是埃塞俄比亚百姓的家庭“轿车”，是体现一个家庭经济实力的最基本要素。男人都是长跑运动员，埃塞俄比亚人永远在毛驴后面跑，埃塞俄比亚几位世界马拉松长跑冠军都是从小和驴一道赤着脚跑山路，练出了“飞毛腿”。未婚男人家里没有驴，他就讨不到老婆。埃塞俄比亚人常说：“驴对我们的生活来说，其重要性就像空气和血液一样。”

三、驴在首都自由行

在北京，驴曾经也可以畅行无阻，但往事已不复存在。1999 年，莫言出版了“愚人节的故事”《长安大道上的骑驴美人》，有些荒诞，但是并不久远。

埃塞俄比亚首都亚的斯亚贝巴的北边是山脉，山路十分陡峭，三五成群的妇女们弯腰弓背，背着成捆的桉树枝，人们身边跟随着几头毛驴，毛驴也驮着更沉的大柴捆，吃力地迈着碎步，驴铃

《长安大道上的骑驴美人》
（突泉县农耕民俗博物馆藏）

儿清脆作响。[①] 人们很少骑驴，怕把驴累坏了。

城里大街小巷随处能碰到成群结队的驴，叫声不绝于耳。在亚的斯亚贝巴的广场，驴也是来往自由。当驴不遵守交通规则抄近路时也无人阻拦。如果遇到驴队正在穿越马路，人车都会避让。驴的背上驮着各种农副产品、生活生产物资。街上遇到，十几头、几十头一群的驴队，不慌不忙地在马路上迈着步子，熟练地穿梭在来来往往的车流和人流中。卸货后，驴又会轻松地慢跑。

四、对驴的国际性保护

埃塞俄比亚毕竟是世界上最贫穷的国家之一，粮食短缺，无论人们怎么“敬”驴，驴的日子还是异常艰辛。许多驴病倒了怎么办？亚的斯亚贝巴东南部 30 多千米处有一所驴医院，由英国的伊丽莎白·斯文德森于 1993 年创建，是全世界唯一对驴进行全面健康检查和提供治疗服务的机构。斯文德森在埃塞俄比亚旅游时，发现这里的驴超负荷工作，在 9 岁左右年富力强的年龄就死了，而英国的驴平均寿命是 30 岁。斯文德森说，在西方，驴是人们的伙伴和宠物。在很多非洲国家，它们是“壮劳力”。斯文德森以保护驴闻名，被称为“驴之母”。驴医院建筑呈“L”形，有一幅巨大的驴体解剖图、一片供病驴吃草的草坪、一个手术中心、一个食料库、一个康复驴厩、一个急救室和一辆救护车。这辆救护车是由几头健康的驴拉的胶轮平板车。

2003 年墨西哥邮票——兽医服务 150 周年
（突泉县农耕民俗博物馆藏）

驴医院还有一个小图书馆，有《美国驴杂志》等。驴医院里“驴满为患”，创建的头两年中，来此就诊的驴已有将近 7 万头。兽医波吉阿·恩德布说，这些驴都是积劳成疾病倒的，有

---

① 最逍遥毛驴 在埃塞俄比亚地位赛神仙(图)_新浪旅游_新浪网［EB/OL］.［2010-10-21］.http://travel.sina.com.cn/world/2010-10-21/1206145387.shtml。

的驴因缺水虚脱，有的驴被绳套磨破了皮而感染。我一看到这些病驴，心里就非常难过。医院不是免费救治，因此，来治疗的驴只是少数。事实上，保障驴的健康的关键在于教育它们的主人。教育孩子简单，可上了年纪的人比驴还犟！他们一点也不懂得如何正确保护自己的驴。我们必须想方设法告诉驴的主人这样一个道理：只有保障驴的健康，才能使他们赚到更多的钱，驴病了或死了，倒霉的还是驴主人。建议让驴少背些东西，少跑些路，多给它们喂水、喂食。

2001 年，驴医院举办了“世界驴子研讨会”，来自埃及、印度、希腊和墨西哥的驴专家和爱好者聚集一堂，讨论驴在各国社会生活中所起的作用，以及驴的健康状况和喜怒哀乐。埃塞俄比亚还成立了“驴权利保护者组织”，并召开了有关研讨会。

我们可以看到，阿胶产业“全球化”面临一些“反全球化”的抵制。

北澳大利亚野驴要圈养

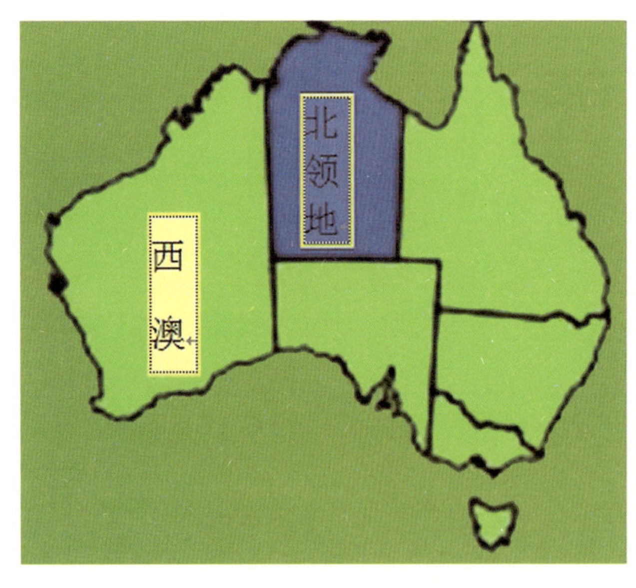

澳大利亚北领地位置

澳大利亚不仅仅只有考拉和袋鼠，也不仅仅只有羊毛和肉牛。国外养驴的 3 种方式之一是澳大利亚等国将野驴圈起来，改为半人工饲养。就商业行为来讲，野驴不像牛或羊一样可以成群喂养，人工增加野驴的数量非常艰难。母驴一年只产一头驴，并且容易自然流产。[①]

澳大利亚北领地（Northern Territory）是澳境内一个直属澳大利亚联邦政府的领地，是澳大利亚的两个内陆领地之一，位于澳大利亚中北部，首府是达尔文。北领地地广人稀，约占澳大利亚总面积的 20%，人口略多于 23 万人（2012 年）。

北领地面积 142.1 万平方千米，生活成千上万只野驴毫无问题。据北领地的网站显示，驴在 1866 年由汤玛斯・埃尔德瑞斯爵士引入澳大利亚，一直到 20 世纪 30 年代都当作运输工具，后来被机动车代替，驴被放进大自然。由于无人管理，现今这种动物已经对当地环境构成了严重威胁。在澳大利亚中部、西部和最北部的干旱区域有成千上万的野驴，在北领地的凯瑟琳地区相当常见，其生活习性与当地的牛一致。

野驴在澳大利亚要与牛羊争抢食物，北领地政府把野驴列为有害物种，人们可以出于商业目的进行抓捕和采购，但放回大自然属于违法。

① 澳大利亚的野驴［EB/OL］.［2018-04-10］. http://www.gslg.com.au/news/246.html.

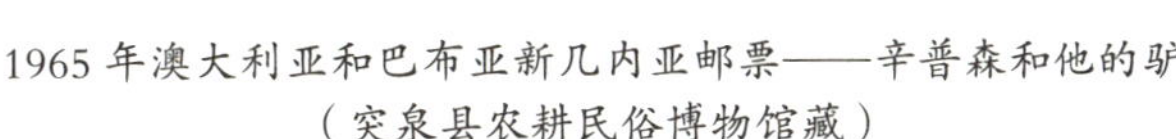

1965 年澳大利亚和巴布亚新几内亚邮票——辛普森和他的驴
（突泉县农耕民俗博物馆藏）

随着中国对阿胶的大量需求，越来越多的中国企业把目光对准了在澳大利亚北领地自由自在地奔跑着的驴。中国市场需求日趋旺盛，导致驴供不应求，澳大利亚北领地的野驴自由驰骋，既天然又实惠。过去几年，众多中国企业对澳大利亚的野驴产生兴趣，想进入北领地野生驴市场。

2017 年，北领地政府开始调查养驴的经济利益，以应对中国不断增长的投资意向。澳大利亚北领地地方政府甚至买了 20 多头毛驴开始进行商业试验。

澳大利亚副总理兼农业部部长表示，驴皮和驴肉在中国有非常大的市场，澳大利亚要充分利用。如果以后澳大利亚出口驴到中国，这将对中澳贸易意义非凡，可以为澳大利亚除了牛肉出口以外创造大量出口机会。北领地政府目前还在对澳大利亚的野毛驴做一些市场估价和市场调查，包括确定北领地养驴的数量、养驴的周期以及运输、加工和出口方面的障碍等。

但有一点非常明确，澳大利亚北领地地方政府、澳大利亚联邦政府、澳大利亚牲畜出口管理局不会同意活驴出口。即使捕杀野驴，也只能在澳大利亚境内有许可证的屠宰场操作。

直到现在，北领地驴出口中国还没有达成任何协议。澳大利亚的毛驴仍然既不能在屠宰场大批宰杀，也不能活着出口。很难预料在澳大利亚广袤田野上野驴的前途如何。

西澳大利亚州野驴遭猎杀

从澳大利亚北领地向西走就进入了西澳大利亚州，西澳州位于澳洲大陆西部，濒临印度洋，面积相当于整个西欧，占澳大利亚总面积的1/3，是澳大利亚最大的州，面积252.55万平方千米。

2018年5月23日，据澳大利亚ABC新闻报道①，西澳大利亚州政府在过去的20年间已经花费了数百万澳元杀掉了位于远北地区的50万头野驴。剩下的最后一群野驴目前聚居在金伯利的卡查纳（Kachana）野生牧场，政府正在打算将它们清除。但是卡查纳牧场的主人克里斯·亨格勒（Chris Hengler）表示不同意杀光所有野驴，并呼吁政府考虑这些野驴的商业价值。

亨格勒先生表示，卡查纳野生牧场正在用100头野驴进行科学土地管理的试验，但是现在还没有等到试验结果出来，政府就已经决定要杀光这些野驴。科学研究发现，所有的野生动物都对它们所处的环境有着重要的影响，因此我们可以利用这些影响来增强生态系统的健康。

2018年5月初，金伯利牧场生物安全协会已经向卡查纳野生牧场发布通知，剩下的野驴要么在一年之内全部杀光，要么就在接下来的4年中每年杀掉25%。通知说，他们绝对不会支持任何关于野生动物成为土地管理工具的言论，尤其是野驴。目前正处于金伯利野驴根除计划的最后阶段，他们坚信这项计划会极大地有利于金伯利地区所有原生生物的多样性。

西澳大利亚州政府表示，野驴是根据《生物安全和农业管理法案（2007）》认证的有害动物，因此土地所有者应该将它们清除。第一产业和区域发展部门也会联合金伯利牧场生物安全协会将根除野驴项目进行到底。

---

① 澳洲野驴泛滥被当成有害生物 政府20年杀了50万头［EB/OL］.［2018-05-24］. http://mini.eastday.com/a/180524084122381.html.

同样是动物保护，驴在这里却被屠杀，这也是一种双重标准吗？其实，野驴生活在崎岖不平的地方，它们会以各种不同的方式来平衡生态系统，比如，因为它们吃野草，那么野草就不会长得太高，从而也就减少了发生野火的风险，也就是说这些野驴是土地管理最有用的工具。

1988 年澳大利亚邮票——旅游业
（突泉县农耕民俗博物馆藏）

迷你驴①

在澳大利亚，迷你驴成了澳大利亚人心中的新宠！迷你驴不仅样貌十分可爱，身材迷你，其身高大概在 0.6 ~ 1.1 米，像个大体型的狗。关键是它吃的还是草。不仅如此，迷你驴的性格也十分温顺，非常通人性，很适合与孩子做玩伴。

杨怀伟认养的“突突”和刚出生的“迷你”驴宝

说起澳大利亚，人们首先想到的便是袋鼠、鸵鸟或考拉、斑马，但是现在最抢手的宠物是迷你驴。

迷你驴因为是杂交，颜色也不纯，有灰、黑、栗、棕、杂色、花色等。迷你驴有着大大的耳朵和娇小的体型，和普通的驴差别很大。

人和动物是互动的，迷你驴“情商”高，对人忠诚，性格敏感，很快就成了受人们欢迎的伴侣动物。饲养中，人们发现驴需要主人更多的关心，还需要其他动物的陪伴。把迷你驴当宠物养或者当礼物赠送也很时尚。可以给迷你驴穿上衣服，有时驴的地位甚至比狗还高。

一般而言，驴被人用来做苦力，或者宰杀食用，几乎没有哪一个家庭会把驴当作宠物来养。如果您看过一本描写驴文化的小说《分驴计》，就会知道很多人和动物之间的关系就是一种精神寄托，驴早已是一些人的精神依靠和“终生伴侣”了。在发达国家，驴天生就是用来当宠物养的，而且还十分受欢迎。如果您熟悉养驴的历史就会知道，驴最初是高贵的，后来才身价下跌，沦为底层牲畜，苦苦挣扎求生存。

迷你驴寿命为 25 ~ 35 年，家养可以陪伴孩子度过更好的童年。可以选购几头迷你驴一起

① 澳洲人新“萌宠”——驴界小短腿，体型如小狗大［EB/OL］.［2017-09-04］. http://www.sohu.com/a/169324791_733334.

来饲养，有的还把迷你驴与其他的小动物放到一起。驴是群居动物，一生单独养容易产生不良行为习惯，甚至得抑郁症，迷你驴更加温顺。

外国孩子和迷你驴
（东阿毛驴博物馆拍摄）

澳大利亚迷你驴消费热使得其售价高达 2000 ~ 7000 美元。虽然迷你驴身价“高贵”，但还有很多的家庭争相购买。

王寅

冲雪驴背诗无穷

2008年8月1日，《中国教育报》第4版刊登了段玉康的美文《雪晴驴背兴无穷》，仅1400字，可是信息量极大。

“空山不见梅，驴影夕阳催”铜墨盒
（突泉县农耕民俗博物馆藏）

说起驴，其貌不如马，驴总是牛马不如，可是诗人让驴改天换命。柳宗元的《黔之驴》被人误读，千年一晃，围城突破，钱钟书先生在《宋诗选注》总结李白华阴骑驴、杜甫驴骑三十载、贾岛驴背敲诗赋等后得到结论——驴是诗人特有的坐骑。驴嗓门大，似诗鸣一鸣惊人，驴跑路慢腾腾，驴步履颤颤悠，蹄声嘚嘚踏，驴背上能颠出诗韵的节奏和感味。唐朝诗人唐彦谦在《忆孟浩然》中道：“雪晴驴背兴无穷。”其实，诗兴不能等“雪晴”，驴喜欢下雪，雪中调皮，“蹇驴冲雪岸乌纱，夜醉西湖卖酒家。”蹇驴冲雪到了明代才揭示了另外一番精气神。“雪晴”了，诗兴反而会减少。

现代做学问，冷板凳坐10年；过去做诗文，驴背得佳句。《全唐诗》的作者都是骑驴的诗人。贾岛、李贺都在驴背上苦苦寻觅，因为诗人离开驴背就写不出诗，就不是诗人了。唐人郑綮道："诗思在灞桥风雪驴子背上，此何以得之？"驴友是诗友，确实是没有了驴这个作诗好伙伴就没有了"诗思"。这样诗友、驴背成了一个典故，"苦吟句就，忆驴背，旧游如昨"。"谁教驴背赋新词，沽酒更宜诗。""直把肩舆当驴背，灞桥诗思一时新。"

诗友不仅在驴背，还在灞桥和风雪。踏雪寻梅要骑驴，这样诗人的要素才备齐了。笑杀灞桥翁，骑驴风雪中。敲驴吟雪月，谪出国西门。穿云采药闻仙子，踏雪寻梅策蹇驴。"是谁像雪驴，不畏风雪寒。"杜甫一骑驴未下鞍，三生驴友胜诗仙。骑驴三十载，旅食京华春。平明骑驴出，不知适谁门。验证了"蹇驴破帽出金句，方信诗友须驴伴"。

驴和诗人的命运也紧紧捆绑在一起。唐代大文学家韩愈（768—824 年）是一位资深驴友，解辔弃骐骥，蹇驴鞭使前。下驴入省门，左右惊纷披。不见三公后，寒饥出无驴。韩愈《画记》记下了画中数过的每一头驴，在《农夫殴宦》中，记录了农夫以驴负柴至城卖的遭遇。"文起八代之衰，道济天下之溺。"在韩愈去世 200 多年后，苏东坡极高地评价了这位眼中有驴的先贤。而苏轼自己也骑驴，往日崎岖还记否？路长人困蹇驴嘶。他深深知道，临路长鸣有真意。

眼中有驴诗意高，驴背品味山光美。1076 年，王安石（1021 年 12 月 18 日－1086 年 5 月 21 日）辞官急归乡，骑驴览钟山。苏轼来访感叹，骑驴渺渺入荒陂，想见先生未病时。而陆游（1125 年 11 月 13 日—1210 年 1 月 26 日）"诗兴属骑驴"，爱驴境界更上一层楼。"爱山只合倒骑驴"，"细雨骑驴入剑门"。"驴肩每带药囊行，村巷欢欣夹道迎。"放翁"平生风雪惯骑驴"，不但从"灞桥风雪"进入了"细雨骑驴"中，而且从"驴背"到了"驴肩"，把"寻句觅诗"升华为"治病送药"了。陆游 65 岁时回归家乡（山阴，今浙江绍兴），人生老当益壮，无限风光。

在一个古诗词网站上用"驴"字搜索，出现了 1200 多句"驴诗"，宋代有 996 句，唐代却只有 79 句，而陆放翁一人有 135 句，虽然是不完全统计，有些错漏和偶然，但是也从一个侧面说明以古诗词为标志的驴文化在宋代到达了巅峰，"山中看雪醉骑驴"的陆游是一位集大成者。

短驴疑在梦中行，几生修到骑驴人。怪不得清人张问陶不敢确认是否只用一个今生只用一个今世就能够"修到骑驴人"了。"骑驴人"成了诗人的自我认同，成了诗人的鲜明意象。驴和诗人的关联就像诗和远方，驴子远行，诗思飞扬，注入了中国古代的"文化转基因"，再也无法分开。

河北驴肉火烧文化节

2020 年 6 月 15 日，2020 河间文化旅游季暨第四届驴肉火烧美食节在“京南第一府”河间拉开帷幕，为期 3 天。“云致辞、云导览、云推介、云交易”，避开了新冠疫情。

记得 2018 年 4 月 27 日，中国（河间）首届文化旅游季暨第二届驴肉火烧文化节举办。活动期间，相继举办开幕式、河间驴肉火烧产业发展高峰论坛暨《神厨归来之驴肉火烧》电影看片会、《我为购物狂》之狂粉欢乐会、广场音乐会、美食惠民季等丰富多彩的文化活动。其中，美食惠民季活动持续至 5 月 27 日。

北京房山区贾岛贾公祠附近的驴肉火烧加盟店

河间驴肉火烧经过数代人的传承发展，已成为独具地方特色的美食，是省级非物质文化遗产。河间驴肉火烧产业遍布全国各地，从业人员已达 5 万余人。驴肉加工和餐饮全产业链年总产值已达 70 多亿元，拥有自主商标 20 多个。

“色如金、酥如雪、形如书、薄如纸。”河间驴肉火烧自唐朝已有记载、清朝广泛流传。河间驴肉火烧以香、酥、脆闻名于世，制作工艺复杂又讲究。河间人凭借历史传承，秉承诚信创新、精益求精的工匠精神，把一个小小的驴肉火烧做到极致。

2012 年“河间驴肉火烧制作技艺”被列入河北省第四批非物质文化遗产名录；2015 年组建了河间驴肉火烧产业协会；2016 年 11 月，河间驴肉火烧被评为“中国旅游金牌小吃”，并进入“河北旅游特色商品名录”。2017 年 4 月，河间被中国饭店协会命名为“中国驴肉火烧之乡”。

2004 年法国牛邮票
（突泉县农耕民俗博物馆藏）

驴肉火烧文化节虽然也可以算作广义的驴文化，但是准确地讲应该属于食文化的“舌尖文化”之列。

衣食住行，食居其一。驴文化可以完全涵盖衣食住行四大领域，不仅仅是食文化。

从某种角度讲，驴文化可以热热闹闹的，是“闹文化”，但是也应该有“静文化”，闹中取静相得益彰，多元文化吸引不同的人群，更多地满足不同人群的文化需要。

驴文化更多是在美丽的田园风光中，如果还有毛驴在吃草、溜达、打滚、鸣叫，可以让人们乘坐驴车，骑驴观景，读诗听诗，在驴文化博物馆中欣赏，则更加符合“文化节”的意蕴。

乡镇毛驴文化节方兴未艾

2019 年 11 月 16—17 日，四川省南充市嘉陵区大通镇举办了第二届毛驴文化节。2019 年 9 月 23 日，东北毛驴文化节在沈阳法库叶茂台牲畜交易市场举办，同时举办中国东北驴交易博览会，已经是第五届了。

东北叶茂台牲畜交易市场位于法库县叶茂台镇美丽的圣迹山脚下，在新民、彰武、法库 3 县交界处，紧邻 101 国道，是驴、马、骡、黄牛及羊的交易市场。

东北毛驴文化节和驴交易博览会

据考察，该市场形成于辽代中期，称为“叶茂台马市”，辽代以后，叶茂台马市一直是东北、华北、内蒙古地区重要的牲畜交易市场，延续至今，距今已有 1000 多年。据《法库县县志》记载，1929 年这里便是当时最大的牲畜交易集散地。经过几代经营者的苦诣经营，现已成为全国性的大牲畜市场，汇集 10 多个省、市、自治区的客商，市场年交易量 15 万头以上，年交易额 10 亿元，被中国商业联合会评为中国优秀示范市场、品牌建设优秀企业。

叶茂台镇以**“辽西驴”**品牌申报农业部畜产品地理标志保护乡镇，法库驴肉正在申请地理标志保护产品。叶茂台牲畜交易市场占地面积 3 万平方米，配套建设的市场服务中心大楼和综合服务大厅功能完善。2016 年，成立了辽宁东阿黑毛驴牧业科技有限公司，主要负责辽宁地区毛驴养殖、交易业务开展，2017 年 9 月正式投产。

2018 年还举办了首届中国驴产业摄影大赛颁奖仪式，评选出了本届博览会的“驴王”“驴后”、眼力最佳经纪人。叶茂台牲畜交易市场年交易量递增高于 20%，交易额将突破 30 亿元人民币。以乡镇为单位，叶茂台镇打造驴文化的特色产业非常适宜。而其运作核心交由一家企业来实施，不再仅仅是政府行为，市场运作还是比较可行的。

房山区旅游业中的毛驴明星（杨怀伟拍摄）

在四川省南充市嘉陵区大通镇，2018 年 11 月 17 日，第一届南充・大通毛驴文化节举办，核心力量是三顾毛驴农业专业合作社，这家合作社特别致力挖掘毛驴文化、开展乡村旅游、举办毛驴文化节，为大通的乡村旅游增添了新的亮点。大通毛驴文化节有南方小镇特色，发展方向是乡村旅游、驴产品、全驴宴。

毛驴文化节应该补强驴文化，加强人和毛驴的文化互动，应该增加驴文化本身的内容开发，这是今后文化节发展的一个方向。

世界首座毛驴博物馆

诗人艾青说："驴子啊，你是北国人民最亲切的朋友。"

2018 年 9 月，在来自 10 余个国家的上百位毛驴研究专家和学者的共同见证下，世界首座以毛驴为主题的博物馆在东阿县正式开馆。

毛驴博物馆的介绍牌
（东阿毛驴博物馆拍摄）

毛驴博物馆位于山东省东阿县县城，西临 324 省道南侧、国际良种驴繁育中心东侧，该博物馆由东阿阿胶股份有限公司携手中国农业大学、清华大学美术学院，历时两年时间筹建完成。毛驴博物馆依托艺术化的语言、多样的展陈方式、丰富的展品，生动翔实地记录了与人类社会发展息息相关的毛驴的驯化历程，以及其对人类社会发展和人类健康所做出的贡献。博物馆共分为序厅、远古走来、驴背之上、济世之驴、艺术之驴 5 个部分，集专业性、科普性、趣味性、互动性、参与性于一体，收藏展品共计 500 余件。

开馆仪式上，毛驴博物馆文案总策划、中国农业大学教授韩国才代表项目团队简要回顾了毛驴博物馆的创建过程。毛驴博物馆的筹建共分为 3 个阶段。第一个阶段是文案策划阶段，这一过程主要由韩国才教授为主的方案编制团队完成；第二个阶段是实物资料收集及分析研究阶段，这个过程主要由东阿阿胶内部专业团队完成；第三个阶段是设计施工，这个过程主要由清华美院吴诗中教授为首的设计团队完成。

韩老师表示，建设毛驴博物馆一是为了把驴文化整理挖掘出来，通过博物馆的形式把它固化下来并永远传续下去；二是为了通过发扬光大驴文化进而带动驴产业更好的发展；三是搭建起一个驴产业科研、生产、教育以及国内外交流平台。

货币上的驴
（东阿毛驴博物馆拍摄）

毛驴博物馆开馆对我国驴产业发展具有里程碑意义，标志着我国在毛驴科学研究、驴文化保护、毛驴产业开发等领域走在了世界前列。

丙午

甘肃黄河石林“驴游车”

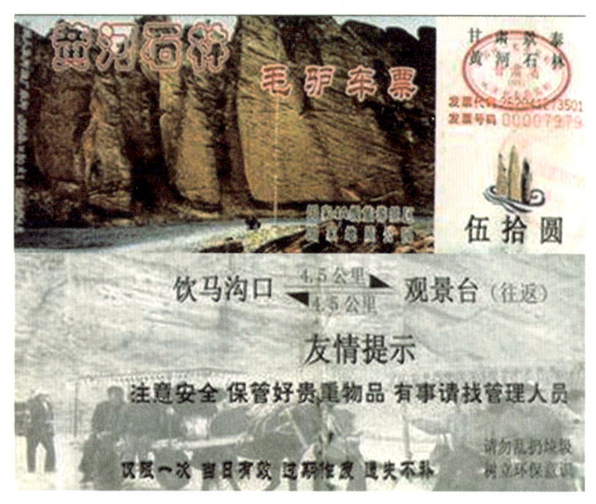

黄河石林“驴游车”车票

黄河石林位于甘肃省白银市景泰县中泉镇龙湾村的黄河边，黄河石林是国家AAAA级景区，门票40元，羊皮筏子漂流30元，毛驴车车票30元，索道票60元。乘毛驴车游览黄河石林走廊路程大约4000多米，每台“驴游车”限乘3名游客。①

在黄河石林的饮马沟景区里，活跃着一支农村女子毛驴车队。她们几乎全部是来自景区所在地——景泰县中泉乡龙湾村的农民。她们套上自家的毛驴车，或赶上自家的骡马，按照景区的统一安排，专门招揽游客，拉游客游览饮马沟石林群，并将游客送到卡丁车乘车点，等待游客登上山顶观景台游览完石林后再负责将他们拉回来。她们牵着牲口在沟道里穿行，往返一次大约5000米。

在旅游旺季，她们从早到晚要走五六个来回。她们既是景区的运输队队员，又是导游员和歌手。在接送游客的过程中，她们一边热情介绍景点特征，一边为游客唱山歌。所以她们手里拿的主要是牲口的缰绳和手提式小喇叭。每当一批游客走进饮马沟，便有一长串的毛驴车吱吱呀呀地行进，也有一串串充满野性的西北山歌在石林沟谷间悠扬回荡。

农家妇女是车队的主力。小板车可拉三四个成年人，走一个来回车费50元。2010年，一支小马队走过来，领头的媳妇正引吭高歌，歌词是哥哥妹妹的一大串。也有男子唱歌的，边走边唱，一支歌两元钱，点多少唱多少。边走边唠，走走停停，大约2个小时后，“驴游车”的终

① 黄河石林，赶毛驴车的女人（组图）_六盘散人_新浪博客［EB/OL］.［2010-11-10］. http://blog.sina.com.cn/s/blog_490cf4f90100mfo0.html.

点到了。

走在沟里，要想看出名堂，不如骑马，或者坐辆驴车。我们选择的是驴车，来回 9000 米，收费只要 30 元，很便宜。[①] 车把式是个 60 来岁的老人，他是龙湾村的，熟悉沟里的每一座山头。“快看！快看！这是笑口常开！老大的笑脸，可乐呵了！看前面山顶，那里有一只老鹰，是不是？那里是个将军，看见没？穿着铠甲呢！在他面前的是个姑娘，头发是披着的，那是虞姬！霸王别姬！”

老把式的头发和胡子全白了，脸红如枣，声如洪钟。他晃荡着腿脚，手上的小木棍轻轻地敲打在驴背上，到了开阔处，驴儿走得稳当了，他便哼唱起了小调儿！

黄河石林旅游图册
（突泉县农耕民俗博物馆藏）

乘驴车游览黄河石林
（突泉县农耕民俗博物馆藏）

饮马沟有一处平坦开阔地，一排齐齐整整的岩峰，酷似一片片风帆，这里便是有名的“千舟竞发”。此处有一株很大的枯树，一根木桩上悬挂着灯笼，是摄影的取景之地。模特穿着红衣

① 在黄河石林，赶驴车的大爷，都是哲学家！－乐途旅游网［EB/OL］.［2018-11-23］. http://www.lotour.com/zhengwen/4/lg-jc-68042.shtml.

裳，在一片褚黄色中异常鲜亮夺目。我们在此拍摄了一两个钟头，老顾盘腿坐在山脚岩石上，抽着烟，啃着馍。偶尔，他也会掏出手机，拍一拍不停摆着造型的模特儿。

老把式不着急，平日里他一天也就能轮到一趟车，节假日才会忙一些。他的驴很得儿劲，我们5个人坐在车上，它走起来也不算费力。老把式说，管牲口不能要它卖力气了，给它喝水吃料，咱平时也得好好地待它，不然良心上也过不去！

朴实的驴友思维才是得到了驴文化的真谛。驴文化要淡化金钱，否则人和驴都会痛苦。

冰山下的“荧光”毛驴车

海岛上的“驴战士”

黄海北部外长山群岛西边是大连广鹿岛，岛上一座海拔 245 米、被岛民称为“铁山”的山顶最高处屹立着一座“铁山神驴墓”。驴墓前立着一块近两米高的石碑，碑上铭刻着 4 个红色大字：铁山神驴。石碑旁是一头毛驴雕像，它正奋力地拉着一辆铁制胶轮车，瞭望着大海和蓝天。①

1949 年，某连队在山西买了一头毛驴，抗美援朝时，毛驴也随着连队参战。有一次，这个连队坚守一块阵地，眼看弹药将要用尽了。这时，牵着这头毛驴往阵地运弹药的战士却遭遇流弹牺牲了。危急关头，这头毛驴竟然冒着枪林弹雨，沿着以前曾经走过的路，将弹药运到阵地。由于及时补充了弹药，战士们终于守住了阵地，毛驴也救了全连战士的命。战后，部队给“驴战士”记大功一次，并给它戴上了军功章。

支援前线的驴车队伍
（东阿毛驴博物馆拍摄）

朝鲜战争结束后，这个“驴战士”又随着连队进驻大连广鹿岛，在铁山上担任海防任务。那时，身经百战的毛驴已经有编制、有口粮，是一位特殊的“战士”了。

“驴战士”在广鹿岛上有三大功绩，是一位“功臣毛驴”。第一大功绩是“驴战士”为全连队营区的建设立下了汗马功劳。当年岛上物资匮乏，搭建营房的许多材料、工具都是毛驴一趟趟地从山下驮到山上的，对于一只母驴来说负重量很大。大家虽然不知道“驴战士”是怎么做到的，但都从心底里佩服这位有战斗精神、吃苦精神的“战士”。

① 韩顺兆．铁山上有“神驴”［N］．大连晚报，2019-04-18.

支援前线的驴车队伍
（突泉农耕民俗博物馆藏）

“驴战士”的第二大功绩则与口粮有关。郑宝宇说，毛驴“服役”期间，驻扎在广鹿岛上的部队粮食供应比较紧张，这时毛驴的口粮就被提供给了战士，而战士们则在山上打草料喂养它。

至于“驴战士”第三大功绩，据说，由于铁山山顶没有水源，所以连队的用水必须从山下挑上来。而当时从山下到山顶只有一条非常险要的小路，战士们称为“通天路”，挑水的战士经常摔伤。这种情况下，运水的重任又落在毛驴身上。一个大油桶分为两部分，分别固定在毛驴背的两边，每次只要战士把水桶放在毛驴身上，轻轻一拍屁股，它就会自己来到山下的水井旁。山下的驻军把水桶灌满后，再拍它一下，毛驴就会运水上山。有时，毛驴甚至能把门拱开，在水缸边停下来，等人取走水桶。

取水的泵房是很狭小的，毛驴如果直接走进去就掉不了头，出不来。“神驴”神就神在懂得倒退着进泵房，“神驴”进泵房时都是用自己的屁股把门顶开，装好水后，再把水驮出来。[①]

1979 年 7 月，30 多岁的“驴战士”永远离开了战友们，大家为它举行了隆重的葬礼，并为它修建了坟墓。30 年来，岛上的驻军换了一拨又一拨，但了解这头毛驴的事迹已经成为每一拨新兵入伍时的必修课；而为“驴战士”守墓，也成为岛上官兵必做的事情。2007 年，岛上的战士和居民重新修缮了毛驴的坟墓，在墓前立了一块近两米高的石碑，并撰写碑文，让“铁山神驴”的故事能够广为流传。

现在有老兵回来看老连队时，也一定会上这儿来祭奠“铁山神驴”，许多老兵看着毛驴雕像热泪盈眶，因为这也是他们的“老战友”，他们对“驴战友”有特别深厚的感情。

从“驴战友”雕像到观察所的雷达，中间有一条小小的“连心路”，路的两边用鹅卵石拼出了两道车辙，这就是毛驴走出的车辙，这也是驻岛战士们对它永远的怀念。

① 海岛高山上的“驴战士”[EB/OL].[2013-05-14]. http://www.vos.com.cn/news/2013-05/14/cms746086article.shtml.

内蒙古毛驴历史

内蒙古养驴有悠久的历史，但是没有独立的历史记载，如同宝石埋没在泥土中。

在《内蒙古畜牧业大事记》中找到与驴有关的内容如下：

1. 远古至清（新生代—1911 年）……古人类……河套人的聚居区。在同一地区发现的萨拉乌苏动物群中，出土有普氏野马、野驴、野猪、盘羊、诺氏驼、原始牛等骨骸化石。

距今 4000 年前，今内蒙古地区发现了“种间杂种”牲畜，马骡与驴骡已被山戎、猃狁、獯鬻等部族饲养。

2. “中华民国”（1912—1949 年 9 月）

民国二十五年（1936 年）

1 月 1 日　归绥市（今内蒙古呼和浩特市）税务局规定屠宰牲畜课征屠宰税：猪 6 角，羊 4 角，牛 2.5 元，马、骡、驴、驼均为 1 元。

6 月　抗日战争前夕，今内蒙古地区大小牲畜总头数（不含猪）达 937.6 万头（只），为历史最高水平。

内蒙古养驴历史（略）

远古至清(新生代~公元 1911 年)　·3·

距今 4000 年前

今内蒙古地区出现了“种间杂种”牲畜，马骡与驴骡已被山戎、猃狁、荤粥等部族饲养。

△　唐虞以上，有山戎、猃狁、荤粥居于北蛮，随畜牧而转移。其畜之所多则马、牛、羊，逐水草迁徙。此系史书对今内蒙古地区出现游牧民族的最早记载。是时内蒙古地区的先民已完成了原始饲养业向原始畜牧业的过渡。实行“逐水草迁徙”，“随畜牧而转移”。

民国二十年(公元 1936 年)

1 月 1 日　归绥市(今内蒙古呼和浩特市)税务局规定屠宰牲畜课征屠宰税:猪 6 角,羊 4 角,牛 2.5 元,马、骡、驴、驼均为 1 元。

6 月　抗日战争前夕,今内蒙古地区大小牲畜总头数(不含猪)达 937.6 万头(只),为历史最高水平。

内蒙古毛驴历史记录少，史料比较珍贵

己酉

世界驴文化（相声）

（原创：葛茂生[①]；改编：杨怀伟）

乙：先生好，听说您最近又在搞研究呢？

甲：您怎么知道的？秘密研究，很伤脑袋呀！有三大难题待我研究。

乙：全世界都知道！说说听。

甲：第一个课题是新冠疫情，可是研究不透。

乙：这是最新课题，是太难了。第二呢？

甲：第二个更难，是同性恋。

乙：同性恋？那有啥值得研究的？

甲：你不觉得不可思议吗？当着大伙面咱俩亲一下。

乙：哦。（做呕吐状）

甲：研究几十年啦，我还没结论！怎样，算难题吧！

乙：算、算、算。那第三课题呢？

甲：第三课题是最难的。

乙：快快说来！

甲：我研究的第三课题是世界的驴文化。

乙：驴？还文化？还世界，你别糟践文化了。

甲：不说全世界，先说咱中国的驴文化历史悠长。首先中国的神话传说里的张果老骑的不是马也不是牛，骑的是驴。不可思议吧？

乙：我看过《东游记》，对，张果老骑驴倒着走。

甲：其二，阿凡提骑的也是毛驴，说明中国驴文化的区域广阔，群众基础扎实。

乙：阿凡提骑驴的动画片我看过，对，说得极是。

甲：其三，更不可思议，更难上加难啦。

乙：快说，别卖关子了。

甲：一般的我们渴了喝水叫“喝水”，文化人喝水不叫喝水。知道吗？

乙：叫什么？

甲：叫“饮水”“饮茶”“饮酒”。李白的《将进酒》的名句“会须一饮三百杯”，饮酒。

乙：这和驴有什么关系？

甲：驴喝水不叫喝，叫“饮驴”。这一下

① （驴文化［EB/OL］.［2015-12-14］. http://blog.sina.com.cn/s/blog_48678b7e0102wd0w.html.

子就把自己与文化人并列到一块了，驴文化！

乙：“饮驴”！厉害！

甲：其四，是驴的包容性。

乙：别瞎扯了，驴就是驴呗，还包容。

甲：驴的包容性是独一无二的，这里面的学问大了。我们知道，不同物种的动物不可交配，但是驴可以。公驴和母马交配出来的叫“驴骡”；公马和母驴交配出来的叫“马骡”。

乙：哇！这么神奇呀。

甲：驴文化不仅讲究多，驴浑身都是宝。俗话说：天上龙肉地上驴肉。保定有一名吃叫“驴肉火烧”，那是百吃不厌啊。

乙：别说了，口水都流出来了。

甲：李时珍《本草纲目》就记载了，驴皮阿胶是一种大补中药。你皮上熬制不出来。

乙：别跟我比呀，我都羡慕这毛驴了。当个驴有多好！

甲：朋友们，好不好您可以读一本书。

乙：什么书？

甲：《驴学》（指乙）。

乙：我呀！

甲：不是骂人。2019年，我们中国真有了《驴学》。我盼望了几十年！

乙：不是骂我就好。

甲：人有各种脾气，其中有一种就是以驴命名的。

乙：驴脾气。

甲：你真聪明，这是其五，说明驴的个性鲜明，驴的荣耀哇！

乙：我们身边有这样脾气的人吗？

甲：多啦！

乙：谁？

甲：我呀！（拍拍乙）

甲乙：大伙儿千万别惹他！（指对方）

（注：推测原创作者是石家庄的葛茂生先生，今年已是古稀之年了。2016年12月6日，68岁的葛先生在新浪博客写了最后一篇博文之后就没有更新，联系也没有回音。在此致谢！）

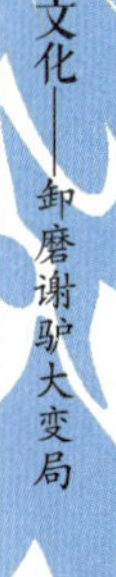

庚戌

老杨与驴志

卸磨杀驴还是卸磨谢驴，其实我是讨厌这种不厚道的比较的，因为任何一个历史事件都是利弊对立统一的，人们不可能单方面承受历史的副作用，也不可能只享受历史的恩泽。但是，反思历史也是必然的，因为历史反射出的光芒足以照亮人类前进的方向。我们追问，1968 年发生了什么事情？我特意照了一张邮票，蒙古 1968 年第 19 届奥运会小型张 (无齿) 马术，就在奥运会举办的时候，中国的知识青年正在做什么？和驴有什么关系？

1968 年蒙古邮票——第 19 届奥运会小型张 (无齿) 马术
(窦泉县农耕民俗博物馆藏)

这是“老知青家园”中的知青故事。

农场连队位于大兴安岭阿伦河河畔，有猪、羊、牛、马四大群，“六畜兴旺”还差两畜。那时，对“发展”这两个字并无理念，家底完全是农场“二劳改”们创下的，简单接过来就得了。

1969 年年初，营里分配来一位“一劳改”(被监管的原农场领导。因为农场有“二劳改”就业人员，所以我们戏称这些人为“一劳改”) 老杨。快 60 岁的老杨高高瘦瘦，一脸慈祥的皱纹，说话轻声细语，并没有“急先锋”的印记。冬季清晨 4 点多，食堂里冻得像冰窖，老杨早早来到食堂，生起火炉，化开水缸，烧暖了屋子之后做饭的人才来，他们再不用排班起早了。

老杨很少说话，只闷头干活。有一天，他忽然说：“我会做豆腐，能改善一下伙食。”每天冻土豆、冻白菜、冻萝卜的“三冻一汤”早已吃不下去了。

没过几天，老杨真从别的营拉来了一盘废弃的石磨，然后叫烘炉打了几把铁钎，自己叮叮当当地铲起磨来。他卷着又粗又长的大烟炮说，这活儿我是抗战时在沂蒙山游击队里学的……又过了几天，几盘白白嫩嫩的豆腐做出来了。好几年没吃到豆腐啦，几乎全连的人都来看。那是老杨自己推着石磨，在昏暗的食堂里整整走了一夜，经过磨、灌、点、压等工序才做成的。大约 3 盘新豆腐，全连一顿吃光。老杨卷着烟炮，蹲着看大伙尽情地吃。

豆腐给全连带来了欢乐，殊不知每个夜晚，老杨要流多少汗。我曾帮他推过磨，走几十圈就会累得气喘吁吁，天旋地转，站都站不稳。可见这对一个体弱多病的老人来说是难以承受的。每当早晨看到老杨蜡黄的脸色，迈着蹒跚的脚步走出食堂时，我的心都会酸楚：他应该是革命的功臣啊！却成了我们知青的“仆人”……

“买头驴呀！”曾是老杨部下的王连长说。几经打听，在阿荣旗车往沟公社的毛驴屯花 140 元买回一头毛驴，牵着它走了 3 天才回到连队。这是一头母驴，肚里还怀着驴崽儿，但不耽误拉磨。老杨笑了——不光驴替了他，将来驴要成群啦……

有了驴，老杨不推磨了，豆腐也做得多了。他又教大家生黄豆芽，用炉筒子搭烤炉烤烧饼，变着法儿地改花样，知青们都庆幸能摊上这么个“一劳改”来监督。一天晚上，连里一个男知青突然得了急性阑尾炎，疼得满床打滚，卫生员说必须马上送团部医院，穿孔可能就没命了。但连队只有链轨拖拉机，到团部 20 多里路，人还不死在半道上？正在惊慌失措时，忽见老杨急急地牵来毛驴：“快去推平板车。”然后，见他三下五除二地拴好车绳套，套上驴，把战士抬到平板车上，一扬鞭，那已生完小驴的母驴撒开四蹄一溜烟地奔向团部……

人得救了，阑尾在穿孔前的几分钟被切了下来。也亏得老杨的大智大勇，真没想到平时牵着不走、打着倒退的犟驴，拉上小车跑得赛吉普车啊。由此，连队有了一台“驴吉普”。这下“驴吉普”可派上了用场，有急事上团部，非它莫属，车不但小巧实用，关键是速度快，尤其是在返浆的路上，大车陷得一筹莫展，“驴吉普”却如履平地，有时邻近的连队有急事也来借用。那个年代，“驴吉普”在我们知青眼中就是现在的“宝马”呀！

“驴吉普”能赛吉普，关键是驴。生怕赶车的知青为了要速度而伤了驴，老杨对这头驴爱护有加，不仅单独喂细草多加料，一有空就给驴梳毛解痒。谁用车，他都再三叮嘱：不能跑太快，半道让它多歇几气儿。不管谁想用车，只要见他摇摇头，就不批，他怕累坏了这个驴宝贝呀。①

3 年后，营部（原三分场）已有 10 多头大小不一的毛驴在散放。原来，其他几个连队也买了毛驴，驴生驴，3 年多就成了群，路上总能看到飞奔的“驴吉普”，真如老杨当年所说啊。然而，老杨却永远不在了，买回的第一头母驴也不在了。

年三十儿的晚上，知青们大多回家探亲，老杨便与留守的几个知青一起过除夕。几天前，

---

① 改编自村夫的知青生活散记：“一劳改”与驴吉普_老杨［EB/OL］.［2019-10-14］. http://blog.sina.com.cn/s/blog_50bd6407010091h6.html。

苏联1954年明信片——山路弯驴马遇汽车
（突泉县农耕民俗博物馆藏）

他得知自己即将被“解放”，拟安排在北京附近一个劳改场任场长。

吃完年夜饭，老杨感到胸闷，转而脸色铁青，说不出话来。知青们赶紧套上“驴吉普”，载上老杨直奔团部。见老杨呼吸急促，一路上，赶车的知青鞭子都打飞了，那头母驴不停地狂奔，汗水顺着蹄子流淌……

母驴也许通人性，它拼尽了最后的力气，以最快的速度把老杨送到了团部医院后，便一头栽倒在地，口吐白沫，再也没起来。

老杨躺在医院的病床上，再也没睁开眼睛，团部放着关于他的一纸调令……

营里的知青们不舍得把这头毛驴当美餐，悄悄地把它埋在了老杨的坟旁……

接触多了，了解多了，感到精灵而憨厚的毛驴有一种“毛驴精神”，老杨就有“毛驴精神”——不惧怕，也不抱怨，任劳任怨，不抛弃自己，也不抛弃别人，这是人生大境界。燃灯者、盗火者、探路者都有这种“毛驴精神”。老杨自己推磨磨豆腐，服务大家，让我想起《黄河东流去》中李麦和老父亲当长工推磨，腿都累肿了，鞋也穿不上。中国共产党把自己放到了人民公仆的地位，不正是“毛驴精神”的弘扬和升华吗？

辛亥

驴有脾气也伤人

文学作品里，驴记仇，是很喜欢报复的。王松的《双驴记》中，“阴险的”毛驴几乎杀人。老奎的《驴》中，大黑驴干脆把要欺负它的饲养员踢死了。现实中驴踢人、咬人不多，但是也要注意驴的行为，不要麻痹大意。毕竟驴急了老虎都不怕。下面的案例中，被驴所伤都是比较严重的，所以在和驴的接触中，一定要注意安全，不能紧张，因为紧张的人会使驴也紧张焦虑，这也是包括驴在内的“动物行为学”揭示的规律。

案例 1：种驴咬住老汉左臂不撒嘴[①]

2010 年 4 月 23 日晚上，老郑被李家拴在大门口的种驴一口咬住左臂，手部和腕部 24 根肌腱全部受损，4 根完全断裂。

老郑 60 岁。4 月中旬过后，他开始琢磨为自家母驴联系种驴的事。300 米外的李家有一头种驴。双方谈好，驴子交配一次，费用 100 元。23 日 19 时 20 分许，老郑走到李家，在大门口见到了老李的妻子老孙。“老李不在家，还没回来，再等等吧。”老孙说。

1984 年特兰斯凯邮票——去市场的毛驴
（突泉县农耕民俗博物馆藏）

主人不在，老郑在门口等了 20 多分钟，没见老李回来，打算到邻居家串门。走出没几步，黑夜中，李家拴在门口的种驴突然跑过来，一口咬住

① 曹文嘉. 种驴犯了驴脾气！咬住老汉左臂不撒嘴（图）[N]. 新文化报，2010-04-28.

了老郑的左臂！老郑大喊了几声，种驴没有丝毫畏惧，反而更加凶猛。咬住就没有松开，咬得死死的，又往里狠狠咬。顿时，殷红的鲜血渗出衣服。老郑大声呼救，疯狂的种驴越加放肆，咬住老郑的左臂，用力将其叼起来，随即将其扑倒。老郑蜷缩在种驴的两腿之间。

19 时 50 分许，老孙听见呼救声跑出家门。老孙又推又打，过了 10 分钟，种驴终于松开了嘴。此时的老郑，鲜血浸透了左侧身子。老孙扶着老郑进了屋，止血后简单包扎，然后立即送往附近卫生院。经检查，卫生院建议老郑到长春的医院治疗。

当日 23 时 45 分许，老郑被送到武警吉林省总队医院急诊室。经检查，老郑左臂上有 10 多处伤口，严重的伤口约 3 厘米长，出现两处，相对轻微的也超过 1 厘米，同样两处。手术用了 2 个多小时。24 日 2 时许，老郑被推出手术室。据手足外科主治医师介绍，老郑受了暴力挤压伤，着力点都集中在肌腱和肌肉上。肌腱和肌肉损伤很大，手部和腕部屈肌腱和伸肌腱共计 24 根，全部受损。其中 4 根已经断开，要在显微镜下对静脉、神经、血管等一一接驳。另外，挽救了屈拇长肌腱、桡侧伸腕长短肌腱和桡侧屈腕肌腱，共计 4 根。拇指弯曲，手腕伸展、手腕弯曲的功能受影响。保住左臂只是工作的第一步，接下来要看修复血管的通血情况。如不出意外，两周后拆线，接下来还要做物理治疗。如果恢复得好的话，老郑的手指功能也只能恢复到正常时的三成左右。

老郑左侧手臂缠着厚厚的纱布，躺在病房内。他虚弱地说道："种驴那天也不知道是怎么回事。平时它也拴在门口，我也来回走过几次，从来也没发生过类似的事儿。我听说过猪咬人、马咬人，还是第一次听说驴咬人。"不仅是老郑，主治医师从医 14 年了，头一次接诊被驴咬伤的患者。专家指出，春季动物多处于发情期，性情狂躁，容易伤人，一定要提高警惕。一旦被猫、狗、马、猪等动物咬伤、抓伤，应立即挤压伤口排出污血，然后用大量有压力的清水冲洗伤口 15 分钟，然后涂上肥皂轻按 10 分钟，用水冲掉后再用 75% 的酒精或 2% 的碘酒消毒。同时，尽快接种相关疫苗，越早越好，最好不要超过 24 小时。

案例分析：驴的行为异常受到很多因素影响，驴攻击人是否都可以理解为非主动的呢？我认为是这样的。驴肯定有领地意识，陌生人侵犯驴的领地，驴一定会保护领地，这是生存本能。

这是一头公驴，经常交配。交配中驴之间也是有攻击性的。在家畜中，配种员被公畜攻击比较普遍，几乎每一个配种员都经历过。

本案例中，老郑被公驴攻击不是偶然。第一，老郑身上一定有自己家驴子的气味儿，已经吸引了公驴。第二，老郑在公驴附近逗留（等候）时间过长，已经被警告，但是老郑没有发现。第三，黑夜里，驴的攻击性加强了。驴攻击人不会预先鸣叫警告，而是通过静止、静默、眼神警告，很多动物都是这样，然后发起突然袭击，一击致命。不要认为驴是吃草的，不会攻击其他动物或者人。

案例 2：倔驴一口咬掉 28 岁主人半边嘴唇[①]

在法库农村老张的眼里，儿子伤得实在太“寸”了，以致不得不到医院“整形救治”。2014年7月7日，分析这例被驴咬伤的意外事件，与天热有关，不排除家驴天热情绪烦躁，和桑拿天里猫狗咬人一样。

受伤的小张今年 28 岁，是老张的儿子。咬伤他的是自家毛驴，平时很温顺，不知为何，3 日那天性情大变，连咬小张几口。如果不是家人及时发现，用大木棍打它，小张的脸恐怕都会保不住。

1979 年格林纳达邮票——驴很气愤，迪士尼高飞骑驴
（突泉县农耕民俗博物馆藏）

昨日，老张回忆儿子挨咬过程，仍旧不解，连说几个“吓人”。原来，咬伤人的毛驴在张家养了三四年，平时挺温顺，还帮着干农活儿。事发那天，大概是 17 时，小张像往常一样去给毛驴喂草料。老张在屋里忙活，听到一声惨叫，等跑出来时，眼前的情景把大家吓傻了。小张躺在地上，前胸、脸上全是血，驴嘴巴正叼着小张的脸，小张的右胳膊血肉模糊。

来不及多想，老张操起驴棚里的家什拍向毛驴，这才把儿子从驴嘴里救出来。

小张随后被家人送往当地医院救治，随后又被转院至原沈阳军区总医院。小张右嘴角下方到人中，几乎 2/3 的嘴唇被咬下来，只剩下左侧嘴角的皮肤连着，胳膊上面约 10 厘米长的一块皮也被咬下来。这属于典型的撕脱伤，鼻中膈撕裂，清创处理后，医生们对伤处进行缝合。这里的血管和神经很多，手术难度非常大。随后，又为小张注射破伤风针等。

目前，小张无法开口说话，嘴里还下插一根引流管。看到儿子遭了这份罪，老张很心痛，“活了大半辈子，从来没听说有驴咬人的，怎么回事呢”？不仅老张奇怪，村里人也在纳闷，大伙都说，是毛驴饿了，要吃东西。

案例分析：驴攻击主人，情况更加复杂，用人的思维说就是“清官难断家务事”，这就是我们说的“驴子的记忆”，能够排除驴子蓄意报复吗？您家的毛驴是不是记仇了，而且不服从领导。养狗人有一个说法“狗护食”，难道驴子不护食吗？

驴行为异常受到很多因素影响，驴攻击人永远可以理解为“驴与人的互动”。驴不仅有领地意识，陌生人侵犯驴的领地，驴一定会保护领地，驴还有保护食物的生存本能，不仅对人，就

① 李靖．给驴喂草　倔驴竟咬掉 28 岁主人半拉嘴唇［N］．沈阳晚报，2014.07.08.

是对同类，也有抢夺、保护食物的行为。

当然，夏季高温会导致驴焦虑不安，饥饿和干渴感觉增强，再加上长时间缺少水和草料……所以夏季更应该少添勤喂。饲养员做得不好，驴会用行为表达出来，包括攻击主人，尤其是成年驴。

多从我们自身寻找动物攻击人的原因，也许是最接近答案的思路。

案例 3：5 岁男孩眼睛被毛驴踢伤！①

《辽沈晚报》报道，2019 年 1 月 20 日下午，内蒙古自治区通辽市奈曼旗一名 5 岁男孩被毛驴踢伤了左眼，瞬间鲜血直流，血肉模糊。

当时孩子正在奶奶家玩儿。奶奶帮着邻居家去牵毛驴，他就跟着去了，当时也没注意到他。结果毛驴不知道受了啥刺激，开始尥蹶子，孩子个子小，正好踢到了眼睛上。毛驴那劲儿多大啊，孩子眼睛当时全是血，以为眼睛肯定保不住了。当地的卫生院没条件，连破伤风针都没打，只简单包扎了一下，赶紧带孩子去沈阳看病。

1971 年民主德国邮票——格林童话 勇敢的毛驴布勒门的音乐家
（突泉县农耕民俗博物馆藏）

孩子眼睛肿得睁不开，医生用棉签小心翼翼地翻起孩子的眼皮，在医生的示意下，孩子在眼底灯前不断地转动眼球，用受伤的眼睛看着视力表，稚嫩的小手一次次缓缓地抬起、放下……

最终经急诊眼科医生缜密的检查，初步诊断孩子的眼球没有事，眼睑撕裂长达 5 厘米，需要缝合处理，打破伤风针，密切观察。孩子经过缝合，又进行了脑部检查，情况已经平稳。

案例分析：被驴踢和被驴咬是经常发生的，只是没有本案例这么严重，一般被驴踢不是新闻。这个案例中驴的行为也不是异常的，而是正常的。孩子、奶奶都是陌生人，奶奶牵着驴，小孩子也靠近，驴感到危险、紧张，转动身体，本能地做出防卫行为，当时的情况在新闻的三言两语中就会感受到混乱，受到很多因素影响，驴攻击人是非主动的。

---

① 通辽一位五岁男孩眼睛被毛驴踢伤，情况危急！[EB/OL].［2019-01-23］. http://www.sohu.com/a/291031412_120053534.

驴的领地被侵入，早就时刻准备反击了，这时孩子在正后方或者侧后方走进驴可以攻击的距离和方位，小孩儿躲闪不及就被踢伤了。驴是聪明的，被驴踢了，你才会感到驴是狡猾的，但是有驴主人在的时候，驴往往会很温顺、安静。畜牧兽医人员往往要求家畜的主人来看护家畜，原因就在这里。

突泉所处的大东北是中国最大的养驴区域

一方面，驴欺生；另一方面，驴子也有很强的记忆，而且持久，甚至顽固。

近些年来，中国养驴业转型发展，很多从没有养过驴的人开始养驴，都属于“新人”，所以，人被驴伤到的新闻也多起来了。

我找到的这 3 个案例都是近年来驴产业兴旺的地区，公主岭市在吉林长春西边，法库位于辽宁省沈阳市北部，内蒙古通辽市奈曼旗，形成一个三角地区，不是偶然的。辽西蒙东大东北是中国养驴聚集区。

驴脾气就是驴的行为学，是一门很有趣的新学科。人类可以改变驴，家畜就是从野生到家养的漫长驯化过程的产物，但是，最简单、最快捷的办法是改变人类自己，力量向内指向我们自己，减少我们被伤害的机会，连同我们的无知一起消灭。当人们摸准了驴脾气，不仅不会被驴伤害，而且会感到驴的智慧和可爱。

（2019 年 5 月 26 日）

驴知世上路

——刘亮程虚虚实实的驴车景观[①]

《中国国家地理》新疆专辑
（突泉县农耕民俗博物馆藏）

国家统计数据显示，2018 年年末新疆驴存栏量达 14.77 万头，而 2014 年末是 85.71 万头，2000 年年末是 125.94 万头。刘亮程的世界有很多奇幻的驴，但是这些玄幻还是来自新疆成千上万的新疆驴的命运，还有几千年虚虚实实的人建构在毛驴之上的生活。这篇文章把他的小说创作实实地串了起来……

在广袤的塔里木盆地，3000 多年来形成的独特的驴车景观正在逐渐消失，取而代之的是各色的农机，如拖拉机、摩托车、三轮车，还有小汽车。

在刘亮程的记述里，维吾尔族大叔戴着做工精细的帽子，肩头扛着坎土曼，赶着驴车走在乡间小路上；农妇坐在毛驴车上，怀里抱着孩子，双腿晃晃悠悠，头巾飘动。随处可见这新疆独特的风景。

一、通驴性的书

长篇小说《凿空》中有一群即将被机动车替代的驴，在那个被石油井架包围的南疆阿不旦村，路上的驴蹄印比人的脚印多，蹲下看驴腿比人腿多，村庄的一半是驴的，一半是人的。从远处听村里只有驴叫，走近了才能听见人声。村庄的所有声音笼罩在驴叫声里。驴一直用叫声

① 刘亮程．驴知道世界上的路［J］．美文，2014（01）：7-11.

抗议机器的到来，第一台链轨拖拉机进村时驴跟在后面叫，胶轮拖拉机进村时驴跟在后面叫，小汽车和三轮摩托车进村时驴跟在后面叫，驴见不得比自己声音大的东西。驴与这些外来的机器比叫声，比了几十年，驴逐渐没声音了。驴的末世已好久没听到一声驴叫了。

《捎话》中有一头浑身刺满佛经，从于阗往喀什长途传送经文的驴。那时喀喇汗王朝和于阗国正进行着长达百年的战争，人和马大量损失，驴在一旁干农活，驮运柴禾谷物，斜眼看人打仗。骑驴打不成仗，驴不会像马一样为人冲锋陷阵。驴遇事退缩。那是千年前的毛驴。我在龟兹佛窟壁画上看见过更早的毛驴，被一个听经的农夫牵着，偏头侧耳，和人一样虔诚用心，模样也与现在的毛驴一样，叫声肯定也一样，驴没有改过口音，变化的是人。

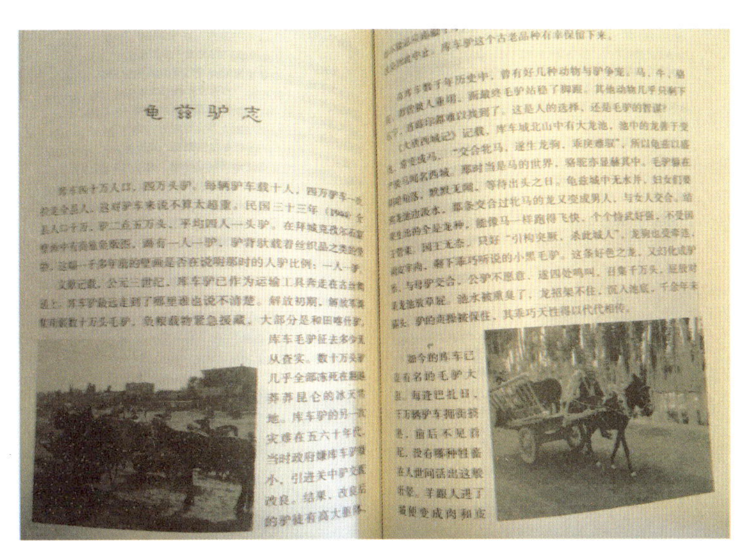
龟兹驴志

龟兹驴志（突泉县农耕民俗博物馆藏）

在新疆，写作总是绕不过驴，写着写着，就写到驴那里。刘亮程自认是一个通驴性的人，懂得驴，看一眼就知道驴想什么。“驴鬼得很”，生活数千年来被人反复地想过，也被驴反复地想过。驴的想法可能在它高亢的鸣叫里。写过《通驴性的人》《驴车上的龟兹》，写过《龟兹驴志》，是驴的末世遗书。以后大地上看不见驴时，人会在书里看。当然，驴不会走到那一步，驴有脑子。人也会多少想点驴的事。驴和人是一根缰绳两头的动物，有时人牵着驴走，有时驴牵着人走。人去过的地方驴都去过。驴知道这个世界上的路。驴也知道世上已经没有驴走的路了，卸磨杀驴，人不需要驴了。

二、北疆驴少

北疆农村的驴没啥地位，属于大牲口里的小牲口，驴与牛、马、羊、猪生活在一起。赶马车、赶牛车的都看不起赶驴车的。北疆村庄多为汉人，村里也有几户哈萨克牧民，哈萨克牧民只骑马，不骑驴。种地的汉人也喜欢骑马，拉运用马车和牛车，马车跑得快，牛车能负重，驴没正经事干，养的也就不多。

巴扎里不计其数的毛驴车在主人的驱赶下穿梭在川流不息的人群中。巴扎旁边干涸的河床里更是云集着上百辆歇息的毛驴车。村里的驴就不多，家里没养过驴。但写得最多的是驴，喜欢驴，也有驴缘，到哪儿都能碰到驴。

2000年9月，沿天山北坡走北疆，是丝路北道，在伊犁察布查尔县的苞谷地里碰到一头驴。它老远就扭头看，一直看到走近，又看人走过田埂。中午，太阳暴晒，村里人都睡午觉，大片成熟的苞谷地里拴着头驴，成了田野的主人，人突然走来让它觉得可疑。人被它看得不自在。走出田地进村，还感觉仿佛背后跟着那头驴。

《中国国家地理》新疆专辑
（突泉县农耕民俗博物馆藏）

驴在北疆是孤独的，没活出啥样子。驴只是作为骂人的一个字，比其他牲口更多地出现在乡村语言里：犟驴、驴抬下的、牲口毛驴子、驴前马后、驴唇不对马嘴、驴样子。人为啥拿驴骂人，却很少用其他牲口？这是因为驴的某些秉性像人。驴眼睛看东西像人一样若有所思，驴倔强起来也与人一样。人在驴身上看见了自己的样子和德性。驴成了一面照人的镜子。更多时候驴又是人出气的工具，鞭抽、棒打、脚踢都没事，驴皮实。

三、驴最累

2000年10月，走到英格堡，那里是天山的一个重要豁口，从古到今人们都从那里进出。庄稼已收获完，村边的苞谷茬地里，牛、马、羊、猪、驴和骡在吃草撒欢，几个晒太阳的老人坐在西墙根，边聊天边看牲口。一头公骡在地边“调戏”一头小母驴。公骡仗着身架高大，举着黑乎乎的一截子，屡次想爬到小母驴身上去，却不能得逞。小母驴有一绝招，公骡一上去它便将后屁股坐到地上，公骡看上去很无奈，却仍兴致勃勃。

人拿相机偷偷靠近，想拍几张公骡“强暴”母驴的镜头。几头牛和两头公驴在一旁吃草，对眼前发生的事不管不问。快靠近时公骡发现了。或许它以为小母驴的主人来了——它应该知道小母驴的主人，在这个小村庄里牲畜和人肯定全都相互认识。可能黑乎乎的相机被它认成了一块石头，它赶紧离开母驴几步，装得若无其事，看一眼远处的山，低头啃一口苞谷茬，根本不理人。

公骡“欺负”小母驴，人也不管？牲口事，管它干啥？那牲口也不管。那几个大牲口应该过去管管。至少，那两头公驴应该过去管管。总不能眼看着一头小母驴被骡子“欺负”。人们全笑了，眼睛怪怪地看。

那这些牲口中谁干活最多、最累？人最累，还得养牲口。除了人，驴最累吧。驴想事情，你看它边吃草，边侧耳听人说话。它操心人的事情。有时在地里吃着草，突然一蹦子跑回村里，凑到人群跟前，悄悄地听上一阵，突然一阵鸣叫，发出不同的声音。

四、多驴大县

一生都不能忘记库车的驴。它们太多了，到处都是。尤其库车的万驴巴扎，万辆驴车首尾相接。每逢周五，驴车从远近村镇拥向老城。田地里没人了，村子里空了，全库车的人和物产集中到老城街道上。街上盛不下，就拥到河滩上。库车河水早被挤到河床边一条小渠沟里，驴车成了汹涌澎湃的“潮水”，每个巴扎日都把宽阔的河滩挤满。

2000 年，库车全县 40 万人口，4 万头驴。库车 4 万辆驴车，每辆载 10 人，一次就能拉走全县人。这对驴车来说不算太超重。《县志》记载，民国三十三年 (1944) 库车人口 10 万，驴 2.5 万头，平均 4 人一驴。在克孜尔石窟壁画中有《商旅负贩图》，画有一人一驴，驴背驮着丝绸之类的货物，这幅 1000 多年前的壁画说明那时是一人一驴。

至少在公元 3 世纪，驴已作为运输工具奔走在古丝绸之路上。驴最远走到了哪里谁也说不清楚。中华人民共和国成立初期，解放军调集南疆数十万头毛驴负粮载物紧急援藏，大部分是和田喀什驴，数十万头驴几乎全部冻死在翻越昆仑山的冰天雪地里。

南疆驴的另一次灾难在 20 世纪五六十年代，当时政府嫌当地驴矮小，引进关中驴交配改良。结果，改良后的驴徒有高大躯体，却不能适应南疆干旱炎热的气候，更不能适应干旱田野的粗杂草料，改良因此中止。南疆黑毛驴这个古老品种有幸保留下来。

库车还是全疆有名的毛驴大县的时候，每逢巴扎日，千万辆驴车拥街挤巷，前后不见首尾，没有哪种牲畜在人世间有这般情景。羊跟人进了城便变成肉和皮子，牛牵到巴扎上也是被宰卖，鸡、鸽子大都有去无回。只有驴跟人一起上街，又一起回到家。虽然也有驴市买卖，只是换个主人。维吾尔族禁吃驴肉，也不用驴皮做皮具，

《中国国家地理》新疆专辑
（突泉县农耕民俗博物馆藏）

驴可以活到老。驴越老，就越能体会到自己比其他动物活得都好。

库车的 4 万头毛驴中有 3 万头在老城巴扎上，1 万头奔走在赶巴扎的路上。一辆驴车就是一个家、一个货摊子。男人坐在辕上赶车，女人、孩子、货物全在车厢上。车挨车、车挤车，驴头碰驴头，买卖都在车上做。

库车的物产大多就装在驴车上，不停地在全县转。从一个乡到另一个乡，从一个巴扎到另一个巴扎，把驴蹄子都跑短了。半麻袋黄瓜转上两个巴扎都卖不完，剩下的只能喂驴了。那时的库车看上去就像一辆大驴车，被千万头毛驴拉着，慢悠悠地走，没啥着急的事情。

五、驴掌七八块钱

还记得在库车阿斯坦街紧靠麻扎的一间小铁匠房里，95 岁的老铁匠尕依提打了 70 多年的驴掌，多少代驴在他的锤声里老死。尕依提的眼睛好多年前就花了，他戴一副几乎不透光的厚黑墨镜，闭着眼也能把驴掌打好，在驴背上摸一把，便知道这头驴有什么样的蹄子、用多大号的掌。

他的两个儿子在隔壁一间大铁匠房里打驴掌，兄弟二人又雇了两个帮工，一天到晚生意不断。大儿子一结婚便与父亲分了家，接着二儿子学成手艺单干，剩老父亲一人在那间低暗的小作坊里摸黑打铁。只有他俩知道，父亲的眼睛早看不见了，当他戴着厚黑墨镜，给那些老顾客的毛驴钉掌时，他们几乎看不出尕依提的眼睛瞎了。两个儿子也从没把这件事告诉任何人，如果让人知道了，老父亲就没生意了。

尕依提对毛驴的了解已经达到了多么深奥的程度，他让我这个自以为“通驴性的人”望尘莫及。他见过的驴比我见过的人还多呢。

早年，库车老城街巷全是土路时，一副驴掌能用两三个月，与人穿破一双布鞋的时间差不多。现在街道上铺了石子和柏油，一副驴掌顶多用 20 天便磨坏了。驴的费用猛增了许多。钉副驴掌七八块钱，马掌 12 块钱。驴车拉一个人挣 5 角，拉 15 个人驴才勉强把自己的掌钱挣回来。还有草料钱、套具钱，这些挣够了才是赶驴车人的饭钱。可能毛驴早就知道辛辛苦苦干活也是在给自己挣钱。赶车人只挣赶车钱，车的本钱还不知道找谁算呢。

六、驴不计较草料

老城里的驴车户，草料都得买，1 千克苞谷 8 角钱，贵的时候 1 块多。湿草一车十几块，干草一车二三十块。苜蓿要贵一些，论捆卖。不知道驴会不会算账。赶驴车的人得算清楚，今年挣了多少、花了多少。

《中国国家地理》新疆专辑——尘土飞扬的驴车队伍
（突泉县农耕民俗博物馆藏）

老城大桥下的宽阔河滩是每个巴扎日的柴草集市，千万辆驴车摆在库车河道里。有卖干梭梭柴的，有卖筐和岌岌扫帚的，再就是卖草料的。买方和卖方都赶着驴车，有时一辆车上的东西搬到另一辆车上，买卖就算做成了。也有卖不掉的，一车湿草晒一天变成蔫草，又拉回去。

驴跟着人在集市上转，驴看上的好草人不一定会买，驴在草市上主要看驴。上个巴扎日看见的那头白肚皮母驴，今天怎么没来？可能在大桥那边，堆着大堆筐子的地方。驴忍不住叫一声，那头母驴听见了就会应答。有时一头驴一叫，满河滩的驴全起哄乱叫，那阵势可就大了，人的声音都听不见了，耳朵里全是驴声，买卖都谈不成。人只好各管各的牲口，驴嘴上敲一棒，瞪驴一眼，驴就住嘴了。驴眼睛是所有动物中最色的，驴一年四季都发情。驴性情活泼，与人一样，是懂得享乐的动物。

驴在集市上看见人和人讨价还价，自己也与别的驴交头接耳。拉了一年的车，驴在心里大概也会清楚人挣了多少，会花多少给自己买草料，花多少给老婆、孩子买东西。人有时花超了，钱不够了，会拍拍驴背说："哎，阿达西(朋友)，钱没有了，苜蓿嘛就算了，拉一车干麦草回去过日子吧。"驴看见人转了一天，也没吃上抓饭、拌面，只啃了一块干馕，也就不计较什么了。

七、库车老城驴拥子

库车老城的每条街、每条巷子都有钉驴掌的铁匠铺。做驴拥子、套具的皮匠铺在巷子深处。皮匠活儿臭，尤其熟皮子时气味更难闻，要躲开街市。牛皮套具依旧是库车车户的抢手货，价格比胶皮腈纶套具都贵。尽管后者好看，也同样结实。一条纯牛皮拌卖 20 块、25 块钱。胶皮车拌顶多卖 15 块。这是十几年前的价格。街那头，拐过去那条小巷子里有个做驴拥子的买买提，做一个驴拥子能喝掉两瓶酒。他的驴拥子顶多能换回酒钱。所以，做了大半辈子皮活儿还是个穷光蛋。

他做驴拥子时，酒瓶子、酒碗放在身边，缝几针，喝一口。一柞长的大铁针，穿上鞋带一般粗的皮条线，针用得发烫了就伸进酒碗里蘸一下。买他的驴拥子根本不用看，凑上去闻一下，一股酒香气，压过皮子的膻臊味。这样的拥子驴也爱戴，人自然喜欢买。有趣的是，买买提酒喝得越多，皮活儿做得越细。两瓶酒下肚，身子不晃，手不抖，针脚走得又匀又细，驴拥子上的酒香味儿也更足。人们给他的外号叫“肖旁”(酿酒房)……买买提肖旁。

那时的库车老城，传统手工制品仍享有很高地位。那时人天真地认为，这些手工艺品不会退出街市，就像他们用惯的小黑毛驴，即使整个世界的交通工具都用 4 个轮子了，他们仍会用这种 4 只小蹄的可爱动物。现在的库车老城里仍旧有手工打制的东西在卖，尽管没以前多了，还是有人在用这些老东西过日子。工厂制造的不锈钢饭勺 3 块钱一把，老城人还是喜欢买五六块钱一把的铜饭勺。这些手工制品又厚又笨，却经久耐用。维吾尔族人对铜有特别的喜好，他们信赖铜这种金属。手工打制的铜壶 80 元、100 元一只，比铝壶贵多了，他们仍喜欢买。尽管工厂制造的肥皂换了无数代，库车老城的自制土肥皂，扁圆的，3 块钱一块，满街卖的都是。

八、养驴的好处

毛驴是最好的生活帮手，好养活，一把粗杂饲草喂饱肚子，能跟穷人一起过日子。驴极少生病，跟沙漠里的梭梭柴一样耐干旱。驴体格小，前腿腾空立起来比人高不了多少，对人没有压力。常见一些高大男人骑一头比自己还小的黑毛驴，“嘚嘚嘚”从一个巷子出来，驴屁股上还搭着两褡裢(布袋)货物，真替驴的小腰身担忧，驴却一副无所谓的样子。驴被骑一辈子也不会成罗圈腿，它的小腰身夹在人的两腿间大小正合适。不像马，骑着舒服，跑起来也快，但骑久了人的双腿就顺着马肚子长成括弧形了。

在南疆，常见一人一驴车，行走在茫茫沙漠戈壁。前后不见村子，一条沙石小路撇开柏油大道，径直地伸向荒漠深处。不知那里面有啥好去处，有什么好东西吸引驴和人，走那么远的荒凉路。有时碰见他们从沙漠出来，依旧一人一驴车，车上放几根梭梭柴和半麻袋疙疙瘩瘩的东西。一走进村子便是驴的世界，家家有驴。每棵树下拴着驴，每条路上都有驴的身影和踪迹。尤其一早一晚，下地和收工的驴车一长串，前吃后喝，你追我赶，一幅人驴共世的美好景观。

《龟兹驴志》记载，库车（南疆）小毛驴保留着驴的古老天性，它们看上去是快乐的。撒欢、尥蹶子、无所顾忌地鸣叫，人驴已经默契到好友的地步。幽默的维吾尔族人给朝夕相处的小毛驴总结了 5 个好处：①不用花钱；②嘴严，和它一起干了啥事它都不说出去；③没有传染病；④干多久活它都没意见；⑤你干累了它还把你驮回家去。

毛驴从一岁多就开始干活，一直干到老死，毛驴从不会像人一样老到卧床不起要别人照顾。

驴老得不行时眼皮会耷拉下来，没力气看东西了，却还能挪动蹄子，拉小半车东西，跑不快，像瞌睡了。走路迟缓，摇晃着，人也不再催赶它，由着它的性子走，走到实在走不动，便一下卧倒在地，像草棚塌了。驴一卧倒，便再也起不来了，顶多一两天就断气了。

驴的尸体被人埋在庄稼地或果树下面，这片庄稼或这棵果树便长势非凡，一头驴在下面使劲儿呢。尽管驴没有坟墓，但人在多年后都会记得这块地下埋了一头驴。

《驴车上的龟兹》插图
（突泉县农耕民俗博物馆藏）

九、驴车路上恋过去

南疆的乡道大都很窄，路两旁白杨林立，刮乱风时树梢在空中打在一起。这些以前只有驴车行走的绿荫乡道，现在被汽车、三轮车、摩托车霸占，只有路两旁靠近林带没铺柏油的地方供人和驴车行走。窄窄的一米或半米宽的路，汽车超车时轮子会辗在上面，赶路人常被挤到林带里。那些驴车谦卑地靠着路边走，一只车轮轧在没铺柏油的路边上。即使赶车人睡着了，毛驴也知道靠着路边一直走回家去，而不会随便跑到路中间与汽车争道。毛驴有点害怕汽车，它不知道藏在铁壳子里面的那个牲口是啥样子，咋这么有劲，跑起来这么快。

每次到南疆都要坐一坐驴车，那是祖先坐过的车。现在的人们还能坐在上面，这是多么幸福的事。坐在驴车上他会想过去的事情，坐在汽车上只想现在。驴车和老城是我们的过去，人们想看见自己的过去。正快速到来的未来似乎并不能完全地吸引我们，人对自己没到达的未来不太放心，在心理上人们需要保留一个完整的过去。万一未来出了问题，我们还能够回去，就像汽车坏了我们还有毛驴车可坐。

“哎，朋友，你的家在哪里，要不要坐毛驴车回去？”在南疆车流来往不息的现代公路旁，总有一些毛驴车边拉着木头草料，干着它们的活儿，边等着那些屁股冒烟的铁家伙出麻烦无法修好，然后毛驴车则慢悠悠赶过去。

十、赶驴接飞机

十几年前，一次次地来到库车。“我是来看驴和驴车的。”刘亮程对库车宣传部部长说。当时的库车县正在实施“一黑一白”的经济战略，所谓“一黑”就是地下的黑石油，“一白”就是地上的白棉花。我说库车的资源优势不是“一白一黑”，而是“二黑”：地下的黑石油和地上的黑毛驴。我希望当地下的黑石油采完时，地上的黑毛驴还在，这是库车人最后的财富。

他给县委书记提议，把库车老城建成一个驴车城。库车新城不让毛驴和毛驴车进入。那老城可以不让汽车进入。让所有到老城的人乘驴车，给驴车户创造生意，让赶驴车的人与开汽车的人挣一样多的钱。我还提议在库车飞机场设驴车接机站，让那些游客下了飞机直接上驴车，一步踏入“千年龟兹”。可是，当地实行的政策是用三轮车替换毛驴。经过 10 多年政府的力促，前年去库车，老城街上已经少见毛驴和驴车了，取而代之的是那种电动或汽油的三轮摩托。当地的农民也喜欢三轮摩托车，摩托车跑得比驴车快，经济效益比驴车高。另外，三轮车不需要用驴圈。

2007 年的《驴车上的龟兹》二手正版书价格居然翻了好几倍
（突泉县农耕民俗博物馆藏）

让人欣慰的是，还有很多人把驴和驴车留在了家里，许多人还依赖毛驴，他们依然喜欢在院子里停着驴和驴车，而不是三轮车。三轮车没有生命，不会与人说话，不会用眼睛看人。毛驴会，干完一天活儿回来，拴在院子里，家人进进出出，毛驴的眼睛在看，呼吸在感应，耳朵在听，这样一个生命如果突然从生活中消失，好多人会不舍，会挽留。在库车乃至南疆，好多人在用各自的形式挽留毛驴，不让它从生活中消失。

十一、一天驴 300 块，人 100 块

2013 年 8 月 10 日，刘亮程骑马去拜谒东天山主峰博格达，又遇到一头驴，相处了整整两天。马队中最招人眼的却是一头黑毛驴，它背上高高地绑着一个大袋子，左右各吊着一个大袋

子，比马驮得还多，走起路来一摇一晃。几匹托运东西的马都有人牵着，那头驴没人牵，自个儿走。

毛驴一会儿走在最前面给人们带路，一会儿夹在马队中间。驴主人是位壮实的哈萨克族人，他说这头驴今年已经上了 5 次博格达了，驴知道去博格达的路。上一次是跟科考队的人一起上去，他们有好多设备，那些大箱子马都不驮，绑在马背上马不敢走，只能全让驴驮。

驴驮一天东西给多少钱？ 300 块，与马一样。那人呢？一天 100 块。一直骑马跟在毛驴后面，觉得跟着驴走可靠。用手机给它拍了好多照片，出山后发在微博上。中午休息时，跟驴交流了一会儿，顺毛摸它的脖子，它用嘴拱人的胳膊。它认识人，知道人一直跟着它。

在博格达峰下祭祀，祭酒、献帛、诵祭文。我们做这些时，几个随团服务的哈萨克族人牵马在一旁坐着，毛驴背上驮 3 袋子重物，站在祭祀队列旁边。大家行礼注目仰望时，毛驴的头也抬了起来。那一刻，博格达峰雄伟地耸立在一行人和一头驴的眼睛里。

在刘亮程的记述里，似乎故意模糊时间，查不到这是哪一年，姑且推测。对于人类情感而言，有时候时间不重要，有时候时间又比什么都重要。驴文化也是如此。

突泉驴友与驴文化

——突泉驴志

人类文化是从无到有的，是人类的创造，是人工环境和人工生态。驴文化也是如此。但是，我们如果没有足够的文化自觉，我们是看不到的。

1868 年 3 月，已经 50 岁的马克思给恩格斯写信说：

在人类历史上存在着和古生物学中一样的情形。由于某种判断的盲目，甚至最杰出的人物也会根本看不到眼前的事物。后来，到了一定的时候，人们就惊奇地发现，从前没有看到的东西现在到处都露出自己的痕迹。[①]

突泉驴文化是伴随着突泉人民的生活、生产若隐若现地存在于突泉的历史和现实中，我们要有文化自觉才会看到这些宝贵的灿烂文化遗产。

突泉是突泉人的突泉，突泉是兴安盟人的突泉，突泉是内蒙古人的突泉，突泉是中国人的突泉，突泉是亚洲的突泉，突泉是世界的突泉，突泉是宇宙的突泉……

本篇“突泉驴志”中各文在短时间草就，实属抛砖引玉，恳请大家批评。

① 马克思．马克思恩格斯选集．第四卷［M］．北京：人民出版社，1995：579.

千年驴子到突泉

——突泉“春州”考

突泉的辽朝古迹较多，据此推论，1000年前驴子是来过突泉的，并来到了春州。但是1000年之后，人们似乎已经找不到一丝痕迹。

突泉位于大辽境内

春州，一个美丽的名字，据说，春州就是突泉。我到了突泉，第一次问路，就有老者指给我“春州广场”。春州城市广场夜景亮化工程位于内蒙古突泉县县政府西侧，大约位于突泉的中心，夜晚看到光影效果，很醒目。网上有一段文字：

> 1112年二月十日天祚帝赴春州（故址在今内蒙古突泉县突泉镇西北约60千米的宝石镇境内），召集附近女真族的酋长来朝，宴席中醉酒后令诸位酋长为他跳舞，只有完颜阿骨打不肯。天祚帝不以为意，但从此完颜阿骨打与辽朝之间不和。1117年，女真攻春州，辽军不战自败。这年完颜阿骨打自称皇帝，建立金朝，改元收国。

说得这样详细，反而就看出来不对了。这个春州周围是女真族的地方。辽朝女真族分布范围较广：南起鸭绿江、长白山一带，北至黑龙江中游，东抵日本海。突泉的前身为辽宋金“三国”时期的春州。春州—醴泉—突泉—醴泉—突泉。可惜历史文献记录是混乱的。春州在历史上有“唐春州”“辽春州”“长春州”之分。

唐武德四年（621 年），置春州，州治阳春县（在今阳春市区），春州领阳春、流南二县。隶属岭南道。一晃几百年，宋开宝五年（972 年），撤销春州，阳春、罗水、流南三县改属恩州。次年，复置春州，春州领阳春、铜陵二县。大中祥符九年（1016 年），撤销春州，阳春县改称新春县，属新州辖。天禧四年（1020 年），再复春州，新春县复称阳春县，春州领阳春、铜陵二县。熙宁六年（1073 年）废春州，把铜陵县并入阳春县，阳春县属南恩州。

“辽春州”的另一个形态是“长春州”，简称“春州”。辽重熙八年（1039 年）置。治所在长春（今吉林乾安北）。辖境相当今以吉林查干湖为中心的嫩江、松花江以西及洮儿河下游一带。金天德二年（1150 年）废。《辽史》中大量的“春州”是长春州之简称。《辽史·道宗纪》：“清宁五年 (1059 年) 春，如春州。”《天祚皇帝纪》：乾统三年 (1103 年) 正月，“如春州”。《金史·太宗纪》：天会元年 (1123 年)，“发春州粟，赈降人之徙于上京者”。此“春州”皆似为“长春州”。

辽代，辽圣宗春季“捺钵”时，在今突泉县宝石镇宝城村建春州城，不久设置为观察州，春州管辖蛟（交）流河和大、小额木特河等流域。县境域在上京道临潢府（今赤峰市巴林左旗林东镇南郊）辖境内，为辽代边关要地。

“捺钵”是契丹语音译词，指“皇帝行走中的宫殿”，营寨、行宫、行营、行帐。“捺钵”在形式上是契丹皇帝传统的渔猎活动，谓“四时钵”，“春水秋山，冬夏捺钵”。而契丹人世代过着“畜牧畋渔以食，皮毛以衣，转徙随时，车马为家”的游牧生活，引申意义的“捺钵”已成为国家政体的一种规制，政治上是宣示主权和巡视领地。契丹皇帝捺钵出行，常常携带文武百官、皇妃宫女，威仪浩荡，“住坐”长达数月之久。捺钵同时临朝听政，接见外国来使，举办“鹅头宴”“鱼头宴”，其“捺钵”行宫牙帐与王都大内实际已无太大区别。“四时捺钵”中只有“春捺钵”是在女真居地即今吉、黑两省交界进行，夏、秋、冬三季“捺钵”是在今内蒙古赤峰市巴林左旗、巴林右旗和西拉木伦河、老哈河流域。

《辽史》二十五卷·本纪第二十五·道宗五：夏四月壬寅朔，惕德萌得斯、老古得等各率所部来附，诏复旧地。甲辰，驻跸春州北平淀。丙午，乌古部节度使耶律陈家奴奏讨茶扎剌捷。庚戌，以知北院枢密使事耶律斡特剌为都统，夷离毕耶律秃朵为副统，龙虎卫上将军耶律胡吕都监，讨磨古斯，遣积庆宫使萧纠里监战。辛亥，朽哥奏颇里八部来侵。击破之。己巳，除玉田、密云流民租赋一年。《辽史》卷二十六·本纪第二十六·道宗六：辛未，宋遣使来馈锦绮。三月庚午，幸春州。丙子，有司奏黄河清。

“春捺钵”一条路线是从今内蒙古赤峰市巴林左旗“上京”出发，由乌尔吉木伦河左岸转右岸，东行到阿鲁科尔沁旗和乌力吉木仁，再北上到突泉"春州"双城辽古城，然后沿洮儿河到程四家子古城（白城市洮北区南德顺乡），最后来到查干湖西南（今乾安县境内）。[①]如果为了"春游"，这不是什么好的路线，如果是宣示主权和巡视领地，那么是非常适宜的。突泉"春州"双城辽古城到查干湖只有250千米左右。

"突泉春州"距离辽上京仅有300公里

"辽春州"另外一个形态就是突泉"春州"，辽置，金废，故址在今内蒙古突泉县突泉镇西北约60千米的宝石镇境内。《探寻兴安历史文化》（钱玉成）记载：春州是辽代皇帝"捺钵"的一个重要地区，也是辽代的投下州。在春州古城内出土过铁器、瓷器等文物。另外，突泉县境域内出土的辽代文物还有陶罐、铜镜、鸡冠壶等。辽代，突泉县境域在上京道临潢府辖境内。辽圣宗年间（983—1031年）建春州城，不久春州被设置为观察州，辖蛟流河和大、小额木特河等流域，从此，突泉始有政权设置，为辽代边关要地。

据《兴安盟志》记载，双城子辽代古城遗址就是当时的辽国春州城。张柏忠、孙进已的《辽代春州考》(载内蒙古文物考古》1981年创刊号)：春州的旧址就在现在的突泉县双城子附近。

最有力的证据是巴日哈达洞壁题记。巴日哈达洞位于科尔沁右翼中旗吐列毛都镇海林嘎查查干艾里北35千米处。洞内共有汉文、契丹文和蒙古文摩崖题记12处，其中有一处内容涉及纪年，是汉文与契丹文刻写的一行字："大康三年四月十三日"。"大康"是辽道宗耶律洪基的年号，大康三年1077年（为公元）。还有一处内容涉及地理位置，也是用汉文与契丹文刻写的一行字："大今(金)国女(女真)春州北七十里……"以此推算，此处北70里应是春州城，恰好是宝石镇双城子附近。

双城子古城城址向北走5000米左右，便到达了蛟流河的上游。由古城城址向西走500米，眼前便是蛟流河。河岸上散布着辽金时代的陶瓷片、石臼等。双城系指南北两座城。南城小，为外城；北城大，为内城。两城中间有一道墙，把内城与外城隔开，墙上只有一道门与内外城相通。外城和内城皆为正方形，外城边长252米，内城边长336米。城墙高4米，建有角楼4座。两城外有护城墙，每隔约80米有一个镝楼。城内曾出土铁刀、铁蒺藜、青瓷碟、白瓷碗等兵器和生活用具。[②]1125年，金灭辽后，金废春州。考古发现故址在今内蒙古突泉县突泉镇西

① 吉林乾安发现辽代"春纳钵"遗址群_城市联播_新浪网 http://city.sina.com.cn/city/2009-12-15/118678.html。

② 徐东杰，梁君.突泉县辽衰金兴的重要历史见证地——头鱼宴事件是完颜阿骨打起兵反辽的导火索和肇始原因，突泉新闻网-新闻 http://tuquan.nmgnews.com.cn/system/2014/02/21/011412501.shtml。

北约 60 千米的宝石镇境内。金辽之间的仇恨极大，把突泉这个“辽春州”毁灭也可能。突泉“春州”没有继续城市化，而是退回到了荒草遍布的自然。

金代，突泉县境域为临潢府路东北路招讨司泰州辖地，也为金代女真族人边关要地。位于县西北部宝石镇的金界壕遗址又称金长城遗址，是一项规模宏大的古代军事防御工程。目前，还存有辽金时期的学田马站古城、东杜尔基镇西南和平古城、六户镇西南周家屯古城、六户镇东南于家屯古城、六户镇东新立屯古城、九龙乡陈部村古城等遗址。另外还出土了陶盆、铁盆等金代文物。元朝废弃金代边境防哨所，加强中央集权，推行“行省”制，县境域在中书省北部，突泉“春州”变为蒙古族人的重要游牧区。因此，历史上如果这个突泉“春州”确实存在，也很短暂，100 年左右是昙花一现。

然而就是这段时间，一次“春捺钵”，一头毛驴来到了突泉“春州”，只是来了又走了，蹄子踏下的痕迹湮没在历史中。

一、大宋未治突泉

《突泉县志》有一段突泉简史：

在春秋、战国、秦朝时期本县辖地皆属东胡族的活动范围。秦末、两汉、三国、西晋时代，本县辖地在鲜卑族的游牧区内。东晋时期属契丹辖地，南北朝时代属地豆于辖地。隋唐两朝，县境域为霫［xí］族[1]领地。**辽代，在上京道临潢府辖境内，为辽代边关要地。县西北部山区有两座辽代古城遗址。遗址附近出土大批文物，文物多为刀、盔、箭、甲。**金代，境域为临潢府路东北路招讨司泰州卫辖地。元朝，废弃金代边防哨所，加强中央集权，推行“行省”制，本县辖境在中书省北部。明朝，属奴尔干都司，泰宁卫辖地。清代，本县辖境以蛟流河为界，北属扎萨克图王旗，南属图什业图王旗。清光绪三十三年（1907 年）置醴泉镇，宣统元年（1909 年）四月一日置县，均隶属奉天省洮昌道洮南府。民国三年（1914 年）更名，称突泉县。1915 年 11 月改制，称突泉设治局。因撤销府制，隶属奉天省洮昌道。民国十三年（1924 年）恢复县建制，突泉县列为奉天省的三等县，仍隶属于洮昌道。1929 年撤销道制，隶属奉天省。1932 年，伪国务院增设省区，本县由奉天省划出，归龙江省管辖。1943 年划归兴安总省。1946 年 4 月隶属辽吉行署。1947 年 2 月属辽北省管辖。1948 年 10 月，划入内蒙古自治区，隶属兴安盟。1953 年 4 月，撤销兴安盟，归属内蒙古自治区东部区行署管辖。

---

① 霫，中国古族名。隋唐时居潢水（今西拉木伦河）以北，东接靺鞨，西至突厥，南邻契丹，北接乌洛侯。四面有山，以射猎为生。以赤皮为衣缘，妇女衣襟上下悬小铜铃，习俗与契丹相近。其都伦纥斤部落有众 4 万户，兵万余名。唐贞观三年（629 年），其君长遣使向唐朝贡，后迁潢水以南，并于奚。唐末，奚、霫俱附契丹，逐渐融合。

1954 年 5 月，东部区行署撤销，归属呼伦贝尔盟管辖。1959 年 7 月，与科尔沁右翼中旗合并，称科尔沁右翼中旗（驻地突泉镇）。1962 年 3 月，中、突分设，恢复突泉县原建制。1969 年 8 月，归属吉林省白城地区；1979 年 8 月，复归内蒙古自治区呼伦贝尔盟管辖。1980 年 10 月，恢复兴安盟，本县归属兴安盟管辖至今。

突泉在历史上没有大宋这一段，宋朝没有统治过突泉。到了突泉，我才仔细研究了一下，原来宋辽金时期的宋朝从来没有统治过突泉，甚至北京的房山区也没有被宋朝统治过，这是一段很有趣的历史。

突泉经历的朝代

国家	大辽	大宋	大夏	金	元
时间 / 年	916—1125	960—1279	1038—1227	1115—1234	1271—1368
建立	契丹	汉	党项、羌族	女真族	蒙古族
定都	上京临潢府[1]等五京	东京开封府	东京兴庆府（今宁夏银川）、西京西平府	上京会宁府（今黑龙江哈尔滨）	大都（今北京）

突泉可以说是“世外桃源”，辽金元的统治把大宋朝完全遮蔽了过去，宋朝没有直接治理过这里。突然感到灿烂文明的大宋似乎和我没有多大关系。但是怎么可能？感情上还是认同大宋文化的传承。辽金元已然是中华文明不可分割的组成部分。

二、“老驴识途”

我们读的历史是以宋朝为核心的，而大辽连同自己的历史也灭亡了，中华民族天然有“大宋认同”。北宋将领李允则也有驴文化的趣闻。

李允则（953—1028 年），字垂范，太原府盂县人，北宋将领，济州团练使李谦溥之子。允则以荫补衙内指挥使，改左班殿直。太平兴国七年（982 年），受命管理静戎军榷场，后出使河东路、荆湖路，擢阁门祗候。宋真宗初年，迁供备库副使，任潭州知州，到任后大力削减苛捐杂税，减少百姓负担，随后升洛苑副使、沧州知州，组织防御，击退契丹的进攻。随之转任西上阁门副使和镇、定、高阳三路行营兵马都监，镇守东部边境。后来又调任瀛洲知州、雄州知州，迁任西上阁门副使。此后历任四方馆引进使、高州团练使。

天禧二年（1018 年），他以客省使身份知镇州，又迁任知潞州。宋仁宗即位后，领康州防御使。晚年定居京师，天圣六年（1028 年），李允则去世，享年 75 岁。李允则勤政惠民，清正

① 上京临潢府即内蒙古巴林左旗，中京大定府即内蒙古宁城县，东京辽阳府即辽宁辽阳，西京大同府即山西大同，南京幽都府即北京西南的广安门一带。

廉洁，为官多年，却“身无兼衣，食无重羞，不畜资财”，且“平易近人，洞知人情，善抚士卒”，守河北边境20多年，为巩固边防做出了巨大的贡献。

清朝人毕沅（1730—1797年）写的《续资治通鉴·宋纪·宋纪三十四》记载：“上元旧不然灯，允则结采山，聚优乐，使民纵游。明日，侦知辽将欲间行入城观之，允则与同僚伺郊外，果有紫衣人至，遂与俱入传舍，不交一言，出女奴罗侍左右，剧饮而罢，且置其所乘驴庑下，使遁去，即辽之南京统军也。后数日，其人得罪。”

这段资料变成历史故事就是“老驴识途”[①]。宋辽交战，辽国间谍很聪明，装扮成宋人做生意，骑着驴子，带着珠宝，到了镇州，住进旅舍里，李允则命令旅舍老板热情接待，美味佳肴，还找来美女围着侍候，最后间谍一个个酩酊大醉，倒在床上呼呼地打起鼾声。李允则吩咐人把辽国间谍所乘驴放开，老马识途，老驴也具有同样的长处，一路蹄声嘚嘚，跑回去了。证据确凿，李允则马上提出抗议，辽国违背和平协定，竟然派出间谍，探听宋军消息。驴子识途跑回了辽国军营就是明证，于是按照法律，辽国间谍被治罪。

辽与北宋争战的燕云十六州饲养毛驴比较多

三、战败皇帝驴车逃

辽宋战争是围绕争夺燕云十六州展开的，**燕云十六州是**燕州（幽州，辽南京，燕京析津府，今北京）、顺州（北京顺义）、儒州（北京延庆）、檀州（北京密云）、蓟州（天津蓟州区）、涿州（河北涿州）、瀛洲（河北河间）、莫州（河北任丘北）、新州（河北涿鹿）、妫州（河北怀来）、武州（河北宣化）、蔚州（河北蔚县）、应州（山西应县）、寰州（山西朔州东）、朔州（山西朔州）、云州（山西大同）。这一地区，饲养毛驴比较多。

辽朝与宋朝的第一次战争是高梁河之战，高梁河在今日北京的西直门外，还可以找到地址。公元979年（辽保宁十一年，宋太平兴国四年），宋军为夺取幽州（今北京，辽称南京），进攻辽军。五月二十日，宋军从太原分路东进，翻越太行山，二十九日抵镇州（今河北正定），进入河北平原。六月初七，宋太宗赵光义（原名赵匡义，939年11月20日—997年5月8日）调发京东、河北诸州的武器装备和粮秣运往前线。六月十三日，太宗从镇州出发，十九日到金台屯，二十日至东易州[②]之西，过拒马河入辽境。

---

① 余显斌．北宋奇葩将领：要打间谍战，先搭文化台［J］．百家讲坛（红版），2015（2）．

② 当时宋辽各置一易州，西属宋，东易州属辽。

宋军进军神速，辽国易州刺史刘宇、涿州判官刘厚德相继献易州、涿州投降宋军。六月二十三日，大宋军至幽州（辽南京幽都府）城南，光义驻扎宝光寺。辽军城内固守，城外来援，交战互有胜败。宋辽僵持。七月初六，辽将耶律沙大军至德胜口（今昌平德胜口村），宋皇帝督诸路军攻击，辽力战不支而败退。但是，宋军劳师久战攻城，士卒早已疲殆，从中午到夜晚只推进10余里。

黑夜中辽将耶律休哥率军突然手持火把冲杀，宋军不敌退到高梁河防御。耶律休哥一面整饬耶律沙的败军回击，一面率领精锐骑兵左右夹攻宋军。耶律休哥身先士卒，3次受伤还力战不退。幽州城中的辽军又开门杀出，城中军民喊声震天动地。宋军已被辽军四面包围，根本无力抵抗辽军的骑兵猛攻，各军纷纷后退。宋军大败，死亡数以万计，连夜南退，争抢道路，飞奔遁逃，兵败如山倒，溃不成军。

宋君赵光义身中两箭，与护卫军失联，幸亏将军杨业赶来找了一辆运送粮草的驴车，赵光义化装乘坐急速南逃。这小驴车跑得真快，辽军的骑兵也没追上。之所以跑得快，“老驴识途”大概也是原因，驴子早就想回家了。

辽军耶律休哥已经伤重昏过去，不能骑马，左右将领侍卫用轻便战车载着他，并且代他发号施令，继续疯狂追击，直追到涿州城下，缴获兵器、符印、粮草、货币、金银等战利品不可胜数。

七月初七，天亮，太宗皇帝到达涿州城外。当时宋军的败兵还没到，他就绕过涿州城，直奔金台屯，见诸军尚未到达，才敢停住驴车观望。这一次，皇帝确实惊吓得不轻。直到第三天七月初九，光义见诸军仍然未到，派人探问，一问才知道诸军据守涿州，而且正在策划立新皇帝——以为他出了事情，不是被杀就是做了俘虏呢！确实有一说，太宗中箭了。这次皇帝又气得不轻。刚刚四十不惑的青年皇帝，在这一年干了一件糊涂事。

连环画《变驴》
（突泉县农耕民俗博物馆藏）

宋辽战争自979年宋朝北伐开始，终于1004年订立“澶渊之盟”，形成了一系列以争抢燕云十六州统治权的长达25年的战争，最终宋辽双方盟约为兄弟之国，兄弟一家亲啦！

根据宋辽关于驴子的历史

事实推论，1000 年前，小毛驴就来到过大宋也没有统治过的突泉呢！

北京还有一个时期称为燕山府，但极其短暂。宋宣和四年（1122 年），金兵攻占辽燕京析津府（北京市）。1123 年，金按照协议归宋，改为燕山府，领 12 县，其中析津县、宛平县、都市县、昌平县、良乡县、潞县、玉河县、漷阴县在今北京市境内。1125 年（金天会三年、宋宣和七年），金占，复名燕京析津府。后靖康之变，1127 年北宋灭亡。

如果读一读熊召政的小说《大金王朝》就会发现这个历史故事的诡异。燕山府只存在了两年，就是这两年，把北宋推上了灭亡之路。

（2019 年 6 月）

突泉太本无役驴

——300 年前的驿站里有无役驴

《突泉县志》有一段话吸引了我："清康熙年间，清政府曾开辟京师——卜奎驿道(北京—齐齐哈尔)，经由突泉县境。即从科右中旗西太本站入境，至东太本站(令太平乡太本站村)出境，长约 20 千米。此道沿途多丘陵山地，路面坎坷，车马行驶艰难。后因无人行走，渐为荒烟野草淹没。"[①] 太平乡太本站至今犹在，这个名字有什么含义？问太本村当地人也说不知道。

突泉的太本村和牤牛海的景色

查阅资料，关于喜峰口至内蒙古驿道，清代内蒙古五路驿站之一。清康熙三十一年 (1692)，由刑部尚书图纳负责建立。这条驿站从北京开始，经过遵化到喜峰口，除喜峰口、宽城所设内

① 《突泉县志》编纂委员会．突泉县志［M］．呼和浩特：内蒙古人民出版社，1993.12：498.

地两站外，余 16 站皆在内蒙古境内。经过内蒙古东部卓索图、昭乌达和哲里木 3 盟 20 旗，总长 2010 里。内蒙古境内 16 个站为和齐台品郭勒……诺木齐（奴木齐哈克）、哈沙图、哈拉塔克洛素特、珠特、哈岱罕。这是内蒙古东部诸盟旗到北京的驿道。[①] 另外“北方洪牧”文章《黑龙江舆图说》说：“二百里至奴木其哈克台，郭尔罗斯前旗属。”从齐齐哈尔算起，奴木其哈克是第五站，有多个名字，又记作努穆齐哈克、诺木齐，今兴安盟突泉县太平乡太本村。太本，即五十家子。蒙古驿第十二台。“一百三十里至博罗额尔吉台，科尔沁右翼中旗和硕土谢图亲王属。”[②]

清康熙年间具体指的就是 1692 年了，距离现在已经有 300 多年了，比突泉县历史要久远很多。而自古驿站就有役驴。《新唐书·食货志》：“道路列肆，具酒食以待行人，店有驿驴，行千里不持尺兵。”“西路自长安至岐州（陕西凤翔县）以至成都（中唐以来改由郿县经汉中入成都）夹路都有店肆待客，酒食丰足，每店备驴供客租用，称为驿驴。”[③]

驿站中不仅建有样式和规格不同的驿舍，而且还配备有驿马、驿驴和驿田。邮驿的行程也有明文规定，如陆驿规定马日行 70 里，驴 50 里，车 30 里。那么，按照驿站的传统，“东太本站”是不是有役驴呢？王童力先生的文章《从一对“五十家子”邮戳说起》[④] 揭开了一部分秘密，现抄录有关内容。

在我国内蒙古和东北地区，存在许多带有“家子”的地方，比如法库县孤家子、铁岭市两家子、永吉县三家子、敖汉旗四家子、朝阳县五家子、彰武县六家子、梨树县七家子、松原市八家子、双辽市九家子、阜新县十家子、昌图县十八家子、扶余县二十家子、凌源市三十家子……这些地名来源于建立村落时住户的数量。

突泉县太平乡太本站是第 4 站，当年应该有这样的驴子
（突泉县农耕民俗博物馆藏）

顾名思义，林西县的五十家子就是有五十户人家的村落，严谨地说，最初是指五十户蒙族人家。本文所指的五十家子是蒙语的汉意，其蒙语音译为“巴仁太

---

① 高文德主编．中国少数民族史大辞典［M］．吉林：吉林教育出版社，1995，12：2183.

② 卜奎草原道．齐齐哈尔—扎赉特—喜峰口—京师＿北方洪牧＿新浪博客。

③ 范文澜、蔡美彪 等．中国通史．第三编第二章第五节。

④ 王童力．从一对“五十家子”邮戳说起［J］．集邮博览，2015（6）.

本”“他本格尔”“太本”“佛苏塞包”。今内蒙古地区还有一些类似的地名，但不管是汉意的五十家子，还是音译的巴仁太本等，追本溯源则均来自清代设置在内蒙古的一种邮驿形式——台站。

清代中叶，厄鲁特蒙古准噶尔部噶尔丹势力逐渐扩大，吞回部、占青海、征服天山南北，继而在1690年起又侵扰内蒙境，严重威胁到清政府的北疆安全，清康熙皇帝决意对其用兵，为保障政令军情及时通畅，清政府遂于1692年始设五路驿站，均以北京为起点，分经喜峰口、古北口、独石口、张家口、杀虎口，通达内外蒙古地区，称之为台站，台站在内地的称之为汉站，在蒙古地区的称之为蒙古站。蒙古站属负责管理边疆事物的理藩院统辖，每一蒙古站设骁骑校二名、笔帖式一名、领催二名，每一蒙古站在驻地招募五十户蒙古人家，提供一定数量的牛驼马羊并置办田产，用以维持生计。每户需选一体壮干练之人担当往来驿务，遇有过往官差，提供其食宿马匹，经上报核销后补以银钱，这样既减少了政府在驿站上的巨大投入，又为边民提供了一个妥善安置。自此，五十家子也就成了驿站的代名词，并做为地名延续至今。

清代，边外蒙古地区的驿站数量时有变化，线路亦有所拓展，以经喜峰口一路驿站为例，原线路和站名如下：(1)喜峰口（汉站，在今河北迁西县潘家口水库）；(2)宽城站（汉站，在今河北宽城县）；……(13)博罗额尔吉站（蒙古站，在今内蒙古科尔沁右翼中旗高力板镇巴仁太本，图4）；(14)诺木齐站（蒙古站，在今内蒙古突泉县太平乡太本站村）；(15)哈沙图站（蒙古站，在今内蒙古科尔沁右翼前旗太本站镇）；……

此线路中蒙古站计十六处，计一千六百余里，全线末端的哈达罕站位于科尔沁草原之上，又与嫩江左岸的齐齐哈尔（旧名卜奎）为邻，齐齐哈尔是清代黑龙江将军衙门所在地，凭借地理上的便利，黑龙江将军衙门改借这条驿路入喜峰口进北京，于是，哈达罕站变成了以齐齐哈尔为中心的新的驿路的头站，即卜奎“草原道”，相比原有的东进经乌拉（今吉林省吉林市）、奉天（今辽宁省沈阳市）、山海关进北京的线路，里程上缩短三分之一，往来又不超过一个月，可谓捷速。①

太本站就是诺木齐站，那么，“太本”的含义就是五十家子，是蒙语的汉译。

对于是不是有役驴，“提供一定数量的牛驼马羊并置办田产”，似乎是没有役驴，但是也不一定，可能是驴子地位低，不值一提。比如，“马政”就包括了驴的管理，不会单独设置“驴政”。《光绪会典》载，全国有驿站1970处，7万多驿夫和急递铺14000多个、4万多名铺兵。兵部车驾司掌管全国邮驿。车驾司下设驿传、脚力、马政、马档、递送等科，分办各项司务。

① 王童力．从一对“五十家子”邮戳说起［J］．集邮博览，2015（06）：17.

另设会同馆和捷报处，办理迎送使客和文报驰递。各省按察使兼管本省邮驿。清代多次裁撤驿丞，驿站由县兼管，鸦片战争后逐渐衰落，清末全国只保留专职驿丞 65 人。而这个时候，突泉县已经开始了开荒农耕时代。另外，据《元史·兵站》“站赤”记载，元朝（1271—1368 年）全国有驿站——陆站、水站、狗站等 1383 处，拥有驿马 44301 匹，驿牛 8889 头，驿驴 6007 头，驿车 1383 辆，驿船 5921 只。[①] 元明清驴的数量是呈增加的趋势，这样推算，太本驿站役驴也是未定之数了。

沧海桑田，短短近百年，不知道突泉太本驿站的人们和过客们命运如何。但是，300 年后留下了“太本”这个名字。2003 年 10 月 15 日《兴安日报》报道：

近日，兴安盟突泉县太平乡太本村自来水工程全面竣工，136 户村民安装了自来水，结束了当地群众长期饮水难及喝高氟水的历史。太本村地下水位偏低，水资源匮乏，而且水中氟含量较高，过去曾采用磁化器过滤水的方法减少氟含量，不但费时费力，而且村民氟斑牙的发病率几乎达到 100%，严重影响了人民群众的身体健康。特别是近年来，由于干旱少雨，该村的地下水位逐年下降，80% 以上饮水里已经干涸，群众生产生活用水十分困难。为解决太本村这一实际困难，太平乡党委、政府今年积极争取国家“三八〇”人畜饮水工程项目资金 78 万元，为该村打了一眼深 82 米、每小时出水量在 10 吨以上的深水井，并为 136 户村民安上了自来水，极大地缓解了太本村人、畜饮水难问题，受到了当地群众的普遍赞誉。

1907 年，河北境内新保安的一家驿站（《西洋镜 1907，北京—巴黎汽车拉力赛》P40）
（突泉县农耕民俗博物馆藏）

1907 年 6 月 10 日 —8 月 10 日，北京—巴黎汽车拉力赛举行，人类历史上第一次跨大洲的汽车拉力赛。有这样的描述，“苦力们轻松地拖着车，跟在骡子、驴和马后面”。因此，113 年前的北京至巴黎汽车拉力赛，名副其实就是靠“拉力”完成的。

拉力赛途经河北新保安驿站。新保安自古为一驿站，称“雷家站”，明景泰二年（1451 年）改称新保安，沿称至今，并筑砖城一

① 朱耀廷主编. 元世祖研究［M］. 北京：北京燕山出版社，2006：93.

座周围七百九十四丈，连女墙高三丈五尺，濠一道深二丈五尺。明万历年间补建四楼三门，城内十字街心建有钟阁一座，上书“锁钥重地”，成为该城独特的景观。新保安自古为兵家必争之地，京卫要塞之所。

2019 年 4 月 14 日，星期日，突泉真正的春天才刚刚冒头。我特意去太本村走“驴”观花，探寻 300 年前的驿站，尘封的历史就在脚下，却没有看到。那五十家驿站建设者后代怎么样了？古井又在哪里？草丛里有没有留下什么文物？如果有机会，真应该追寻一番。

（2019 年 6 月）

突泉的百年毛驴考

为什么首先纠结于这个“百年”，因为没有“百年”的历史就不算是文化遗产。其实，历史是厚重的，“百年”不过是开始。中国本无驴，内蒙古、突泉也是如此。驴为家畜，无人则无驴，驴随人行，突泉毛驴百年历史应该是有的。

《突泉县志》明确记载，突泉本县主要饲养当地驴，也有少量陕西驴。1949 年全县有驴 1.66 万头，1985 年达 2.41 万头，占大小牲畜总数的 8.25%，占大牲畜总数的 24.74%。可能是年代久远，《突泉县志》简单说了宣统元年 (1909 年)，全县饲养大小畜 1.11 万头 (只)。[①] 没有具体明确有多少驴子。

1949 年年末突泉县大小牲畜数量和所占比例表

种类	牛	马	驴	骡	羊	合计
数量（头）	15166	5919	16647	753	20460	58945
百分比	25.73	10.04	28.24	1.28	34.71	100.00

从有明确记载的数据看，1949 年年末突泉县驴占比达到了 28.24%。1909 年，全县饲养大小牲畜 1.11 万头，这其中没有一头驴显然是不可能的。

第一，垦荒的农民大多数是贫穷的逃荒人，逃荒是靠两条腿，也有一些稍微有些家产的，而在家畜中，驴、猪、羊都是比较便宜的，500 文一头的驴子经济效价比最高。光绪二十五年，即 1899 年前突泉县境内无定居人口。19 世纪末，扎萨克图旗王公乌泰发出招垦信息。一批垦户于光绪二十六年（1900 年）来到今宝石、学田、巨力等地落户开荒。光绪三十三年（1907）四月，图什业图旗制定垦务章程，开始放荒。自此人口逐年增多。垦荒务农者多来自辽宁、热河等省，尤以辽阳、阜新、朝阳、凌源等地为多。随着农户增多，其他行业人口也陆续迁入。昌黎、乐亭移来者多数营商，河南人来到本县多行医卖药。来自天津的居民都以

① 《突泉县志》编纂委员会 . 突泉县志［M］. 呼和浩特：内蒙古人民出版社，1993：275.

泥抹小修为业。1915 年，境内人口已达 2631 户 7010 人。这个时候，突泉全县境内的养驴户应该已经比较多了。

推算突泉县驴数量

年度	户数	人口数	驴数（按户数比推算）	驴数（按人数比推算）
1949	24296	127407	16647	16647
1919	4993	34460	？ =3421	？ =4502
1918	3835	29818	？ =2627	？ =3896
1917	3283	14494	？ =2249	？ =1893
1916	3248	14171	？ =2225	？ =1851

对驴数量不太重视，统计数据可有可无，但是人口数量是不可或缺的，另外农耕时代，驴随人走，这就有规律可循了。1949 年全县有驴 1.66 万头，境内人口已达 24296 户 127407 人，大约每三户有两头驴。1919 年，境内人口已达 4993 户 34460 人。不难推算，1919 年全县驴极有可能达到了几千头。如上表推算 1919 年突泉县驴数量，其中按户数比推算 1919 年全县驴有 3421 头，比较靠谱一些。而 1916 年突泉驴数量是 1851 ~ 2225 头。

第二，突泉距离通辽、赤峰不远，毛驴行走一两天就可以到达，而赤峰、通辽已经有比较多的毛驴。比如，库伦驴就是明清之际引进通辽这一地区的。突泉本县主要饲养当地驴，这种“突泉驴”应该是接近内蒙古唯一的地方品种库伦驴的，而库伦驴的培育历史有 300 年之久。

第三，从目前考古文物看，突泉虽然没有直接的养驴遗迹，但是，在 1000 年前的大辽时期突泉就有过常住人口，有屯城遗址，而大辽国是有养驴历史的，突泉虽然地处边疆，辽国 200 多年的统治，驴自由游走在 500 万平方千米的疆域里，没有到过突泉的概率很小。

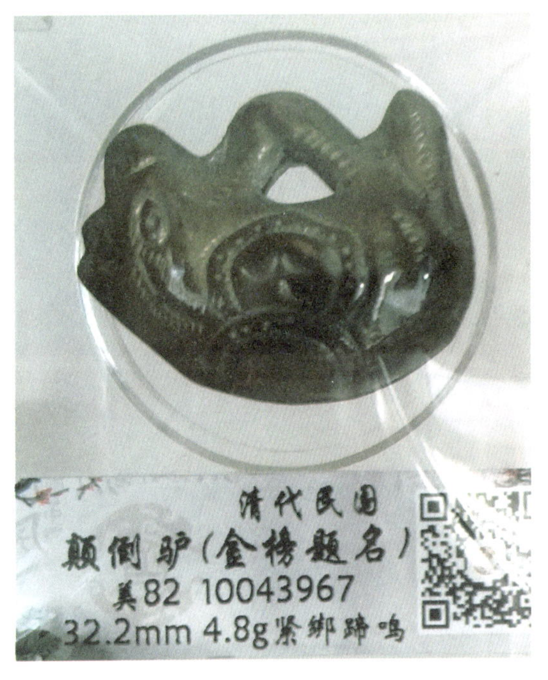

“颠倒驴”
（突泉县农耕民俗博物馆藏）

第四，突泉属于“东北”的历史悠久，而东北养驴久已。《明实录》记载洪武二十年六月，“纳哈出所部妻子将士凡十余万，在松花江，闻纳哈出被伤，遂惊溃，余众欲来追。胜遣降将观童往谕之，于是其众亦降，凡四万余。并得其各爱马所部二十余万，羊马驴驼辎重亘百余里”。投降的百里队伍中已经有驴，而今吉林省长春市农安县距突泉仅仅 400 多千米，洪武二十年（1387），距离清末 500 多年。

明朝洪武二十年正月，朱元璋令征虏大将军冯胜率 20 万大军征讨东北的元太尉纳哈出。二月三日，冯胜军抵通州，探知纳哈出的军队驻于庆州（内蒙古巴林右旗索布力嘎苏木），便乘大雪出兵袭击。三月，明军主力出松亭关（今喜峰口北），修筑宽河、会州、富峪、大宁四城作驻军基地。明军在大宁（内蒙古宁城县辽中京城）等地修筑城池，侦察敌情。五月廿一日，冯胜留 5 万守大宁，15 万明军北上攻击金山（即今昌图金山堡以北至辽河南岸的吉林农安县一带）。六月十一日，驻于一渡河（伊通河）的纳哈出部将高八思帖睦尔等率部归降明军。十九日，明军主力进“至辽河之东”，击溃纳哈出屯兵，“遂进师驻金山之西”。但纳哈出恃其人马众多，“辎重富盛”，内心依然犹豫不定，遂以献马为名，派人至冯胜军中进一步探听虚实。廿五日，冯胜大军自金山进攻女真苦屯，向纳哈出大营继续逼近，大兵压境，众叛亲离的情况下，纳哈出被迫同意出降，毛驴也就成了“亘百余里”的战利品之一。

《突泉县志》记载：

明朝，属奴尔干都司，泰宁卫辖地。清代，本县辖境以蛟流河为界，北属扎萨克图王旗，南属图什业图王旗。清光绪三十三年（1907 年）置醴泉镇，宣统元年（1909 年）四月一日置县，均隶属奉天省洮昌道洮南府。民国三年（1914 年）更名，称突泉县。

“颠倒驴”是清末和民国时期山西一带民间比较常见的老银题材，一般都是儿童所戴，倒绑双蹄的驴子造型寓意为“金榜题名”，[①] 是“紧绑着蹄鸣叫”的谐音。

在突泉这块土地上，千百年前驴早已存在了。只是一路走来，驴蹄印记早已被风雨抹平了。驴不被重视，至今依然……

（2018 年 11 月）

① 《尚物》艺术老银赏析［EB/OL］.［2017-08-02］.https://www.sohu.com/a/161541813_772510.

瘠土半驴耕，突泉垦荒驴

——轮回垦荒的农耕文化

“石乱不成路，东行常有声。荒山无鸟语，瘠土半驴耕。乘月投茅店，浇愁唤麹生①。夜来乡梦破，楼鼓报严更。”这首清代蒋超伯②所作《题东阿旅舍》，仿佛就题写在突泉的一处土墙上。

瘠土半驴耕，我想突泉在历史上有很长时间是这样发展农业的。驴子垦荒在突泉农业垦荒历史中一定有不小的作用，只是被历史遗忘了。历史是“卸磨杀驴”的无情历史。农耕文明就是一部拓荒的历史、垦殖的历史。突泉县的历史以县域视野看是一种特殊的农耕文化，很特殊，是夹缝中的垦荒农耕。美丽、无奈、幸福、困苦、奋斗、进步、徘徊、缓慢、持久、抗压、无助、自强不息等，在历史的长河中缓缓流动，没有成为圆滑的鹅卵石，或是棱角分明的驴骨架。

1975 年邮票 农业机械化（突泉县农耕民俗博物馆藏）

从更大的地理范围看，突泉县位于中国东北地区，政治上属于内蒙古东部，地理上属于大兴安岭东南，科尔沁草地西北，是内蒙古高原东南下坡地段，从科尔沁草原爬升进入高原的上坡路段，海拔高度在 300 米上下，最低处 185.5 米大约在“突泉草原”中的牤牛海。突泉人来自五湖四海，甚至世界各地。远古的东胡人几乎

① 亦作“麯生”，以“麹生”作酒的别称。宋陆游《烹茶》诗：“麹生可论交，正自畏中圣。”清蒲松龄《聊斋志异·八大王》：“故麯生频来，则骚客之金兰友。”

② 蒋超伯 (1821？—1875 年)，字叔起，号通斋，清江都（今扬州）人，文学家，幼颖异。9 岁咏芦花，15 岁会试第一，道光乙巳恩科 (1845 年) 第二甲第 79 名进士，咸丰七年十月由刑部主事入直。历任军机章京、广州府候补道、广东高州、潮州、广州及广西南宁等府知府，同治元年 (1862 年) 充广西乡试考官充方略馆纂修。官至按察使。

没有留下痕迹，或者是东胡人太聪明了，隐身在突泉荒野之中，蒙古的骏马跑到这里有些疲累，游牧生活和这块奇特的土地不是很搭，跑马圈地，宣示主权完了就交给了大自然。蒙古王爷们的领地在突泉交叉，反而没有开发利用，被荒废了。所以《突泉县志》才说“光绪二十五年 (1899 年) 前境内无定居人口”，当然，我相信这句话是大而化之的，在文字上是正确的，但是广义上一定是错误的，因为有些村有几百年的历史了，比如太本村、杜尔基。

1636 年，清崇德元年起，突泉县被蛟流河一分为二，河流以南为图什业图王旗所辖，以北属扎萨克图旗王领地，所居蒙户均以牧猎为业，农业种植几乎没有，这种局面持续了 300 年。

还有另外一个说法，1891 年，札萨克图旗郡王乌泰由于生活奢靡，借外债无力偿还，故私自开放荒原土地，允许垦民在札萨克图旗的领地蛟流河北岸、洮儿河流域开荒种地，私吞荒饷。这样山东、直隶等地的流民，内蒙古高原东南部奉天省的凌源、辽阳、阜新、康平等地的蒙古族、汉族、满族农牧民都陆陆续续赶着勒勒车、推着独轮车或用扁担挑着孩子和行囊来到蛟流河北岸的宝石、学田、哈拉沁、永安、六户、杜尔基、九龙一带，他们来到这片土地上拉开了“铁犁牛耕”的生活序幕。

“铁犁牛耕”也可能更多的是“铁犁驴耕”。1891 年，扎萨克郡王乌泰自招旗外人开荒，县境始迁入垦户领荒垦殖。当时，领荒户直接向郡王租地，按租种面积交租金，垦熟后，每年还向王府交地租。此次招垦，因未经清廷批准，故称“私垦”，也叫“活荒期”。

1902 年，清政府推行“移民实边”政策，对蒙旗地实行“官垦”放荒。之后奉天总督赵尔巽遣道员张心田来图什业图旗督办荒务。1906 年，设图什业图蒙荒行局总办；1907 年制定《图什业图旗垦务章程》，出放北起茂改吐山，南至得里士台荒段（今六户镇南至通愉县瞻愉镇南部），南北长 210 千米，东西宽 20 千米，约计毛荒 64.8 万垧（1 垧为 10 亩，每亩 288 弓）。1907 年 4 月，留奉补用知县兼蒙荒局蒙语委员、试办醴泉镇设治委员靖兆凤在放荒境内置二镇。靖兆凤奉命率 20 人的马队来放荒地北段卜同博洛格 (今突泉镇处) 试办醴泉镇，署理司法行政和民刑诉讼，保护荒务局下境垦丈。醴泉镇 (今突泉镇) 有垦户 30 户。开化镇 (今通榆县瞻榆镇) 无人居住。1908 年，扎萨克郡王出放甲力更河 (今蛟流河) 以北荒段，南北长 30 千米，东西宽 20 千米，约计毛荒 10.8 万垧。至宣统元年 (1909 年)，县境 (按建县后行政区划) 共出放上、下两等毛荒 12.9 万垧。

随着土地开放，奉天、山东等地汉族农民陆续携家而来，承领荒地。领荒时，各垦户要按官方规定的地价向垦务机关缴纳一次押荒银。地价分上、中、下三等，上等地每实荒一垧收库平银 4 两 4 钱，中等地收 2 两 4 钱，下等地收 1 两 4 钱。库平银一半为上效银，上缴清廷，一半归蒙旗自用。押荒银由王府和荒务局派壮丁衙役，划分地区，按户收缴。[①] 垦荒不仅是刀耕火

① 《突泉县志》编纂委员会 . 突泉县志［M］. 呼和浩特：内蒙古人民出版社，1993：226.

种，一定要借助畜力的。《内阁藏本满文老档·太祖朝》记载，早在后金时代，努尔哈赤赤晓谕复州（今辽宁复县，现瓦房店市）、盖州（今辽宁盖县）之蒙古"留藏种子，以备本年耕种……无牛之人，以马、骡、驴耕之"[①]。这时候是1624年，后金天命九年。据《敖汉"粟"源》作者考证，这是内蒙古东部地区首次出现驴耕的记载。[②] 显然这个"首次"是"驴耕"，不是驴。辽、金、明都可能出现了驴的记载，只是没有发现。例如，我们前面《突泉的百年"毛驴"考》的明洪武二十年（1387年），"羊马驴驼辎重亘百余里"，长春市农安县距突泉仅仅400多千米，这里比辽宁的复州、盖州还近一些。有了驴，虽然最初不是为了耕耘，但是到了明清之际，耕驴已经不稀奇。在明清时代，大牲畜中，驴已经占比很大。所以，垦荒的主力军中驴子应该比较多了，应该比马还多。这个推理应该是成立的。

突泉县畜牧业历史悠久。明末清初，这里就有北方少数民族繁衍生息。清末放垦后，县内农业人口不断增加，农民群众在从事种植业生产的同时经营畜牧业，所饲养的家畜和家禽不仅品种多，数量也较大，并且经过长期经营实践，在饲养管理、繁殖利用等方面积累了丰富经验。前面我们推测，1916年突泉驴数量在1851 ~ 2225头。而突泉县牛的头数，民国时期始有记载，1926年有牛1500头，到1948年增至1.32万头。中华人民共和国成立后，随着畜牧业生产的发展，数量不断增加，至1985年达到3.47万头，占大小畜总数的11.88%。1926年，全县有马1200匹，1949年发展到5919匹，至1985年3.5万匹，占大小牲畜总数的11.99%，占大牲畜总数的35.9%。1949年全县有骡753头，1985年发展到3575头，占大小畜总数的1.22%，占大牲畜总数的3.67%。1926年，全县养羊8900只，1949年增至2.05万只，至1985年年末达到19.46万只，其中绵羊18.66万只，占95.9%，山羊7939只，占4.1%。

1926年年末突泉县大小牲畜数量和驴的估算表

种类	牛	马	驴	骡	羊	合计
1926年（头）	1500	1200	? =1646（牛比）3375（马比）7241（羊比）	?	8900	?
1949年（头）	15166	5919	16647	753	20460	58945
1949年百分比	25.73	10.04	28.24	1.28	34.71	100.00

自建县以后，县署依仿成例继续放地。一些绅商富户亦私自开荒。私垦地不仅不向王府交租，还可招县外人租种或雇人榜青。同时，有的军阀与官僚还仗势揽荒，待价出放渔利。至1915年全县共出放荒地750万亩，已耕种7.58万亩，占1.01%。1927年，县公署设地亩科，在境内整理地籍，并为私自垦荒者补发部照，征收赋课。至1932年，全县已垦地70余万亩，

① 中国第一历史档案馆.内阁藏本满文老档·太祖朝［M］.沈阳：辽宁民族出版社．2009：216.

② 朱佳、顾军著.敖汉"粟"源［M］.北京：北京美术摄影出版社，2018：150.

可耕地大多开垦完毕，突泉发展成种植业为主的农业县。但是，从突泉县耕地数量表可以看到，突泉县耕地面积一直在增加，不断“开垦”。

《突泉县志》：1899 年前境内无定居人口。19 世纪末，扎萨克图旗王公乌泰发出招垦信息。一批垦户于 1900 年来到今宝石、学田、巨力等地落户开荒。1907 年 4 月，图什业图旗制定垦务章程，开始放荒。自此，本县人口逐年增多。垦荒务农者多来自辽宁、热河等省，尤以辽阳、阜新、朝阳、凌源等地为多。随着农户增多，其他行业人口也陆续迁入。昌黎、乐亭移来者多数营商，河南人来到本县多行医营药。来自天津的居民都以泥抹小修为业。1915 年，境内人口已达 2631 户 7010 人。东北沦陷时期，鲁北、天山连年遭灾，一批难民流入本县。1945 年，境内人口已达 20872 户 101152 人。

突泉的人口增加一直伴随着开荒垦荒，在这个时期，开荒垦荒除了人力，就是畜力，而畜力是马牛驴骡等。《突泉县志》说，“本地驴属中等类型品种，毛色以黑、灰居多，成年公驴平均身高 1.1 米，母驴 1 米左右。这种驴耐寒，耐粗饲，抗病能力强，易于驯养，可用于骑乘、驮运、拉车、碾场、推碾和拉磨，是农村不可缺少的役畜。本地人以 2 头驴驾 1 辆小胶车，运载 300 ~ 500 千克，日行程可达 30 千米；以 1 头驴推碾或拉磨，日可加工粮食 120 千克”。没有驴“耕地”吗?

突泉县耕地数量表

年度	1909	1912	1915	1939	1949	1957	1986	1995	2005	2016
耕地（万亩）	3.3	5	7.58	80.3	140.86	154.1	132.7	132.5	218	220
户数（户）			2631	14900	24296	25810	61058	73637	89412	126366
人口数（人）			7010	93909	127407	153124	291497	303975	307153	303694

甘肃会宁在突泉的西南，虽然距离 2300 千米，但同是北方，又是山地丘陵地区，在农业同化的作用下，耕作方式有些相似。下面的故事很仔细地记录了驴耕的细节。农业机械化之前的突泉也是一样的。

河南淮阳 20 世纪 80 年代初期，生产队集体所有制解体不久，农村还停留在原始的“单干”阶段。耕作机械化对农村来讲还谈不上普及，几乎每家根据实力都养有牛马驴骡等牲口。我家养有一头灰褐色的草驴子，和叔叔家的驴子再加上来哥家的驴子，合在一起才能完成犁地耙地的活儿。犁地耙地是重活，必须三家合伙协作才能完成。不像后来的机械化耕作，一台拖拉机就可以轻松搞定。一般到了每年的国庆节前后，收获的粮食入了仓，犁地耙地紧接着便紧张地开始了。为了避开坏天气，要抢收抢种，俗谚“龙王嘴里抢庄稼”就是这道理。那时候父亲忙得昼夜不停，夜里要喂牲口，白天当然更忙。

清晨天还没有大亮，透着几许凉意，父亲就早早地起床了，把喂了一夜的驴子牵到院里，再提一桶温水舀一葫芦瓢麦麸子倒入水中，解下拴驴子的缰绳，用拌草棍子在桶中搅拌几下，驴子便习惯性地把头伸到水桶中，用力地喝着桶中的料水。发出“咕咚咕咚”的声响。吃了一夜干麦秸的驴子，仿佛沙漠中走了好久的骆驼突然间看到了清泉，这“咕咚咕咚”的响声中分明透着贪婪和美美地享受。饮完驴子，父亲把它拴在院中杨树上，驴子站在树旁，用舌头悠闲地舔着嘴上留下的麦麸，仿佛品咂一顿美餐似的，尾巴不断抽打着试图叮咬它的苍蝇。这时候初升的太阳照着院中成堆的玉米棒子，还有墙边林林立立靠着的玉米秸秆，里外的温差使得秸秆向外冒着热气，一层一层的，在地面附近匍匐，缥缈起舞。各家的炊烟也次第升起来了，母亲开始吆喝着弟弟妹妹起床，骂着赖床的懒虫。父亲把犁地耙地要用的犁、耙、化肥装在架子车上，再到叔叔家和来哥家，牵出他们的驴子，套好绑好。为了节省时间一般不在家吃早饭。我把架子车拉到门外，父亲牵着驴子套上车子，有时弟弟坐在架子车上。顶着晚秋初升的朝霞，踏着早晨晶莹的露珠，父亲大声吆喝着驴子们，我们便走在朝向自家田地的乡路上了。

1947年陕西磨坊驴
（突泉县农耕民俗博物馆藏）

田地离家一二里地远，不大一会儿就到了。父亲从架子车上卸下犁耙，搬下化肥。在地里找好与邻家的分界线，确定好犁地的位置。我牵着并排的三头驴子在犁子前面站好，驴子不安分，摇头摆尾的，好动，要把它们固定好。父亲套好驴扎脖子，捆好驴子的肚带，再检查一遍是否结实。随着父亲一声清脆的鞭响，一下子打破了早晨野地里的那份寂静，三头驴子便开始了一天的劳作。我牵着领头的驴子走在前面，负责引导好驴子行进的方向，到了转弯时赶紧推拉驴子转弯。父亲不停地扬鞭子，喊着赶驴子的号子，及时鞭策走得慢的驴子，偷懒的驴子当然少不了要挨一鞭子。三头驴子“呼哧呼哧”喘着粗气，口里向外冒着一股一股的白气，并驾齐驱向前面卖力地使劲儿。弟弟跟在父亲后面，左胳膊挎着装满化肥的竹篮子，右手从篮里抓化肥，晃动五指，均匀地把化肥撒在带着湿气的墒沟里，洁白的或灰色的化肥落到翻开的黑褐色土壤里，分外地刺眼。等下一来回结束时，刚才撒下的化肥便被翻起的土壤覆盖了，成了来年庄稼的美餐。

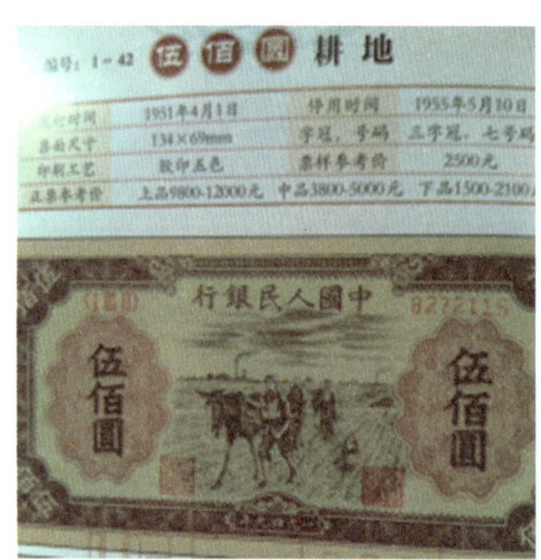

货币中的驴马“耕地”
（突泉县农耕民俗博物馆藏）

驴子们拉了一阵犁，要缓一缓力气，开始缓慢地迈着步子，艰难地向前挪着。驴扎脖子在犁子的重力下把驴子背上的肉积成一个大疙瘩，驴子们一步一勾头地使劲，蹄子深深陷进泥土里。每到田地尽头，父亲要掂起犁铧走几步，为了重新下一个来回，犁铧由于在地里长期和土壤摩擦，锃亮锃亮的，发出冷冷的银光，阳光射在弧形的犁铧上，闪着耀眼的白光。就这样，肥沃的土壤在犁铧的前行中打着滚儿，躺成一行一行的，散发出泥土的气息。

犁过大概两个小时光景，该吃早饭了。父亲把犁深深扎下，鞭杆插在犁过的地里。三头驴子早累坏了，停下来立在原地依然大口大口喘气，肚子显得一胀一缩的，过一会儿驴子们缓过神来，又是拉屎又是撒尿。我放开手中的缰绳，搭在驴身上，一屁股坐在离驴子不远的空地上。这个时候不用担心驴子的不安分，驴子站立一会儿，干脆卧在犁过的土地里。

早饭都是母亲做好让妹妹送到地头的，……驴子歇过一阵便开始站起来，低下头啃还没犁过的地里的野草，尽管这些野草大都发黄枯死，驴子们还是慢慢咀嚼着。吃过饭，三个人还要喝一气凉茶，干体力活出汗厉害，要及时补充水分。父亲一般还要抽一根烟……父亲终于歇过神来了，拍拍屁股上的灰，拔出扎入土中的鞭子，扶正犁子。我扯过缰绳，驴子们不情愿地进入劳动状态，弟弟仍在父亲身后丢着化肥，在来回的往返和父亲的吆喝中，接近晌午，一块将近二亩的田地圆满地翻了一遍。

接下来就要耙地。父亲从架子车上搬下木耙，把驴子拉的轭摘下挂在木耙上。木耙，是用乡村结实的方木做就的，两根二三米长的方木靠几根短方木竖着连接起来，形成了木耙的主要框架，俗名叫作耙床，是耙地者用来双脚踩踏的。耙床下面，铆满了两排半尺多长的耙齿，耙齿是熟铁做的，拇指粗细，坚硬锋利，具有划拉和切割地表的功能。耙地需要在耙床上压一定重量的东西，促使耙齿扎到土壤里，在行进中达到耙地的目的。父亲双腿前后分开，站在耙床上，充当了耙床上的压载物，他左手拉着绑在耙床横木上的绳子，为的是保持身体平衡，右手拿着鞭子，指挥着三头驴子把劲儿使匀。驴子不听话时，我还要在驴子旁边引导。驴子有时脾气很犟，故意欺侮我是小孩似的，不听号令，父亲就狠狠地教训不听话的驴子，有时我也加入打驴子的行列，直到驴子服服帖帖为止。

耙地有讲究，先要通着耙一遍，这个简单，相当于平面几何正方形上下画竖道。这一遍土块比较大，阻力很大，也是驴子最用力的时候，站在耙床上的人不好把握平衡，所以行进不能太快。第二遍织着耙一遍，这一边可以确保地块里角角落落都能耙到，当然技术性要求很高，耙地的人不能马虎大意，不能走错路线，否则有些地方就会留下空白生地，达不到完全耙地的目的。我跟着耙床，或者跑到前面该拐弯时引导一下驴子，或者驴子停下来赶紧把耙齿上面挂着的野草秧子揪下来。载着父亲的耙床平稳地前行着，以前起伏的土块在耙的碰触下趋于平坦，看似坚硬的土坷垃一碰到长长的耙齿，顷刻间土崩瓦解。耙齿在细碎的泥土上留下了优美的曲线，父亲好像一个艺术家，不是在耙地，倒是在切磋琢磨一件自己的作品。渐渐地，平整如毯的土地在面前铺展开来。父亲稳稳地站在耙床上，从地头到地尾一耙一耙地排着耙……（精耕细作是一种农业文化的享受）

暮色上来时，父亲从耙上下来，标志着犁地耙地全部工作的完成。父亲把犁、耙、剩下的化肥装上车，套上一头驴子在前面牵引着架子车。父亲扶着架子车，我和弟弟坐在车上，一家三口走在归暮的乡道上。两头驴子在车后面跟着，不停地打着响鼻，甩着尾巴，地里升起了一层薄薄的雾气，习习深秋的寒意扑在脸上，慢慢地，家的影像开始在一天的疲惫中愈来愈近。[①]（只吃了早饭，直接就干到暮色归家）

《突泉县志》介绍农具时候，有几件是驴力可动的。

木头磙子 硬杂木制成，圆形，长约两垄幅宽，直径约 20 厘米，重 30 千克左右。两端嵌入铁轴，固定在木框上，多用一头毛驴牵引，用于播种后压垄保墒。

拖子 为碎土灭茬工具，构造较简单，一般将两块方木固定在两根细圆木上即成，以马或毛驴牵引。驾驶者常站在上面操作，以增加重量。

石头磙子 由当地石匠凿制，断面为圆形，长 66 厘米，粗 28 厘米，破面上刻有花状沟纹，以加大摩擦。由马或毛驴牵引，供打场时碾压脱粒之用。

---

① 晨之风．犁地耙地那些事儿［N］．周口日报，2010-12-3(B3)．引入本书时有删改。

碾子　主要由碾盘、碾陀、碾轴、碾杠等组成。碾盘为石制，圆板形，表面刻有沟纹，安放在土、木或石结构的碾台或碾架上；碾陀，石制，圆柱形，靠碾轴、碾框固定，经人推或畜力牵引即在碾盘上旋转。碾子是农村加工粮食的主要工具，可用于脱壳、碾米、压面等。20 世纪 70 年代起，碾子逐步为碾米磨面机取代。

1931 年内蒙古赤峰林西县驴拉磨
（突泉县农耕民俗博物馆藏）

荒山无鸟语，瘠土半驴耕。就像描绘突泉的垦荒历史，在一定程度上，每一次驴耕都是一次拓荒，如果不耕种，荒草就会重新播种，几轮之后，荒芜一片，回归大自然。

（2019 年 7 月 12 日）

戊辰

“毛驴车队”的变迁

“山也清，水也清，人在山阴道上行，春云处处生”。400多年前明代戏曲家汤显祖的《牡丹亭》佳句，这是我在突泉感受的意境。《突泉县志》(1986—2005年)里一张照片还有这个韵味。这张照片是我从这本《突泉县志》里找到的，公路上的两辆车，应该是驴车，并明确记载：

突泉的乡村公路

1986年，突泉县出租车主要以马车、驴车为主。单位或个人用车，可租用吉普车(212)。

1995年，出租车市场以机动小三轮(俗称鞋底子)为主。摩托三轮、人力三轮、大型三轮等客运货运车逐年增多。

2000—2005年，出租车市场的车型增加，……交通局引进通宝出租车公司，面包出租车45台，以突泉镇环内每人每次1.00元的价格，一时占领突泉镇内出租车市场。

2005年，全县载客出租车600余台，大型个体货运车辆860余台。①

2008年7月11日，《中国工商报》上有一篇《昔日乡村小货郎　今朝携手闯市场　突泉县杜祥村村民跟着政策奔小康》② 的文章，无意中透露了驴车在突泉的变迁之路。

① 董威主编.突泉县志(1986—2005年)[M].呼伦贝尔：内蒙古文化出版社，2007：275.

② 田国君，马福生.昔日乡村小货郎 今朝携手闯市场 突泉县杜祥村村民跟着政策奔小康[J].中国工商报,2008.07.11:3.

“从西往东看，家家有小贩，每家去问问，都有几十万。”这是内蒙古自治区兴安盟突泉县东杜尔基镇杜祥村现在流行的顺口溜。杜祥村人不但爱说顺口溜，而且脑筋活，肯吃苦。说起这个村的农副产品购销经纪人协会，周边地区无人不知，无人不晓。

改革开放刚开始，杜祥村就出现了一支“毛驴车队”，在附近走村串屯做买卖，卖些针头线脑的小玩意儿。给钱行，没钱拿粮食换也行。就这样，很快有人成了万元户。

突泉的车辆变化

单位：辆

项目 \ 年份			1946	1949	1957	1962	1965	1970	1979	1983	1985
勒勒车			1972	1941	799	354	—	—	—	—	—
快轮车			303	361	21		160	—	—	—	—
花轮车			3419	4044	4329	2520	2071	—	—	—	—
胶轮车			56	104	272	1098	2457	2898	3805	6830	5933
拖拉机	总台数		—	—	—	9	19	35	289	355	341
	其中	轮式	—	—	—	—	—	—	160	179	291
汽车	载货汽车	数量	—	5	—	7	49	65	194	304	261
		吨位	—	—	—						1210
	载客汽车	数量	—	—	—	1	7	6	16	62	70
		客位	—	—	—						1050
	特种汽车		—	—	—			2	7	9	18
	汽车挂车		—	—	—	4	20	73		89	74

不知哪天，有人嫌赶着毛驴车做买卖不痛快，买了一辆金蛙牌农用三轮车，农副土特产品这里收，那里卖，收入比赶毛驴车时高出一大截。于是，赶毛驴车的把式们纷纷“卸车杀驴”，换成了“金蛙”，个个生意都做得更加红火。

斗转星移，又有那么一天，有人卖了3个轮子的“金蛙”，买了4个轮子的北汽福田小货车，人称“小北京”，这家伙比“金蛙”装得多，跑得快，更适合走村串乡。于是，“金蛙”的主人纷纷踹掉“金蛙”，买回“小北京”，将做买卖的范围扩大到邻旗邻县或外省市，收入也因此长了一大截。

近年来，爱琢磨事儿的杜祥村人觉得往外地跑，靠单打独斗不过瘾。恰逢此时，突泉县工商局积极引导、扶持该县各行业经纪人建立经纪人协会。杜祥村人一琢磨：“咱也建立个协会，抱成团往前闯，让家家户户都赚钱发家那才好。”说干就干，2005年，42户农民经纪人成立了农副产品购销经纪人协会，突泉县工商局给协会的农民经纪人发了优惠扶持卡，卡上标明对从事农副产品运销的经纪人减半收取车辆运输管理费，并可享受其他扶持政策。这下“小北京”们更有精神头了，他们手持优惠卡走南闯北，闯出了一片更广阔的天地。

如今，经纪人协会的张祖明已经不跑车了，在本村开起了农副产品购销公司。他掰着指头算了一笔账：“农副产品购销经纪人协会成立之初，有‘小北京’42辆，经过工商局3年的扶持，现在已发展到74辆，按每辆车年均收入4万元计算，仅此一项杜祥村年均增收100多万元。”现在村里的人忙完农活就去跑买卖，没闲着的，外地客人到这儿来，想找两个打牌的人都找不着。

就像顺口溜里面说的——工商局，来帮助，我们走上发财路。一门心思朝前看，勤奋劳动会致富！

中国历史上，马车是鼻祖。由于社会风气引领，魏晋喜牛车，南北朝时候牛车盛行，几乎没有人乘坐马车。到了晋代，驴车多起来，宋朝以牛车为主，驴、骡车更多了，明清多为骡车。蒙古文化背景包围着突泉，这个也就和我们突泉农耕文化有一定的内在联系，其实人是相通的，驴是一样的驴。文化共鸣、共享、共建，这样一个物种才会在一个新层次内发展进化，而不是简单的演变，最后灭亡。

第二部《突泉县志》封面

《突泉县志》记载一种“驴车”——花轮车，也叫花轱辘车，铁木结构。车轮主要由轮毂、轮辐、轮辋组成，轮辐为8~12根硬杂木所制，呈放射型联结轮稠与轮毂，轮辋外围以铆钉及铁瓦包裹。轮毂中间嵌有4~6根铁箭，用以固定轮毂，解决了轮、轴同转易磨损的问题。有大、中、小3种，小车较轻便，以两头驴驾驭即可，大型车须4马驱驾，载重1000~1500千克，日行40千米。1931年前后，全县有花轮车200辆，此后数量逐增，1958年达3172辆。70年代，机动车辆增加，花轮车渐被淘汰。①

胶轮车也称“胶皮车”“大胶车”，是中华人民共和国成立初期本县出现的主要货运工具。车体属铁木结构，车轮为胶轮，故称胶轮车。本身形状略别于花轮车，轮距较之宽，车辕较之短；车铺板两侧安装压箱板，高30厘米，长1.5米，主要供护轮搭跨之用。压箱板前后各嵌有

① 《突泉县志》编纂委员会.突泉县志[M].呼和浩特：内蒙古人民出版社，1993：498.

一板，反出如耳，称车耳板，用于乘坐及遮挡尘泥。胶轮车均装配车闸，闸柄安置于里耳板前端，行车时车把式可随时拉拽，灵便自如。车轮由外胎、内胎、轮辋组成，充气后即可使用，轮、轴以螺丝固定。这种车较其他畜力车运效高、行速快，载重量 2000~2500 千米，日行程可达 45 千米。一般混用骡马三四匹驾车，平原、山区均可行驶，长短途运输俱可担负。1949 年，全县有胶轮车 56 辆；1957 年有 272 辆；1962 年增至 1098 辆。此后渐为机动车取代。1980 年，落实农业生产责任制后，农村又出现车身小，以一马或两马即可驾驭的小型胶轮车，俗称“二马车”或“二胶车”，因其轻灵，便于运输，为个体农户所广泛使用；1985 年，全县大小型胶轮车 5933 辆。

突泉县内摩托车出现于 1970 年代，主要为邮电部门购置，供乡邮之用。进入 80 年代，摩托车数量不断增加，至 1985 年已达 70 辆，其中私人所有 55 辆，机关单位所有 1 辆。随着自行车、摩托车的不断发展，县内靠乘马骑驴或步行赶路者已稀有，以手提、背扛及牲畜驮载运输现象更为鲜见。[①]

突泉县毛驴车的命运就在这历史交响曲中脉动着。在突泉的乡村振兴中，来突泉骑驴，驾驴车“慢悠悠”浏览美景，享受突泉蓝天绿地，一定会成为新的风景。

> 驴车是我们千年前的祖先坐的车，我们还能坐在上面，真是福分。但愿我们不要失去这已经稀有难得的福分。
>
> ——刘亮程《在新疆》

（2019 年春）

① 《突泉县志》编纂委员会 . 突泉县志［M］. 呼和浩特：内蒙古人民出版社，1993：500.

骑着灰驴儿回北京

灰色的驴比黑色的驴要好看，要美。李敖在 2018 年终于骑着他的灰色的马，永远离开了！

突泉元旦大风起兮！下午，我又把《李敖有话说》找出来看看，也在网上找到了陈文茜的《给亲爱的李敖大哥》，重温文章，李敖自己嬉笑解读这篇文章，让我百感交集。“李敖则自比骑着白马离去的人，他告诉北京，此去已是永别了。”

李敖多次说到《圣经・新约启示录》第六章第八节的一个典故，“见有一匹灰色马，骑在马上的，名字叫作死。”这大抵就是李敖所提到的灰色马。

暗夜里，突泉秒变 / 突泉又新年 / 新年又突泉 / 有的人，一步步走过时间！有的人，被时间一步步走过！有的人，停在时间中，永恒！有的人，创造无穷的时间！ 2019、1919、919、19/ 久久为功的一个时间点 / 突泉 2019，创造 / 一个怎样的诗篇？

几乎没有区别，已经是 2019 年的元旦。是的！没有区别，一个时间的虚无主义者会这样玩味时间的，一夜之间，2018 年 12 月 31 日星期一午夜 12 点和 2019 年 1 月 1 日星期二凌晨零点完成了交接，2018 年和 2019 年完成了交接，一去不复返，永别了！突泉的 2018。

其实，那一个时间点已经随着我们的身体和生命前进，从未别过！时间的形而上学让人们以为这世界上真有一个独立的时间，即使是人类灭绝了还会有什么绝对的时间。很多人谈论着爱因斯坦的相对论，其实，时间相对论的本质就是世界上本没有时间，和地上的路一样。鲁迅先生说过：“什么是路？就是从没路的地方践踏出来的，从只有荆棘的地方开辟出来的。”

116 天。扶贫的日子过得很快，突泉的时间静静地铺在面前，听到突泉报时大钟讲述“北京时间”，我都会笑在心里，明明我已经身在突泉，过的是突泉时间了，还要在我的耳边一遍遍提醒我的北京时间，好在我的修为足够，不用受思念家乡的煎熬。

“岁月不居，时节如流”是魏晋孔融写的，紧接着是“五十之年，忽焉已至”。这恰恰是我的切身体会。《三字经》有“融四岁，能让梨”，就是这位老先生的事迹。可惜，孔融被曹操斩杀，天妒英才。岁月似乎是停不住的，时间节日流动而过。逝者如斯！这就是时间的相对运动，而实际上是人们自己在不断的行走。

毛驴是经典著作中经常提到的动物

来突泉马上 4 个月了，可是没有见到灰色的马，倒是见到很多灰色的驴，骑着毛驴在突泉漫行，诗情画意反而如大潮汹涌。

陆游说："老子舞时不须拍，梅花乱插乌巾香。樽前作剧莫相笑，我死诸君思此狂。"

2019 年，我要买一头灰色的毛驴，骑着它回北京了。

（2019 年 1 月 1 日）

庚午

赶驴车脱贫记

——高质量脱贫也是债务脱贫

春风四月天，习近平总书记考察重庆，针对“两不愁三保障”突出问题座谈，强调脱贫既要看数量，更要看质量。

2018年10月的一个星期日，我偶然走进一家贫困农户老韩家里，院子里三头驴吸引了我。一家三口，一天两顿饭，干部才吃三顿，老韩说。

到了屋里，先看了贴在墙上的“档案卡”，逐项询问，有些还可以说清楚，都对上了！数字上显示是可以脱贫了，可是如果继续问，他们往往会说出一串他们铭记在心的数字，如欠了药店700元、装修500元、饭店160元、小卖店600元、粮菜1900多元。这应该是一个几乎不识字的庄稼汉的良心账，于是我记录下来。

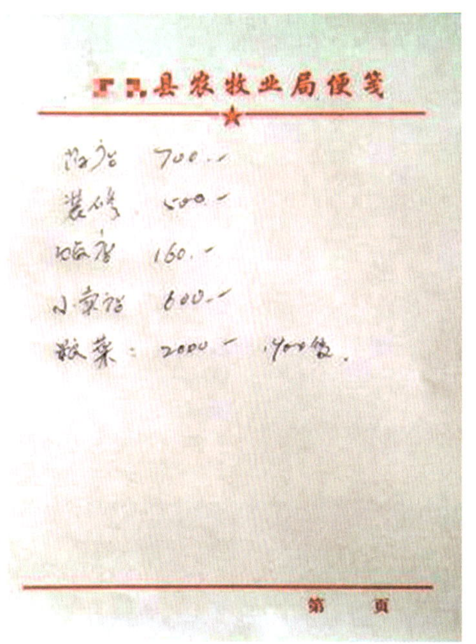
县农牧业局便笺

药店 700.-
装修 500.-
饭店 160.-
小卖部 600.-
粮菜：2000-

第　页

笔者记录的老韩的债务清单

说心里话，他们第一次说时，我是怀疑这些账目的，要去核实是很困难的。但是第二次说时，他又说了一句“有时候，想死的心都有”！再看到新整理打印的“建档立卡贫困户收入监测卡”的显示，2017年人均年收入2667.5元，2018年人均年收入2227.74元，我想，那个债务清单应该是真实的，当时已近2018年11月底，已经是冬天了，快要过年了。

“家家有本难念的经”，扶贫、脱贫不应该忽视“债务经”。很多贫困农民是欠了很多债的，可是我们扶贫的账本上是没有体现的。而扶贫工作的考核也基本上忽略了他们的债务问题，这个问题比较普遍。扶贫、脱贫关注的核心是收入，这有些类似盲目考核GDP，数量脱贫，而实际上幸福感、获得感仍缺乏。贫困户的心里账不仅是和自己的预期收入比，他们心里的压力往往更多体现在欠债上。

农民债务是一个双向困局，贫困户自己欠一屁股债，而自己的辛苦钱却被别人占用着，或者刚刚拿到手的钱还没捂热乎，就立即被拿走还债了，生活质量一点也没有提高。这些农民两手空空，心里怎能踏实呢？

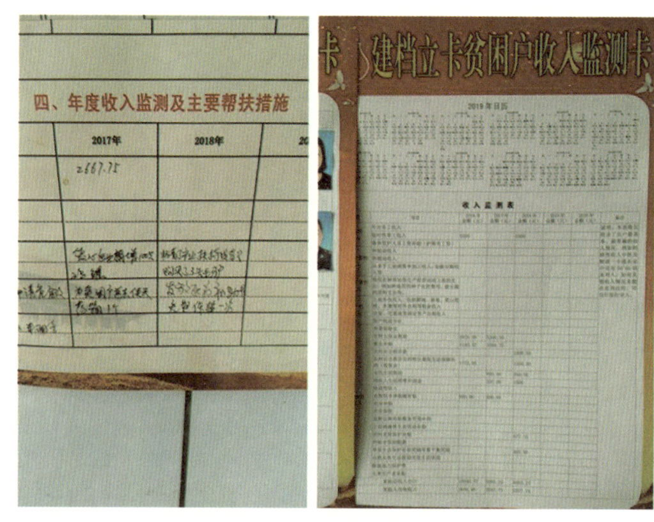

老韩的“档案卡”（左图为 2017 年；右图为 2018 年 11 月）

有一段时间，我想扶贫脱贫之后，就是红红火火的新农村建设和伟大的乡村振兴，但是问题还真没有这么简单。现在看，债务会拖累他们的跟进步伐，掉队的原因如果就是历史包袱太重，追上飞快前进的队伍几乎是不可能的。

2016 年，笔者曾经参加北京市的农民低收入增收工作。那时候，北京等部分省市已经消灭了贫困，但是，低收入的家庭还是比较多，而在调查工作中发现不断争取将自己纳入“低收入”群体而没有达到标准的人几乎都是被债务缠身的。在他们之中多是老人、欠医疗费的人。因此，单一的增收根本无力解决那么多人的问题，而医疗制度的深度改革本身反而就是“高质量增收”。

在一定程度上，发达地区的“低收入增收”就是欠发达地区的扶贫工作深入开展的方向，而把贫困农民的债务问题尽早专门提上脱贫攻坚的工作日程，对于提高扶贫质量大有裨益，也非常必要，更是迫在眉睫的。

树叶是取暖和做饭的燃料

2019 年元旦过后，在一次赶着驴车出行中，老韩遭遇车祸，他和一头扶贫驴都不幸去世了。

我们的父老乡亲、农民兄弟就是这样世世代代用自己的生命在脱贫的！老韩的遭遇让我久久不能释怀。

像老韩这样的农民欠了卖粮食的、卖菜的、卖肉的、小食店、小超市的钱加起来超过了自己一年的收入，虽然眼前不缺少粮食、蔬菜和肉，但真的不发愁吗？

现在没有多少农民自己种粮食、蔬菜自己食用了，也要处处购买、样样购买，在这些花钱的地方，他们没有现钱，只有赊欠，用自己贫困户的身份来赊欠，因为商贩们也知道他们早早晚晚可以还钱，贫困户的消费是在透支自己的未来。

农民为了维持基本的生活，没有能力“询价”，不可能在市场上获得较高的利润，面对市场风吹草动几乎无能为力。生活风险叠加，陷入贫困。因此，不能简简单单看平均收入，一定要看农民欠了多少粮食和蔬菜钱。

如果真正调查一下农民的债务情况，特别是脱贫的建档立卡贫困户，他们虽然在一定程度上脱贫了，但是心中的愁云并没有真正散去。而对生活中风吹草动的担心是实实在在影响着他们的获得感、幸福感的。然而，贫困户的债务问题并没有在脱贫攻坚的考核之中。

驴永远吃不饱似的

我们相信，脱贫攻坚战必然胜利，胜利之后干什么？怎么干？会松懈吗？庆祝是应该的，但一定不能被小小的一个胜利冲昏了头！从扶贫到增收，小到突泉县，大到全国都不会轻松，低收入群体比绝对贫困的人口更多，提高他们的生活质量任重而道远。

（2019 年 4 月 19 日）

上餐桌前的驴肉

——走访驴肉店

有时想想，在黄沙梁做一头驴，也是不错的。只要不年纪轻轻就被人宰掉，拉拉车，吃吃草，亢奋时叫两声，平常的时候就沉默，心怀驴胎，想想眼前嘴前的事儿。只要不懒，一辈子也挨不了几鞭。况且现在机器多了，驴活得比人悠闲，整日在村里村外溜达，调情撒欢。不过，闲得没事对一头驴来说是最最危险的事。好在做了驴就不想这些了，活一日乐一日，这句人话，用在驴身上才再合适不过。

——刘亮程

驴本来不是为了产生肉而存在的，养驴不是为了吃肉，但驴成了美食文化的食物链的一个环节也不是太过悲哀的事情。

这篇文章的题目本来想写《杀死毛驴》，但是觉得太血腥了，也就改了题目，温和一些。

其实我在突泉上班的路上有好几家驴肉店。

驴肉店和猪肉店在一起

网上用驴肉搜索结果显示，突泉县内曾有50多家驴肉店，现在正常经营的还有20家，主要集中在突泉镇内，也是很密集的。驴肉铺只卖生驴肉，名字带“店”，也有驴肉饭馆，提供中餐服务。

春节前的一个上午，我到了一家驴肉批发店，驴肉30元1斤，自己杀的驴。到冷库杀驴，80元一头。

老板自己杀驴，一年200多头，一般夜里两三点杀。

驴皮便宜了，15元1斤。其实，驴皮已经比较贵了。

肉店的墙角处摆着几个大食品袋，装得满满的。老板说，地上摆着分割好的驴肉，一袋子10斤。到处是血滴，肉案板上是暗紫色，不是新鲜的。可以真空包装，不注水，保证是好的。

在我上班的路上还有一家李二驴肉店，在店铺的北侧沿着墙围了一个细长的圈舍，里面经常养着待宰的驴，有时候我就为这些驴拍照。有时候，一头驴要养一星期，有时候，半天就不见了。一天下雨，在阴冷潮湿的空气中，门前的大树下有一股浓烈的血腥味，我想是在这里刚刚杀死过一头驴。

2019年4月16日，早晨6点，去集合点集合，到山里去种树，我一直奇怪突泉为什么不种树，也真实感受一下。远远看到驴肉店的大树下，一头已经剥了皮的驴倒在地上，昨天下班还看到这头驴，大概是刚买的。今天就宰了。我没有停下，照了一张照片。

下午，在店门口，我问驴肉怎么卖？老李说，32元。

雨中，驴肉店门前的血腥被冲洗干净，旁边的老毛驴在梳理自己的皮毛和心情

我说，应该想想自己养驴。老李的手摩挲着自己的肚皮，仿佛用表情在说，养驴不挣钱，还是自己的专业好。

我问：“怎么是连锁店？”

“和自己儿子，就我们两家！”老李笑了。

一个行业内部的分工也是历史造成的，三百六十行一直衍生下去，就有了三千六百、三万六千行，各自都是凭自己专业赚钱，而隔行如隔山，跨界经营并不是一定会成功，风险也是很大的，保守一些，还是抱着老饭碗，不管是金饭碗还是泥饭碗，吃饱了就可以了，这就是小富即安。沿着这个思路，**有时想想，在突泉做一头驴，也是不错的。只是不要落到老李的手里了。**

驴鬼得很！刘亮程的文章里，总是把驴的思想写成人的思维，当然还是拟人化的成年人的童话故事，这样的文字虽然有灵气了，但不过是一种虚拟现实，驴不会有思想，我还是相信唯物主义的。

考古中很少有驴的痕迹，大约就是因为驴连骨头带肉都被人吃了，没有留什么东西。如果不是人使劲儿想象，那些历史还真是虚无的。

如果驴活着，驴的生活是缓慢的，悠闲地过着每一天。

什么时候，突泉可以容下成千上万闲着没事的驴了，幸福突泉也就在“慢生活”中厚实起来了。

（2019 年 4 月）

餐桌上的驴肉

——突泉“草原驴肉宴”哪儿去了

“驴肉店”和“驴肉馆”一字之差，前者是商店、肉铺子，是菜篮子，是屠宰业，是美食的中段，后者是饭店、饭铺子，是餐饮业，是美食的末端，最靠近“舌尖”。

突泉的驴肉馆有 20 几家，起起落落，时间比较久的是有 10 多年。在网上查到了 24 家，注销了 14 家，11 家存续，两家“老郭驴肉馆”，一家“火山驴肉城”。

冬天和川田，突泉“老郭驴肉馆”店外，和另外一家老郭驴肉馆微信的宣传图片

我不吃，但是也要研究一下，买了一本《巧做全驴宴》。书中介绍百余种驴肉菜肴，还有驴肉加工技术及烹调技术，书中有精美冷拼彩图、手法和刀工介绍，有精美 8 寸彩拼、驴肉大拌、自助多味驴头、巧做驴肉热菜 4 类驴肉菜品，集川鲁粤辽及胶东菜等特色用于菜品的制作、烹调上，创造出色、香、味、形、器俱全的中华美食——全驴宴。全驴宴是少数有实力的北方菜系餐馆的特色，门头一般都悬挂“正宗河间驴肉火烧”字样，其中最著名的品牌当属“青林全驴宴”。“青林全驴宴”创立于 20 世纪 90 年代，由国家特级厨师杨青林先生经过 10 余年的研制，坚持自己屠宰，自己煮肉，把握好每道工序，研制出具有河间特色的全驴宴，每逢有外地客人来河间，就像逛河间府衙一样，“青林全驴宴”必须吃。

春节前的一个上午，我到了“老郭驴肉馆”，买了一些熟驴肉，驴排骨、熟驴肉，七八十元一斤，花了四五百元。感觉还是比较贵的，因为不是“美食家”，自己对驴肉没什么感觉。过了春节，“老郭驴肉馆”招牌成了“老郭驴肉”，邻居也换了门口的招牌。写这篇文章的时候，我才特意去找另外一家“老郭驴肉馆”，原来经常路过，在一个小巷子里，左拐右拐的。“酒香不怕巷子深”，这驴肉馆看来确实好，还真藏在巷子的最深处。

驴肉馆属于餐饮行业，俗话说：“要健康，喝驴汤；想长寿，吃驴肉”。突泉也曾经着力打造过“驴肉美食”。2014 年 6 月 28—30 日，在兴安盟举办的第三届中俄蒙国际美食文化节上，突泉县香驴城驴肉火锅店的“草原驴肉宴”以其独特的口味和特有的药用价值赢得评委们的青睐，被评为全盟特金奖。在这次美食文化节上，突泉香驴城驴肉火锅店的“草原驴肉宴”一举成名，被中国饭店协会和内蒙古餐饮与饭店行业协会选中。

突泉香驴城驴肉火锅店厨师湛利民在盟宾馆做专业厨师 19 年，他开发的驴肉火锅已经申请国家专利，目前他是国家级评委，具有高级技师资格证书。3 年前，湛师傅举家来到突泉，用他独有的厨技在突泉县开设了“香驴城驴肉火锅”，生意一开张就赢得顾客的一致好评，直到 3 年后的今天，生意仍然兴隆，新老顾客不断光顾，这位名厨让突泉人有幸大饱口福。

今天“中国名宴”“内蒙古名宴”的殊荣使突泉“香驴城驴肉火锅”店更是锦上添花，实至名归，为突泉县的餐饮业打造了响当当的金字招牌。①

突泉“倔毛驴驴肉馆”的路边招牌，馆子在胡同里

网上查到，2015 年 6 月，原来位于新华路计生局北 100 米路东的突泉香驴城驴肉火锅店注销了。突泉餐馆很多，而人口不多，整体上消费并不高，专门的“驴肉火锅”经营起来并

① “草原驴肉宴”被评为“中国名宴”[EB/OL]. 内蒙古新闻网，新闻中心，http://inews.nmgnews.com.cn/system/2014/10/06/011546311.shtml。

不轻松。

其实，从根子上讲，草原上没有毛驴，说草原驴肉是比较牵强的，如果不是强撑住，驴肉馆生存是不会太容易的。话说回来，一切家畜家禽都是“人定胜天”的产物，是天然向人工偏转的结果，不是纯粹的自然，而是人为的自然，人力的自然。

突泉的驴叫是绿色的。每天都听到驴叫，夏天驴有时候凌晨三点多就开始叫。我的住所附近的养驴老农说起村子里的养驴情况，提到了“倔毛驴驴肉馆”，老板姓张，兄弟两个，既屠宰，也开饭馆，而一般屠宰驴就要养驴，哪怕是养几天待宰，饲养、屠宰、加工也算是个全产业链了。

张二驴肉馆

“倔毛驴驴肉馆”也是距离我的住处最近的驴肉馆，在路边立了招牌，馆子在胡同里，我没有进去过，不过每次经过，看着都很红火的样子，也是一家老字号了。听村子里人讲，他们杀驴有很多年头了，估计有二三十年。

2019 年 3 月 30 日，我步行上班，在“张二驴肉馆”门前经过时，看到店门上贴了告示“外出学习，停业二天”，就拍了这张照片。学习，是不是有新的菜品要来了？一次到路对面的理发店理发，问理发店的人吃过路对面驴肉馆的驴肉吗？他们说没有吃过，要吃驴肉，就买肉自己做着吃。我突然想，驴肉馆子应该主动把自己的特色菜送上门给自己的左邻右舍，一方面推广，一方面也促进邻里和谐。

2019 年 4 月 30 日，我回北京，想了解一下房山的养驴和驴肉馆，就骑上自行车走了 100 多里路，主要是到贾公祠看骑驴的大诗人贾岛，探寻房山的驴文化。沿路也看到了 4 家驴肉馆。“徐水驴肉馆”和“驴掌柜”在石楼村南，我在“驴掌柜”买了两个驴肉火烧，一看放的肉太多了，也很油腻，就没敢吃，放到冰箱里冻了起来。

老郭驴肉呼市店

良乡南关外京保公路路东的“徐水驴肉馆”，我印象中好像开了很多年了，一般是卖早点，大字的招牌前面是“东亮小吃”，离近些看，招牌油漆已经剥落。北京至河北保定的公路称为京保公路，国道 107 线，途经河北涿州。所以，推测当年大宋皇帝赵光义兵败，乘驴车逃往涿州，大约就在此经过。而此后的皇帝们很多应该走过这条路。良乡距离起点北京广安门24千米，距离涿州48千米，赵光义的驴车跑了一夜，将近100千米，小毛驴跑得真不慢。

无意中对比了突泉和房山的驴业发展。现在房山没有驴了，但驴肉还能吃到，而突泉有自己的驴，也吃着自己生产的驴肉，这也是自给自足的幸福。

在突泉千百年的历史中，驴肉馆也是起起落落，很多都发展壮大，也走出了突泉，这家“老郭驴肉馆”在呼市也开了分店，而“香驴城驴肉火锅”和“草原驴肉宴”可能去了辽阔的草原呢！

北京房山良乡南关外京保公路路东的“徐水驴肉馆”，一千年前大宋皇帝赵光义兵败，乘驴车逃往涿州，大约就在此经过。石楼镇两个驴肉小饭馆“徐水驴肉”和“驴掌柜”，“驴掌柜”店内的宣传画和柜子里的驴肉

（2019年7月14日）

寻找突泉白驴

见过白驴吗？

混元初，张果老，白驴踏着虚空倒。

有汉灵帝兮，为乐驱驾四白驴？

山客狂来跨白驴，袖中遗却颍阳书。人间亦有妻儿在，抛向嵩阳古观居。

如今若更生来此，知有何人赠白驴。

长白山中跨白驴，偏提时挂小篮舆。

突泉有没有白色的驴？

突泉冰雪节上，一点儿驴文化的影子都没有，如果有冰雪驴的雕塑，那才是驴文化真的复活了，也是驴文化真正被创造出来了。

倒骑白驴的张果老邮票

（突泉县农耕民俗博物馆藏）

白色的驴在遗传学上应该是特例，不会有很多，而在养驴的历史上，驴的数量也是很少的，几千万分之一的白色概率，也就注定了人们几乎不会看到白色的驴。

再看一条新闻《黑驴爹妈生出一头白驴　买家欲出百万主人舍不得卖》。

大连长海县大长山岛镇三官庙村杨玉德家就有这样一只白驴“明星”[①]，因为上过央视新闻而更加走红，有人欲花百万元购买，主人都不舍得卖。白驴的女主人杨淑华介绍说，她老家在内蒙古，今年应该 70 多岁。白驴是 2010 年 2 月出生的，家里当时有三头驴，驴的父母都正常，

① 洪冰，王洁．黑驴爹妈生出一头白驴　买家欲出百万主人舍不得卖［N］．半岛晨报，2015-07-30.

连“姥姥”也是正常毛色的。白驴刚出生的时候，她还以为是一只小羊羔跑进了驴圈。待她和老伴走进仔细一看，竟然是小驴，全身都是白色，没有一点儿杂色。在当地，也有农户家养驴，可是这白色的驴别说看见，就是听都没听过，很多居民不了解，还给它起了个外号叫“白鬼”。

几年过去，白驴仍旧在杨家的小山坡上。白驴性子非常温顺，见到生人也不害怕，见到杨淑华更是亲近，追着去蹭她。杨淑华说，这只驴如今成了一只“明星驴”，因为稀奇，它还曾上了央视新闻。

辽宁大连白驴

家里人也都很珍视这头驴，白驴的父母虽先后被卖，但是一直舍不得卖白驴，连重活都舍不得让它干。

有个南方的老板找到了杨淑华，说他家已经有三头白驴，都是他淘来的，他欲花百万元购买这头白驴凑数，杨淑华没动心，她舍不得卖，这驴相处久了也有了感情，就这样养着吧，像是我们的家人，少了还不习惯。

无独有偶，2012 年 6 月，在天津市西青区王稳庄镇小张庄村就出了这么一件稀奇事儿，一对黑色的驴竟然生出一头纯白色的小驴。①

看到记者一行走进饲养棚，原本懒洋洋地躺在地上的小白驴像是欢迎客人一样站起了身，在饲养棚里小跑了几步，然后又回到了原地。驴主人付国起指着这头小驴说：“你瞅瞅，全身上下一点儿杂毛都没有，像匹白马。”一般的驴除眼圈周围有一圈白色的毛外，包括眼睛在内，几乎全身都是灰黑色的，而这头小驴全身都是白色的，但眼睛却是红色的。

据付大爷介绍，这头小驴的妈妈怀它的时间比正常驴怀孕时间长。驴怀孕一般是一年的时间，可是这头小驴出生却晚了 3 个月。6 月 5 日早上 6 点多，如往常一样走进饲养棚的付大爷突然发现地上多了个大“塑料袋”，定睛一看才认出来，这原来是一头白色的小驴。

“我都 81 岁了，养了一辈子的驴，还是头一次看到白色的。”付大爷笑着说。小白驴出生后，付大爷一家就把它当成了宝，村里的乡亲们更是口口相传，几天的工夫，几乎全村的人都知道老付家多了个稀罕物。

天津农学院动物科学院李富桂教授说，有两种可能会导致小白驴的出现，一种是由于遗传因素导致的，另一种是属于白化现象，但是产生这种现象的概率是极低的，并且这种情况下小

① 佟芳.“黑爹妈”生下奇异白驴崽儿 怀胎时间都长 3 个月［N］. 每日新报，2012-06-09.

驴会有一定的畏光性。如果想要了解它是否健康，需要等到其发育一段时间后，观察其体况才能够进一步判断。

2019 年 11 月 5 日，突泉县城北厢村路边两头漂亮的小毛驴

从照片看，小白驴出生只有几天，“胎里瘦”的样子。今年算起来应该有 7 岁了，不知道命运如何。

骑上白色的驴，不是一种厄运，而是幸运和幸福。

寻找突泉白驴也应该是一件很有意思的事情。如果有白驴，应该保护起来。

（2019 年 4 月 5 日）

甲戌

卖驴买牛颇同价

——感受突泉养驴的市场经济考验

好奇的小毛驴

来到突泉，发现毛驴价格有的1万元，有的居然约1.7万元，这个价格比一头牛的价格还要高。用一头驴子换一头牛还有富余！

第一次遇到马老汉是2018年11月3日，在新华路上，马老汉把驴车停在公路边，正在卖大鹅，看到还有一匹小驴子跟着，我看到就用手机照了几张照片。

马老汉看到我，就笑着和我唠唠嗑。马老汉70岁了，不是贫困户，但是有民政补贴，每年1000多元，养了一头驴和一些鹅，我在突泉镇大街上遇到他的时候，他正在卖大鹅，100元或80元一只。有人问价，讨价还价，老马没有卖，一点儿不减价。

一个骑自行车的老者问老马，哪里可以买到驴？三四千块钱的有没有？那个时候，突泉县政府还是扶持养驴业发展的，所以吸引了社会力量的参与。骑自行车的老者大约是要倒卖驴子给贫困户，希望从中获利。

我当时正在研究突泉县的养驴业如何发展，但是对于单纯肉驴的发展是不太乐观的。突泉县饲养驴达万头，经济规模将近一亿元，如果市场不稳定，就会遭受比较大的损失，而且这些养驴农户都比较贫穷，风险承担能力很弱。

养驴赚不赚钱不是问题，时间才是问题。近些年，驴市场已经是一个畸形的市场了。市场全球化，一个一辈子没有出过内蒙古的文盲老汉怎么知道自己养的驴要与非洲和南美洲的驴竞争呢？

春节前，我又在大街上遇到老马。老马和老伴儿轮流住院，一下子花掉上万元，医保报销了一些，好在困难时有儿子帮助。春天卖鹅蛋，青黄不接既有事情做，也有收入。这是几十年“老把式”的智慧。

2019 年 6 月 4 日中午，我骑自行车回住处，在街边看到老马正在卖鹅蛋。他的一头小毛驴卖了 1000 多元。年纪大了顾不过来，他只好便宜处理了。我说请他吃饭，他却拿车上的鹅蛋给我，我不要，赶紧骑上车走了。

老马在卖鹅蛋

老马腿脚不方便，劳动困难，只好把这头小毛驴卖了，十分可惜。

其实，农民的“买卖观”是很朴素的。土地、秸秆、荒草没有花费他们什么本钱，而养一头小毛驴可以卖 1000 多元，除去自己投入的本钱，配种费、医药费等，自己还赚了 1000 元，为什么不卖了呢？

对于老马而言，养驴赚不赚钱不是问题，身体不行了才是问题。等不及了，腿脚不灵了，还要伺候一群大鹅，再养活两头驴，明显力不从心。关键是老伴身体也不好。

“翻思养驴竟何益？”“山人卖驴归买牛，买得牛来颇同价。”历史惊人的相似。一年前还是“卖驴买牛颇同价”，今年驴已经是身价大跌了。这就是市场经济的体现，不是一个市场要素主体可以决定的。

驴可以跨不可耕，牛可以耕还可跨。
山人卖驴归买牛，买得牛来颇同价。
溪雨初收水绕门，山人晓耕溪上云。
土膏不觉秋成早，香秫酿成新酒浑。
翻思养驴竟何益，空将刍豆饱其食。
躯小蹄薄终无力，有时跳梁蹶侧石。
草深牛背稳于舟，浩歌白石南山秋。
却笑哦诗灞桥上，满身风雪归来休。

张庸[①]作了这首《卖驴买牛歌为胡维舟赋》，全诗诉说为什么卖驴，为什么买牛，用卖驴的钱买了牛，价格差不多。驴如何不好，牛如何好。张庸一生足迹没有离开四明，其诗所反映的社会生活局促狭窄，所以质问“翻思养驴竟何益，空将刍豆饱其食”，觉得驴子是“白吃”，不值钱，这和当年柳宗元《黔之驴》的“黔无驴，有好事者船载以入。至则无可用，放之山下”有异曲同工之处。但是，“瘦驴幸免踏陈迹，东风贯耳鸣斜晖”。

小毛驴不知愁滋味

突泉的养驴成不成功、赚不赚钱，不是突泉市场可以决定的，也不是兴安盟、内蒙古可以决定的，甚至不是整个国家可以决定的，市场全球化、市场政治化、市场军事化、市场法律化等合力加在每一头驴身上，这就是市场经济机制，这就是市场经济考验。

党的十九大报告强调，要深刻认识党面临的执政考验、改革开放考验、市场经济考验、外部环境考验的长期性和复杂性。在“四大考验”中，市场经济考验是属于经济基础层面的考验，将伴随社会主义市场经济发展全过程。应对市场经济考验，不能指望毕其功于一役，而应如履薄冰、步步为营，不能指望“速胜”“速富”，而应如风雨同舟、久久为功，把突泉养驴这场持久战打赢、打好！

（2019年7月）

① 张庸，字惟中，号全归处士，元明间宁波慈溪人。少失怙，弱冠以诗鸣于乡。元末兵乱，方国珍署为上虞书院山长，不就。方国珍据四明时，署为上虞山长，弃去。入明不复出，有《全归集》。《全归集》是元诗别集，6卷，“全归”是张庸别号，故名。书首乌斯道序写于明洪武二十二年(1389)。友人乌斯道称其诗“浑沦雄伟，铿锵典丽”。张庸身处元明交替的社会动乱时代，既未为元朝所用，又未出仕新朝，以“处士”终，足迹没有离开四明。其诗所反映的社会生活局促狭窄，以格律工稳老到见长。四明是浙江旧宁波府的别称，以境内有四明山得名。传说山上有方石，四面如窗，中通日、月、星宿之光，故称四明。

由贫到富的"文化转基因"

不知道什么时候来了，也不知道什么时候走了，这就是突泉的毛驴。这不是诗歌，而是毛驴的欢鸣。本来想看毛驴，无意之间到了老韩家。

当我第一次走进建档立卡的贫困户老韩家，看到他二级智力残疾的妻子和女儿，尤其是已经 20 岁的文盲女儿，让我想起了"狼孩"。但是多次接触中，感到两个智障人除了不识字，数字概念不清楚，无法走出这个小家，不能、不敢走出农家小院，无法进入社会之外，感触更多的是全家人的幸福和相互关爱。

随着社会进步，一个家庭乃至整个国家，从贫穷到富裕，一代人十年八年就可以完成，而创造新文化却一定是一个漫长的过程。传统文化无疑是我们固有的文化基因，而西方文化是外来的文化基因，二者的结合就是一个深刻而重大的"转基因"过程。就像人们质疑粮食转基因一样，"文化转基因"也不是自然的进化过程，倒退的"退化论"也存在着。

2019 年是五四运动爆发 100 周年，1919 年五四运动是新文化运动的高峰。100 年过去了，民主与科学已经达到了新境界。无法接纳、接受"新文化基因"，势必造成人们对于小农经济的固守和护卫，甚至建造与未来社会隔绝的"世外桃源"，无论是有意识还是无意识，这个矛盾也实实在在地存在着。

扶贫既要扶志，又要扶智，志气和智力都是人发展的方向选择，都是文化历史和文化基因。扶贫重在扶智（志），毫无疑问，贫穷与智（志）困合力抵抗社会发展。促进贫困人口的流动、活动、劳动、运动都

居民楼前的毛驴车

可以在一定程度修补“又穷又傻”或“又傻又有钱”的历史基因。可是这种“文化转基因”合乎文化伦理吗?

老韩全家人2019年脱贫毫无问题。可是，没有现代工业文化的人，被动富裕之后会怎样继续生活，是提升还是倒退，这不是贫穷问题，而是人类“后富裕”阶段的普遍伦理文化问题。我们是不是用同一个生活目标衡量这些人，进而消灭一切所谓的落后和差异？这并不确定！因此，虽然一定要消灭贫穷，但是贫穷所对应的农业文化生态环境仍然需要长期保护，而要把这份遗产传承留给“后富裕”时代，这比GDP数字更重要，也更艰难。

在中国广大农村，农业产能过剩，农业文化并不过剩。农产品过剩就会“异化”农民的贫穷，而即使是农业文化过剩也不会导致农民贫穷。农业结构不均衡是农民面临的现状，但是更加严重且被忽视的是“隐身化”的农业文化伴随着现代化被大量消灭——基因消灭。农业文化、农村文化、农民文化大量失去了旧的生存生态环境的依托，濒临灭绝，新的“三农文化”又没有建设出来，“三农文化”时时刻刻都处在一个濒危的局面。

“文化转基因”如何顺利致富，如何摆脱贫困？不是一个务虚的比喻，而是一个实实在在的问题。中华文化基因的本质在于字、语、音、人、物等这些物化的优秀文化载体被祖辈们千辛万苦创造出来了，或者向后，成为文物，甚至沦为粪土；或者向前，再如何转基因也不可能消亡，反而会在接收新的基因之后被激发出新的活力和创造力，创造出新的载体。

“三农文化”的脱贫也不仅仅是把狭义的文化和旅游结合起来，不仅仅是能够吸引游客，而是用“三农”文化、文明唤醒游客们，甘愿反哺和回馈。到那时候，富裕不再是目的，而是共享文化生活的副产品。

（2018年11月）

你骑过驴吗

——讲给孩子们的故事

2020 年 6 月 28 日，荣获“共和国勋章”的全国人大代表申纪兰因病逝世，享年 91 岁。她有两个身份是值得被历史记住的：一是第一届至第十三届人大代表，是中华人民共和国人民当家作主的见证人、亲历者；二是中华人民共和国“男女同工同酬”的推动者、实践者。

申纪兰多次说，1954 年第一次到北京参加全国人代会，她是骑着毛驴从村里出发的。但是，2019 年 3 月 3 日上午，全国人大代表申纪兰乘飞机抵达北京。她又仔细回忆：“那时候平顺到长治没有公路，劳模李顺达给了我一头毛驴，让我骑到长治坐车。路上都是羊肠小道，两边的沟很深，我没骑过，怕毛驴把我摔下山，去不成北京了。”原来当年 25 岁的申纪兰跟着毛驴走了 7 个小时，到长治市后再坐卡车到太原，最后随代表团一同进京，一共花了 4 天时间。中华人民共和国成立初期，驴骑已是不错的待遇，但她居然怕摔没敢骑。

一、你骑过驴吗

有机会我就问小孩，回答都是没有骑过驴。

如果到一所小学校里问同学们：**“你骑过驴吗？”**几乎都会回答：“没有！”“从来没有！”

小男孩十岁了，上小学五年级。家里养了两头驴，个儿头不大。

孩子的奶奶抢过话头来说：“没骑过！从没有碰过！从不往近前去。”

养驴的农家孩子都没有骑过驴，那么，其他的孩子接触驴也就更少了。养驴比较多的农业县尚且如此，在全国其他地方，养驴“无用”就是养驴业的现状。

驴看似清闲了，自由自在了，但大多数驴也就失去了存在的意义，毕竟驴是为了人而生存的。自由自在的驴子是野驴，是回归自然，可如今留给驴的自然还有多少呢？这就是如今驴的数量日益减少的原因。

二、你害怕驴吗

很多孩子是害怕驴的。老虎最初也是害怕驴的，《黔之驴》为证。

黔无驴，有好事者船载以入。至则无可用，放之山下。虎见之，庞然大物也，以为神，蔽林间窥之。稍出近之，慭慭然，莫相知。

他日，驴一鸣，虎大骇，远遁；以为且噬己也，甚恐。然往来视之，觉无异能者；益习其声，又近出前后，终不敢搏。稍近，益狎，荡倚冲冒。驴不胜怒，蹄之。虎因喜，计之曰："技止此耳！"因跳踉大㘎，断其喉，尽其肉，乃去。

噫！形之庞也类有德，声之宏也类有能。向不出其技，虎虽猛，疑畏，卒不敢取。今若是焉，悲夫！

《黔之驴》是柳宗元的作品《三戒》中的第二篇。《三戒》是指《临江之麋》《黔之驴》《永某氏之鼠》三篇。《三戒》的序中说："吾恒恶性之人，不知推己之本，而乘物以逞，或依势以干非其类，出技以怒强，窃时以肆暴。然卒迨于祸。有害淡麋、驴、鼠三物，似其事，作三戒。"由此可知，作者写这三篇是为了警戒世人：毫无自知之明而肆意逞志，必然自招祸患。

《城南旧事》插图
（突泉县农耕民俗博物馆藏）

柳宗元太熟悉驴了，每天都骑驴。唐朝的时候，文人墨客、达官贵人都会骑驴，也喜欢骑驴，那时人们已经不太喜欢骑马了。马又贵又危险，而骑驴物美价廉还安全。

有一个话叫"坠马而亡"，唐朝以前就时有发生了，有的是由于交通事故，有些是由于游猎征战。

毛泽东有句诗："梁王坠马寻常事，何用哀伤付一生。"讲的就是"坠马而亡"。西汉初年（公元前 169 年），梁怀王刘揖入朝，途中坠马而亡。梁怀王是汉文帝的第四个儿子。贾谊（公元前 200—前 168 年）是他的太傅，贾谊认为这个事故是自己的失职，内疚不已，33 岁忧郁而死。

到了南北朝时期，北齐孝昭帝高演（535—561 年）坠马而死，他也是历史上唯一坠马而死的皇帝。皇建二年（561 年）十月，高演带领着几个随从到郊外打猎散心。皇帝骑着白马飞奔，突然一只兔子从树丛中冲出，骏马受惊跳起，高演从马上坠落，重重地摔在了地上，肋骨折断，伤重不久病逝，终年 27 岁。

比柳宗元小了 30 岁的杜牧（803—约 852 年）写过一篇《唐故进士龚轺墓志》。

会昌五年（845 年）十二月，某自秋浦守桐庐，路由钱塘。龚轺袖诗以进士名来谒，时刺史赵郡李播曰：龚秀才诗人，兼善鼓琴。因令操流拨弄，清越可听。及饮酒，颇攻章程，谨雅而和。饮罢，某南去，舟中阅其诗，有山水闲淡之思。后四年，守吴兴，因与进士严恽言及鬼神事，严生曰：有进士龚轺，去岁来此，昼坐客馆中，若有二人召轺者，轺命马甚速，始跨鞍，马惊堕地，折左胫，旬日卒。余始了然。忆钱塘见轺时，徐徐寻思，如昨日事，因知尚殡于野，乃命军吏徐良改葬于卞山，南去州城西北一十五里。严生与轺善，亦不知其乡里源流，故不得记。呜呼！胡为而来二鬼，惊马折胫而死哉？

大中五年（851 年）辛未岁五月二日记

杜牧的这篇墓志有些像唐传奇故事，二鬼诱使龚轺坠马而亡，奇幻恐怖，惊吓诗人。当然，柳宗元没有见过这篇墓志，但是当时的人是有些“害怕骑马”的。

后来的《三国演义》《水浒传》里面都有过大将军坠马伤亡的情节，三国名将关羽的后代大刀关胜是坠马而死。最近的新闻，好几位电影明星也有坠马的痛苦经历。所以，骑马是件危险的事，骑马需要很专业。

驴就不一样了，驴很安全，尤其是骑驴。老人、孩子骑驴，文人、女人骑驴，都没有被摔伤过。驴子宁可伤了自己，也不会让主人受伤。一位驴场主说，自己几十年摔了很多次，300 头驴受伤，可是自己没有被摔伤过一次。

柳宗元很了解驴。在《黔之驴》中，驴遇到老虎只是鸣叫、脚踹，虚张声势，貌似强大。老虎对驴的认识和态度是有个害怕、试探、真知的过程。老虎第一“怕看”。视觉上驴是庞然大物，以为神！神圣不可侵犯！先入为主。第二“怕听”，听觉上，驴的鸣叫特殊，没听过，太可怕了！自然而然反应是“大骇”“远遁”“甚恐”，听觉加上视觉使老虎对驴的惧怕程度加深了。老虎观察后先是否定了最初的“惧怕”，尝试“荡倚冲冒”。第三“怕踢”，“驴不胜怒，蹄之”。感觉上，老虎第一次被驴踢了，拼命跑开了。但是，老虎没有受伤。接下来，老虎的喜事连连。

骑驴不是吃驴，我们怕什么呢？

> 我向来是怕马骡一类的大动物，驴子也是我所怕的。所以当我听见她们说往明陵须要骑驴，我心就觉得胆怯，但是害怕驴子的恐怖和要逛明陵的愿望交战的结果，还是恐怖递了降表，……我的出游的冲动，鼓着我的勇气，照例跨到驴背上，果真恐怖又来了。驴子一动，我心里就捏着一把汗。没有法子，只得极谦恭地卑躬屈节的支持下去。熟能生巧，俗话说的真正不错，骑不上二里，我果然胆子大起来了。我也要抬起头来浏览四围的景色，或和同行的谈话，甚至于不拉缰绳，让它自己走。

三、骑驴可以干什么?

问一个小孩子，回答“不知道”！

孩子们不喜欢驴，只是拿着手机打游戏、看动画片。

现在要在突泉拍一张骑驴的照片几乎不可能，人们已经不再骑驴了。只有老年人还有骑驴的记忆。不过驴车还是有一些，都是老年人坐在驴车上。过去驴车是交通工具，《中国古代交通》中有一段描述，但是对于驴的认识很不充分。

我们看一下清朝乐钧[①]写的文章《爱驴》：

> 某翁富而吝，善权子母，责负无，虚日。后以年且老，艰于途，遂买一驴代步。顾爱惜甚至，非甚困惫，未尝肯据鞍，驴出翁胯下者，岁不过数四。值天暑，有索于远道，不得已与驴俱。中道翁喘，乃跨驴，驰二三里，驴亦不习骑，亦喘。翁惊亟下，解其鞍。驴以为息已也，往故道逸归。翁急遽呼驴，驴走不顾，追之弗及也。大惧驴亡，又怯于弃鞍，因负鞍趋归家，亟问：“驴在否？”其子曰：“驴在。”翁乃复喜。徐释鞍，始觉足顿而背裂也，又伤其暑，病逾月乃瘥。

以上故事说的是有一个富翁年纪大走路困难，就买了一头“老年代步驴”。他爱驴，不是万不得已从不骑，每年没骑过 4 次。有一次有事外出，他带上驴。天气暑热，走到半路，他气都喘不过来，就骑上驴，跑了二三里。驴呼呼气喘；他赶忙下来，解了鞍，转身找地方放置，还没放下就看到驴也原地转身，原路返回了。他急急忙呼唤驴，驴头也不回。富翁心急，怕驴丢了，又怕丢鞍子，于是自己背起鞍，一路追赶。到了家就问：“驴回来了吗？”他儿子说：“驴回来了！”他又高兴了。等慢慢地放下鞍，才开始觉得腿脚都抬不起来了，后背像裂开了一样

---

① 乐钧（1766—1814 年或 1816 年），原名宫谱，字效堂，一字元淑，号莲裳，别号梦花楼主。江西抚州府临川长宁高坪村（今金溪县陈坊积乡高坪村）人。清代著名文学家。他的笔记小说《耳食录》初编 12 卷 112 篇，写于乾隆五十七年壬子（1792 年），梦花楼刊本单行本；二编 8 卷 87 篇，写于乾隆五十九年甲寅（1794 年），嘉庆单行本。两编合录 199 个故事。

疼，加上中暑，病了一个多月才好。

故事里主人驮着鞍子，驴倒轻松自在，碰上这样的好人家，驴不回来才是“傻子”。这样爱驴，又可气又可爱。

“驴亦不习骑”，这娇惯坏了驴脾气，多骑一骑，驴的体力也会增强，习惯了也就不娇气了。现在的驴都被娇惯坏了。

你骑过驴吗？没有。我尽看唱本了！

等突泉的骑驴旅游发展起来了，一定要来骑个够！

2019年夏天，楼下的路口，邻居在“遛驴”，小母驴已经怀孕了，每天要运动

（2019年7月15日）

丁丑

牵驴脱贫

贫困户领取毛驴牵回家

我们先看一篇内蒙古日报社融媒体的新闻 :《"扶贫毛驴"当年就能让我脱贫了！》。

2017 年 8 月 30 日，突泉县太平乡核心村迎来了一拨"外来客"——45 头由村干部几经周折从辽宁黑山县引进的母毛驴。

这些油光锃亮、膘肥体壮的母毛驴很快适应了村里闲置的棚圈，随后经过村干部打号、贫困户抓阄，各回各家成为核心村的"坐地户"。

68 岁的陈树昌是本村一位独居贫困户，领到驴的老人逢人就夸："养驴在以前就是老百姓基本的营生，现在靠政策白得一头驴，还给上了保险，草料也比养羊好弄，我一个老头，割草、饮驴更是看家本事，圈养一头驴绝对没问题，今年我就能脱贫啦！"

突泉小城村的张老弟养了 10 头驴

这次购买的 45 头母驴均价为 9638 元，母驴年产 1 头小驴，当年出售价格约 5000~7000 元，扣除草料等饲养成本，各养驴户基本能够实现脱贫。从采购地点、市场价格、预计效益甚至母驴的挑选发放，村党支部书记葛殿全娓娓道来，并不时地强调如何保证全过程信息畅通、公平合理，让乡领导放心、贫困户安心。

记者了解到，为了落实好产业扶贫政策，让本村贫困户切实从扶贫政策中受益，核心村村干部经过反复调研商讨，在广泛征询贫困户意愿和市场调研的基础上，将本村大牲畜养殖项目确定为母驴养殖。核心村共有贫困户 58 户 118 人，养驴对于各户的劳动能力和技能要求不高，因此符合条件并有养驴意愿的贫困户均可享受该政策，在现有基础上还将继续引进 20 头驴，以保证各贫困户人手一头。鉴于驴肉市场发展较为平稳，乡、村两级干部在具体做法上充分考量了本地实际，全程通力合作、多方配合，为贫困户的脱贫增收保驾护航的同时，也为探索产业扶贫之路积累了独到而丰富的经验。

考虑到养驴的风险，太平乡联系了保险部门，为贫困户所饲养的母驴缴纳保险，最高可赔付 9000 元。同时，为了避免农户将驴转手变现，村干部与各贫困户签订了协议，缴纳 1000 元保证金。虽然母驴是分散饲养，但保证了核心村集体经济的产业化发展，贫困户个人和村集体都有效规避了风险。

以上是 2017 年 8 月 30 日内蒙古日报的新闻。2018 年没有追踪报道。2019 年，我去追踪调查。不过估计很不乐观。如果养驴可以致富，传统养驴户都应该富裕起来了，可是历史事实证明了“穷养驴”，那么是不是“养驴穷”呢？

到 2019 年 8 月 30 日，差不多两个生产周期了，还有多少驴？ 2019 春天我问过知情的同事，回答说养驴的不多了。

如果养肉驴失败了，是不是就不应该继续养驴了？

2018 年，全国粮食总产量 65789 万吨 (13158 亿斤)，突泉 110 万吨，占全国的 0.17%。

2018 年，全国驴存栏量 289 万头 (笔者估测)，突泉 2 万 ~2.5 万头，占全国的 0.67%~0.87%。

突泉应该发展什么呢？我认为，比起种庄稼，突泉更应该养驴。

扶贫毛驴撑起突泉这块天地 (杨怀伟拍摄)

戊寅

突泉有斑驴吗

2018 年尼日尔邮票——已灭绝的斑驴
（突泉县农耕民俗博物馆藏）

突泉有斑驴。这也是我的遐想，希望突泉有斑驴。其实，所有的毛驴都是有斑纹的，仔细看在腿部和身体上都会找到。

斑驴其实是一种斑马，生活在非洲广阔的草原地带，于 1883 年灭绝。斑驴的英文名字是 quagga，来源于 Khoikhoi 语言对斑马的称呼，是个象声词，得自斑驴的叫声。斑驴脖子长，头也长，而耳朵却非常短小。

斑驴最初被当作独立物种，马属，因猎食、收集皮革、家养驯化而灭绝。

斑驴是首类进行了 DNA 检测的灭绝动物，在近期史密森学会关于遗传的调查中，发现斑驴实际上根本不是一个单独物种，而是草原斑马的诸多变种之一。

由于斑驴肉质鲜美，出肉率多，是非洲人主要猎食的对象，但原始狩猎并没有给斑驴群体以致命打击。19 世纪初期，欧洲人进入非洲才使得斑驴灭绝。欧洲人并不喜食斑驴肉，而是猎杀斑驴后剥皮做成标本出售，标本价格昂贵。在利益的驱使下，更多的人到非洲猎杀斑驴，19 世纪 70 年代斑驴已经所剩无几了，这时欧洲人就捕捉活斑驴运回欧洲，试图人工繁殖。1880 年，再也捕捉不到野生的斑驴了，世界上最后一只斑驴在 1883 年 8 月死于阿姆斯特丹的一个动物园。

后来所谓的“斑驴”是驴和斑马的后代，应该称为“斑马骡”，不能繁殖，还叫斑驴是将错就错。

《海峡都市报》报道，2011 年 7 月 3 日凌晨 5 点多，一只“小斑驴”在厦门海沧野生动物园出生，是驴和斑马自然交配生下的。这只重约 25 斤的雄性“小斑驴”身体和头像驴，脚像斑马，引来了不少关注。这是我国首例斑马与驴跨种交配产下的“斑驴”宝宝。[①]根据国家统计数据，福建省驴存栏是 0，而 2000 年是 0.02 万头，2010 年是 0，福建不是完全不能养驴的。动物园内有 3 头公驴，是七八年前从东北来这里定居的，所以工作人员也无法确定是哪头驴与母斑马偷吃了“禁果”。

母斑马怀孕了，人人都以为它会生出一只小斑马。“小斑驴”的母亲是海沧野生动物园内唯一的斑马。驴和斑马很少会交配，因此，动物园的工作人员也是第一次听说。凌晨 4 点多，工作人员发现母斑马要分娩了，于是找来兽医，到了凌晨 5 点多，幼崽的前腿先生出来，但身子一直还在母斑马体内，曾出现短暂窒息。由于母斑马平时脾气比较暴躁，兽医怕它无法顺产，就拿来产科绳，绑在幼崽的两只前腿上，帮助母斑马把幼崽生下来。

当幼崽生下来时，工作人员惊呆了，这竟是一只和驴非常相似的“小斑驴”，它有像驴一样的耳朵，颈部隆起的地方有黑色的十字标记，也是驴的特征，而它的四肢则像斑马，长着环状的斑马纹，好像穿上了长筒袜。

把驴和斑马放在一起饲养是因为它们可以和平相处。2010 年 5、6 月，饲养员在散养区内看到一头公驴和母斑马在交配，当时，她也觉得纳闷，但也没有去制止。直到今年 2 月，她发现两岁多的母斑马怀孕了，而且是第一胎。

母斑马是土生土长的“移民二代”，2008 年母斑马在海沧野生动物园出生，随后母斑马的父母相继死亡，母斑马就成了“孤儿”，也是动物园内唯一的斑马，被安置在动物园的草食散养区，与驴一起饲养。

出生一天的“小斑驴”健康状况良好，和斑马妈妈十分亲密。在动物园的草食散养区内，“小斑驴”就躺在母斑马身边，不时地去吸母斑马的奶。

2018 年利比里亚邮票——珍稀野生动物驴和斑马
（突泉县农耕民俗博物馆藏）

赵先生介绍，世界上的“小斑驴”虽然很少见，但驴与斑马是能够交配生出后代的，因为它们同属马类。目前，这只“小斑驴”精力旺盛，健康状况良好，但它不育的概率很高，动物园将精心哺育这只“小斑驴”。

2018 年在美国佐治亚州的野生动物保护区，一头母驴和一只公斑马

① 江荣义文/图．当斑马爱上驴　海沧野生动物园诞生“小斑驴”[J]．海峡都市报闽南版，2011-07-04.

“自然相爱”，生出一只“小斑驴”，也是身体像驴、脚像斑马。2003 年，日本那须野生动物园的斑马与驴也生下一只“小斑驴”，在这之前，那须野生动物园曾两次饲养自然出生的“斑驴”，但它们的寿命都很短，一只在 10 年前出生，仅活了几天；另一只不到两个月就死去。

2013 年 7 月 20 日，意大利佛罗伦萨动物保护区里一只罕见的“小斑驴”诞生了，主人刻意用围篱隔开斑马和阿米亚塔驴，但“爱上”母驴的斑马仍突破重围“求爱”，“斑驴”宝宝伊波 (Ippo) 在 20 日诞生。伊波的外表和毛色看起来像驴，身体和四肢却有斑马的黑白间纹，模样虽然可爱，但像伊波这样跨种交配生下的动物通常不育。

2014 年 4 月 21 日，墨西哥雷诺撒动物园内一头斑马与驴交配的“斑驴”宝宝降生。这头“斑驴”宝宝名叫库姆拉，它的妈妈雷伊斯是动物园的一头斑马，它的爸爸伊格拉西奥是附近农场的一头蓝眼睛的驴。库姆拉腿部斑纹像斑马妈妈、脸部和背部却像驴爸爸。

2014 年 8 月 5 日，克里米亚动物园的一只雌斑马和雄驴交配产下了“斑驴”宝宝，动物园管理员将它命名为“电报”(Telegraph)。“电报”的头部和上半身像驴子，它的四只脚则有斑马的黑白斑纹。管理员说，可爱的“电报”总是贴在妈妈身边，非常受游客的欢迎。

如果可能，突泉应该培育出“突泉斑驴”。到突泉驴文化博物馆，会看到珍贵的斑驴邮票。

（2019 年 7 月）

己卯

驴友的博客

偶然看这篇文章，很是不同，原汁原味。应该是2007年的突泉，由此可以看到十几年来突泉的巨变。我总说，今日突泉翻天覆地，日行月移，几乎没有上百年的建筑了。

突泉县有上百万只羊

突泉县属内蒙古，但其地理位置在东北的内蒙古。从地图上看是中国这只“雄鸡”的“鸡冠”之下（下垂部位靠下），大兴安岭南麓，是一片馒头式丘陵的山地，其坡度很缓，但绵延起伏，由近及远，由土黄色渐变为绿黄、深蓝、浅蓝，直至地平线的那边。

每年6月初，北京的树茂茂盛盛长成了深绿的华盖，而东北的树叶刚呈嫩黄色，一个春天开始了（2020年6月22日，下雨，温度17℃～21℃，湿度79%，有些湿冷，突泉夏季很舒服）。从坡这面到坡那边，成片的土地已被农民收拾出来，细细地，齐整整地一拢一拢地从近处延续到山顶，黑黝黝的土地在春日阳光下泛着光，成年的男人女人以家庭为单位，做着播种的活计。男人先下种，女人随后撒上一把化肥。也有个别的人家驾着小型拖拉机缓缓地开在播种人的前头，拖拉机上放置着巨大的圆桶，里面装着水，使用点水的方式给种子补充水分。这里与北京郊区不同，北京一般都使用机械农具，农家的院里通常停放着三马子车、喷雾器、成堆的化肥、成瓶的农药，农业机械是小型而配套的，北京郊区农民难得分有一亩以上的土地，而突泉的人家，以人力为主，家里的地是以晌而论的（一晌为15亩），有几垧地的人家是平常事。

“你们在种什么？”我问俄体[①]的一户农民，女人家亮了一下手中的袋子：“高粱。”我探头看见袋中的种子。种子不像高粱的样子，比高粱的个儿要大。“怎么不像高粱？”“种子外

① 俄体是紧靠突泉的一个小镇，属乌兰浩特。

面裹着一层膜（膜由化肥、农药构成）。”女人解释。“你干吗的？”“搞有机种植的。”“啥子？”“就是不用化学合成的化肥、农药种植庄稼的方法。”“不用化肥、农药能种地？”女人用怀疑的口气反问，在前头放水的男人抬起眼皮也怀疑地望了我一眼。

2019年11月30日突泉雪景

化肥、农药在农村使用以后，用较少的人力收获更多的农作物已成农民天经地义的耕种方式，收获更多的作物早已不是自给的目的，而是进入市场得到更多利润的要求。而今的农民无论是生活在城市边缘，还是深山老林，早已上了市场经济的战场。战斗双方有输有赢，进入市场的农民也会有赔有赚。东北的农民天生的优势是拥有的土地量多，国家又开始不征收农业税，土地就成了农民手中无成本的最大资本。但是，黑土地只有在投入买来的种子、化肥、农药、水、农机租用费之后，才可有收获。但收获再好不等于收益好，要看市场，有些年景好了，大家都丰收了，结果却都赔了，因为市场价被收购者压得一低再低。反是歉年，收获的数量不多，却能卖上个好价钱。

突泉是农业县，汽车从乌兰浩特一路（向南）开去，两小时的路，见不到任何工业，只是路过俄体时，见到镇上建了一个大棚的粉条市场，路边家家户户的场院中都晒着排排雪白的粉条。一股气味难闻的黑水从路旁的明沟里欢快地流向坡下的田地。人们说，突泉县解放初属于内蒙古，后由于县内绝大多数人为汉族，则国家将其划到吉林省。在吉林省，突泉县属于经济最落后的县，常常得到省里的补贴。“文革”后，乌兰夫重建内蒙古，把突泉要回了内蒙古。**回到内蒙古的突泉，摇身一变成为内蒙古最富裕的县，自然也失去了外来的补贴。这让不少突泉人感到心理不平衡**。突泉县没发展工业有许多的原因，但无工业的突泉地处东北草原、湿地附近，又是松花江的上游，无污染的状态，很好地保护了东北平原的上风上水。当你看惯了关内无水不黑，无土不脏的状况，再看一眼静静地流淌在沟壑间的小河，那水真叫个“清凌凌”的，映着树影、蓝天、白云，小鱼从水草下时不时地探出头望你一眼，而你脚下的土地一眼望去，干净得连个塑料袋也没有，那一刻，我总能欢呼“太美了”。

城厢农家的毛驴

为了手里有些钱，农民有许多的办法。如家里有人出去打工，得到的钱是比较靠实的，国家重视了农民工的问题，农村人说：现在出去打工才放了心，不然就让人抓了劳工！其次便是多种经营：种地的，既种高粱又种树，还承包山林，拣蘑菇卖山杏核，家里养着牛、羊、鸡、驴。总之，东方不亮西方亮，在不愁吃喝的时候，多种经营，总能保证几口之家每年有几万元的收入。

住在镇里，下班后无事，四周静悄悄的，各家房顶冒着炊烟，我到一户人家串门。这家的儿子、媳妇都在酒厂上班，俩人每月钱不多，1000 元出头。老妈妈在家手脚不闲，养了鸡、驴、羊、猪，家里院里收拾得明镜似的。晚上，门前一队老人扭起了秧歌，戴着红花，身着绿袄，敲得锣鼓家伙震天响。这时，老妈妈端出了晚饭，熬的玉米碴粥，炸的小咸鱼，一盖帘小葱、黄瓜、香菜，水灵灵的，一小碟自制大酱，还有一小壶白酒。我虽然已吃过晚饭，馋得我还是吃了一碗粥。

一般地说，现在的农户家，如果家里没有生病的、上学的，人勤快家就比较富余，人懒就一塌糊涂，又脏又穷。一个中午（下午 3 点）我到一农户家，只见堂屋里遍地鸡粪，媳妇还躺在炕头睡觉，举目不见家里有什么东西。懒惰和安贫乐道有时候是无法分清楚的，扶贫先扶志，而扶志难以扶贫。

突泉县城是个小地方，坐三码子车突突地围城镇转一圈也就半个小时。镇里一条商业街旁竖着几栋六七层的楼房，包围这条街的都是带场院的新式砖房或老式土房。这里的人家一般都有几间房，几分场院，场院里有硬地面的活动空间，也有种的果树、蔬菜，搭的鸡棚、猪舍。新式砖房为一层，“人”字顶，红砖到顶。老式土房，由土垒成，圆拱式顶，由多根木椽支撑。因地处寒带，窗户多为双层，家家院墙由层石堆成，很有特色。小城突泉从外面看去，穷与富差别很大。

小城的特色是家家户户都在做生意，开店铺。晚上，城镇歌厅多而兴盛，走调而嘹亮的歌声半夜还在街道上回荡。城南小公园的树茂而盛，一群老人在下棋，我找了个阳光而有特色的树林画了一幅画——小城突泉。①

---

① 小城突泉 _kangqr_ 新浪博客 http://blog.sina.com.cn/s/blog_4feda47f01000czm.html。

关于“突泉毛驴文化节”的建议

畜牧业文化建设既是文化创意产业，属于第三产业，也是畜牧业自身的建设和发展，是一二三产业的融合，需要努力创造和开发。突泉要实现新发展理念就要在这个方面先试先行，取得领先，不能仅仅走传统畜牧业的路子。要创新突泉农业畜牧业文化，结合乡村振兴，开发畜牧业新功能，提高乡村生活品质，引领助力扎实扶贫和彻底脱贫。

下面提出2019年突泉县农业畜牧文化创意旅游融合发展的工作计划建议。

三 驴

本县主要饲养当地品种驴，也有少量陕西驴。1949年全县有驴1.66万头，1985年达2.41万头，占大小畜总数的8.25%，占大畜总数的24.74%。

本地驴属中等类型品种，毛色以黑、灰居多，成年公驴平均身高1.1米，母驴1米左右。这种驴耐寒，耐粗饲，抗病能力强，易于驯养，可用于骑乘、驮运、拉车、碾场、推碾和拉磨，是农村不可缺少的役畜。本地人以2头驴驾1辆小胶车，运载300～500公斤，日行程可达30公里；以1头驴推碾或拉磨，日可加工粮食120公斤。此外，驴肉含有较高的蛋白质，是味道鲜美的佳肴；驴皮可用于制革，还可熬制中药阿胶。全县养驴年创产值8万元，占牧业总产值的6%。

《突泉县志》中的史料

一、以驴文化为重点试验示范，开发突泉畜牧文化，讲突泉畜牧故事，尽快设立“突泉毛驴文化节”

《突泉县志》载：1949年突泉全县有驴1.66万头，1985年达2.41万头……本地驴属于中等类型品种，毛色以黑灰居多，可用于骑乘、驮运、拉车、碾场、推碾和拉磨，……本地人以2头驴驾1辆小胶车，运载300～500千克，日行程可达30千克；以1头驴推碾或拉磨，日可加工粮食120千克。

历史就是文化，这个文化财富应该继承和发展。文化创意产业是新兴产业，生态、绿色、高效益，发展畜牧业需要大力融合文化产业发展。长期以来，畜牧业文化发展比较落后，突泉县要大力发展畜牧业，就要把这个问题重视起来，早一天开发畜牧文化产业，对突泉未来的畜牧业优质高质量发展大有益处。

1. 搞好示范，2019 年 1 月在全县开展第一届突泉驴文化征文活动，讲突泉毛驴的故事

突泉养驴历史悠久，养驴比较普遍，但是有关养驴的畜牧业文化生活没有挖掘出来，希望各界人士关心。“突泉驴文化征文”可以为将来持久发展养驴业做一个文化铺垫和示范，为向外界讲好“突泉故事”打开一个窗口，为农业旅游、畜牧旅游的全域旅游储备资源。有关企业、村子、合作社、养殖户都要积极参与，以企业为龙头组织。希望得到宣传部、旅游局、文化局的协助和支持。2019 年 9 月出版《突泉驴趣闻》（暂定）。

2. 适当时机开展“突泉驴文化摄影展”“突泉驴友摄影展”

驴友是旅游的谐音，在突泉，“驴友”是实实在在的“驴之友”，拍摄美丽、可爱的驴的照片，适当时候进行展览，会活跃文化气氛，丰富人们的生活，也会带动旅游业的发展。

3. 为将来升级“突泉毛驴文化节”做准备

“突泉毛驴文化节”是一个好的产业融合发展抓手，可整合畜牧业、文化产业、旅游资源，并协同升级增加收益，提高产业发展质量，促进突泉全域农村产业兴旺等乡村振兴的高质量发展。

要充分重视养驴的多功能开发，如突泉驴车、驴拉磨、骑驴、赛驴等有发展有继承。

4. 适当时机召开“突泉畜牧历史文化研讨会”

从全国讲，畜牧文化建设也是比较稀缺的，突泉一定要创新先行，敢为天下先，适时开展突泉其他畜禽品种的畜牧历史文化研讨、研究。

5. 深度整合已有的农业文化旅游资源

开展文化建设，农牧业文化实体是文化的基础根基，对现有农业产业园的农牧业文化旅游资源加大投入，发展高效益的农业旅游和文化，培养增加公益岗位就业的能力，提升扶贫质量。在规模化养驴乡镇和企业开展“驴文化创意旅游”试点，先试先行，养驴一二三产业融合创新出一条发展新路子，发展高质量、生态、绿色的养驴业。以驴文化为试点，以养驴产业为突破口，创立“**突泉毛驴文化节**”品牌，深度开发整合畜牧文化旅游资源，越早开展越有利于突泉畜牧业发展，有利于突泉扶贫工作高质量进行，有利于突泉乡村振兴的到来。

二、开展突泉农业文化、畜牧文化的旅游人才培养

内蒙古的马文化在全国和世界都是比较先进的，突泉的畜牧文化按照固有速度发展肯定是缓慢的，所以必须努力奋斗和创造，而人才是平台也是天花板，需要尽快培养。突泉“请进来，走出去”培养文化创意、旅游人才，结合农业、畜牧业发展，大力培养有关人才，依托现有企业，建设团队，创新融合。

1.2019 年在全县农业牧业以及乡镇、村级干部职工中开展文化旅游教育学习活动

突泉各级干部应该学习文化创意知识，接受旅游专业的培训。各个专业要结合自己的专业内容学习文化旅游专业知识。

2. 培养“农牧文化的旅游开发与运营”干部

全县每个乡镇选派 1 ~ 3 名干部进行专业学习，进行短期和长期培训，专业领域包括 CSA 农园经营管理，自然教育与食农教育，都市农业设计、培训与施作，生态建筑设计建造，民宿改造设计，乡土游学开发与运营，生态农业技术，乡土文化传承，合作金融与农民组织等。

3. 培训农牧企业领导“突泉畜牧历史文化研讨会”

举办农牧文化旅游为主题的相关沙龙、游学、工作营、培训班（1 ~ 5 天）等活动。

三、开展突泉畜牧企业在文化、旅游产业上的升级改造

要开发畜牧文化产业的功能，拓宽畜牧业创收渠道，创造畜牧企业新的利润增长点，激发现有畜牧企业的畜牧文化再造和升级，使其适应旅游和文化需要，创造性地满足当地和国内、国际的需要。

关起门来办畜牧业是传统的做法，应该有所突破。企业在这方面不应该带头关门，而应该大胆地在技术和思想上敢于创新，在搞好发展生产和动物防疫的同时，拓展思路发展畜牧业特色的文化和旅游项目，起到满足休闲、教育、健康、文化的多种需要。应把畜牧产品和畜牧文化融合起来，提高畜牧产品的文化质量，促进有自身文化特色的畜产品的生产。

以驴文化脉络发展产业来看，可以建立驴车制造厂，开发新型智慧的驴车。还可生产“毛驴豆腐”产品，创立品牌，在豆腐中加入突泉特色。

畜牧业龙头企业、农业龙头企业都应该创造自己的文化，不仅仅是对于自身企业文化的建设，而且是对社会文化的贡献。每家企业将自己的畜牧文化内涵和独特故事展示给社会与消费者，事半功倍，经济效益也会提高。

四、结合乡村振兴，开发乡村民宿，提高乡村生活品质，助力扶贫脱贫

发展畜牧业要和生态优化、环境保护、美丽村容、宜居健康等结合起来，协同发展，2019 年应该逐步深入开展这方面工作。以旅游景点为核心，逐渐辐射周围村屯，开发乡村民宿，让人们旅游的同时愿意住下来，住得安逸、放松，促进在当地的消费，把畜牧产品、农产品消费掉和捎带回家。还以驴文化为例，突泉现有的剪纸、草编织等都应该结合进来，如果建立工厂化的手工创意“驴艺术”“驴文化”工场，也是大有前途的。建设“活的”驴文化博物馆，固化、物化无形的文化遗产遗存，把游乐、健身都统一进来。农业、畜牧业的发展不应该局限在

自己的产业内部，必须融合、创新，这样才可能真正落实新发展理念。

五、开展突泉养驴业文化资源普查

目前，突泉养驴产业正处于转型期，从传统的役驴退出，向肉驴迁移。但是这个具体情况，尤其是其中蕴含的文化资源情况如何并不明了，所以应尽快在全县范围内开展一次深入的“驴畜牧文化”资源普查。越早越好，因为最宝贵的文化资源正在日益减少，需要尽快开发保护。

建议 2018 年 11 月开始，利用两个月时间进行这一工作，建立大数据和科学的养驴业文化资源数据库。这个工作由我们农科局初步调查起步，下一步跟进深入细致的工作应该由文化、旅游、史志等部门联合开展。

六、立足扶贫，着眼长久，统一领导，多元共建

畜牧文化建设是百年千年的历史性工作，不是一朝一夕就会取得功效的，我们应该耐心建设，兼顾眼前和长久，一点一点积累。

建议由县里统一领导，多部门共建，把扶贫和乡村振兴衔接，加速扶贫和提高扶贫质量并重。

建议妥否，请领导参考批评。

（2018 年 11 月 9 日）

驴友多助

——驴文化和驴经济一体化

“五位一体”总体布局首次提出于2012年中国共产党第十八次全国代表大会，是对“全面推进经济建设、政治建设、文化建设、社会建设、生态文明建设”的概括表述。对于养驴业，驴文化和驴经济是一体的，和其他三大建设共同决定驴的存亡。

驴在中国有4000年以上的历史，它是如何生存繁衍下来的？一定是人和驴共同的努力与适应，千辛万苦，蹇驴冲雪，助人人助，方有辉煌。

2018年8月底，我们参加房山区的一个扶贫工作培训，第一讲就是养驴业的发展。从我自己的第一感觉，依靠养驴业扶贫的力量是微乎其微的，如果要借力驴子，就必须下一番大功夫，绝对不会轻松自在，不会自然而然。经过在突泉县的调查研究，印证了这个初步想法。

目前，中国发展养驴业的目标一致，就是经济，就是肉驴，养驴、宰驴、吃驴一条龙，这似乎也是驴子唯一的前途和出路。完全忘记了历史和现实中多样化的驴功能。万事如此，对立统一。爱护可以互助，也可以“坑害”，驴友的爱也是如此，毛驴的命运就是在驴友的爱护中被保护与“坑害”的。驴友的扶助和“挖坑”也是一体的。

目前中国毛驴存栏量仅有250万头上下，每年消费量大于生产量，很快会枯竭，已经到了底线，破了红线，保护毛驴已然迫在眉睫。

《突泉驴友》前面的篇章已经向大家展示了驴子的农耕历史、交通历史、文化历史、体育历史，尤其是现实中发达国家还存在的驴产业形态。尽管微弱，但是并没有把“养驴、宰驴、吃驴”绑定，也没有唯一化，这就是养驴业传承和发展的现实。

民以食为天，但是只有食物则撑不起人类的天空。人要全面发展，必须衣食住行全发力，文化文明齐发展。

驴业可以扶贫，驴业更要自救。“力驴＋肉驴”两条腿走路，打造突泉自己的独特性——集成古今中外的合力来养驴，让驴业发展满足人民美好生活的需要。

（2020年6月）

甲子

不用“役力”驴难赢

2016年8月18日，《大众日报》发表《养一头“闭环驴”的双赢效应》[①]，应该是最近一轮养驴热的一个标志。但是，没人在意生产热背后是文化冷，一轮“驴周期”开始了。

文中提到2016年，内蒙古赤峰敖汉旗四道湾子村一养驴户发了一笔小财，卖了6头驴，收入5万元，家里还有存栏驴28头。对国家级贫困县敖汉旗的农牧民来说，5万元不是个小数目。2015年，东阿阿胶股份有限公司在敖汉旗投资6亿元建设了黑毛驴标准化养殖项目，养殖户所养殖的毛驴在出售时，由东阿黑毛驴牧业公司保障回收。3期全部项目建成后，将直接或间接带动当地6万养殖户增收致富。一头毛驴，不仅改变了敖汉旗人的生活，也帮助东阿阿胶突破了驴皮资源紧张的瓶颈，缓解了阿胶产业资源短缺的现象。

“以肉谋皮”突破产业瓶颈。不少消费者有这样的疑问：现在农村很少有养驴的，驴皮原料紧缺，能满足阿胶生产需要吗？驴皮紧张怎么办？——养驴。光靠驴皮拉动不了整个产业链，必须“以肉谋皮”。为此，东阿阿胶建成了20个毛驴药材标准养殖示范基地。

以驴为原点建立全产业链条，成为东阿阿胶“十三五”产业布局、行业整合、质量管控的战略思路。根据东阿阿胶全产业链布局，驴皮只是全产业链上的一个环节，要养一头“闭环的驴”，就要把驴资源完整地利用起来。从原材料源头鼓励养殖户把毛驴当药材养，让养驴成为农民有利可图的产业，东阿阿胶的全产业链才完整，才能实现行业延伸，也才能扩展整个产业链，进而壮大阿胶产业。

2015年3月24日，敖汉旗与东阿阿胶签订驴产业合作协议，到“十三五”末，将敖汉旗东阿黑毛驴牧业打造成毛驴养殖、精准扶贫、清洁能源示范园区。敖汉旗是东阿阿胶的战略伙伴，这里建有东阿阿胶最大的养驴基地之一。目前，全旗牧业年度肉驴存栏26.3万头，位居全国各旗县区首位，2016年仅1~6月就增加4.8万头。肉驴年出栏达12.5万头以上，肉驴产业年

① 李梦，陈晓婉．养一头“闭环驴”的双赢效应［N］．大众日报，2016-08-18.

纯利润达 2 亿元以上。

“毛驴扶贫”模式获肯定。敖汉旗早在 1949 年全旗肉驴存栏就达到了 2.7 万头。但粗放式的养殖方式制约着敖汉旗驴产业的发展，也制约着敖汉旗人民的生活水平。扶贫攻坚中……当地农牧户利用自家谷草资源，每户饲养繁育 3~5 头毛驴，成为生活习俗。金厂沟梁镇的罗洛营子村,2013—2014 年共引进基础母驴 180 头。2016 年，东阿阿胶和旗政府共同担保、共同贴息，邮储银行向养殖户提供贷款，大大提高了养殖户的积极性。现在 450 户的村子中养驴户达到了 300 户，毛驴存栏 1100 头。

敖汉旗革命老区建设促进会和东阿阿胶各提供 500 万元养驴专项资金打捆使用，其中 500 万元按 1∶10 比例放大，形成 5000 万元贷款资金，另外 500 万元用于贷款贴息和大户扶持。每户发放贷款 3 万 ~ 5 万元，贷款周期 3 年。每户可购买 6 ~ 8 头基础母驴，以母驴年均产 0.65 头驴计算，每户可年出栏 4 ~ 5 头毛驴，养殖户将出栏毛驴出售给东阿阿胶，由东阿黑毛驴牧业公司保障回收。算下来，每个养殖户年收入在 2 万元以上，3 年完全可以实现脱贫。

农业部畜牧业司有关领导表示，敖汉旗养驴模式值得在全国推广。

无力驴难行。新闻语言往往是文学语言，如果句读分析，是禁不住推敲，也经不起历史的考验的。又是几年过去了，2018 年 8 月，国务院扶贫办开发指导司养驴扶贫工作小组副组长、产业扶贫研究专家温亚震讲课“创新扶贫产业园区新模式”，内容绝大部分是养驴扶贫。听着课，我们就觉得养驴扶贫不会是一帆风顺，要走这条路需要艰苦的努力。

事实证明，无力驴难行。“闭环驴”双赢效应比较弱，而且持续双赢很困难，因此，“闭环驴”没有阻止驴产业的持续萎缩，而在“驴周期”中靠一头驴脱贫更难。历史上，驴第一资源是役力，而完整地驴产业不用其力，如何是完整的驴产业？浪费了大量的驴产业第一资源，“驴不出力”，只贡献皮肉，产业效益会双赢吗？

内蒙古驴业态势

2017年8月19日，内蒙古农牧业厅畜牧处副处长巴特尔在第三届（2017赤峰）中国驴业发展大会暨第七届驴产业发展高峰论坛上做“内蒙古驴产业发展报告”，说明内蒙古驴业的发展在转型。

内蒙古一直是养驴数量较多的自治区之一，20世纪90年代末驴存栏曾经突破100万头。当时，农村家家户户有驴胶轮车用于运输，人们形象地称其为“驴吉普”。但随着农业机械化的普及，驴在农村生产生活中的役用功能消失，使驴的存栏出现较快下降，到2000年下降到80.2万头。近年来，内蒙古积极发挥资源优势，政府扶持与加工企业带动有机结合，积极引进加工企业，推动“役用养驴”向“商品养驴”转型发展，驴存栏出现恢复性增长的局面。到2014年，驴存栏恢复到100万头以上，2016年108.5万头，赤峰、通辽两大主产区存栏量分别达到71.5万头和22.8万头，占全区的86.9%。国家统计数据显示，2018年年末新疆驴存栏量72.8万头，是全国最多的自治区，而2014年年末是88.84万头，2000年末是85.92万头。

内蒙古全区年出栏驴61.1万头，驴肉产量3.5万吨。内蒙古驴产业发展主要得益于：

一是品种资源保护和引进改良结合，提高产出效益。对内蒙古唯一的驴地方品种库伦驴进行命名认定并纳入中国畜禽遗传资源志，建立了1个自治区级保种场，纯种库伦驴存栏达到4.8万头；同时，适应市场需求主产区引进个体皮厚肉用价值较高的山东乌驴，提高产出效益。

二是主产区出台相关政策，努力为产业发挥提供条件。主产区旗县纷纷出台支持驴产业发展的方案，制定引导性的扶持政策，并与产业扶贫紧密结合，推动形成一批养驴大县。巴林左旗出台《农牧业产业助力脱贫攻坚实施方案》，通过落实贷款贴息、基础设施和基础母驴补贴，培育肉驴养殖专业村，年出栏商品率达到8万头以上。库伦旗出台《驴产业发展优惠政策》，对肉驴规模养殖实施全额贴息，养殖100头以上的贴息30万元，每增加50头增加5万元，30万元封顶。主产区形成养殖肉驴专业户和专业村。如敖汉旗16.1万户中有7.2万户养殖毛驴，专业村达到43个。敖汉旗、巴林左旗、宁城县、松山区、库伦旗、翁牛特旗6个旗县驴存栏都超过5万头。

三是积极引进龙头企业，增强驴产业发展后劲。近年来赤峰市、通辽市巴林左旗、敖汉旗、库伦旗等旗县积极引进东阿阿胶等龙头企业，推动形成养殖户、养殖合作社、养殖专业村加龙头企业模式，积极推动形成利益联结机制，既保证了养殖者的一定收益，也为企业提供了稳定的原料来源。

内蒙古拥有13.2亿亩草原，年可食干草总储量408亿千克，常年打草储量160亿千克；有1.07亿亩耕地，青贮种植面积近1000万亩，农作物秸秆350亿千克以上，畜禽粪污消纳能力大，畜牧业发展空间十分大，驴产业是我区“稳羊增牛扩猪禽”战略，推动畜牧业供给侧结构性改革的重要补充。

内蒙古作为国家驴产业核心区域，将加快制定驴产业发展政策和长远规划，推动建设示范性驴产业发展基地，统筹协调畜牧业发展。一是坚持政府引导、企业主导的原则，为驴产业发展搭建平台，创造条件。……共同抵御市场风险。二是结合国家精准扶贫战略，支持贫困地区依托特色驴产业精准扶贫脱困……助力发展特色驴产业。三是加大科研和驴产品开发力度，……四是加大库伦驴等地方品种选育和提纯复壮。……五是积极鼓励龙头企业建设绿色有机繁育生产、试验基地，加快建设驴肉、驴奶产品加工……赢得市场。

2019年，国家统计数据根据农业普查数据修订了2007年以后的数据，突然之间内蒙古成了全国第一大养驴自治区，原来在统计数字上靠前的省区突然大幅度数字缩水，真实反映了养驴业的经济生态环境。

近10年来，养驴业主导发展“肉驴”，从几千年的“力文化”升级到“食文化”“肉文化”，但是，作为食品原料来养驴，有一定创新，但是风险巨大，因为食品行业在一定程度是饱和的，市场份额分一部分给养驴业，本质上是和极其巨大体量的养猪、养禽、养牛、养羊业竞争，养驴业无疑是一个弱势产业，普通养驴农户不会知道，但是他们有自己的直觉，这也就是为什么产业上层积极号召推动促进，而实实在在的结果是毛驴存栏量一直下降的原因。

再进一步讲，“肉驴没文化”，而没文化的发展一定是不可持续的，会落入大的“肉周期”之中的“驴周期”的市场危机。

丙寅

“阿胶周期”与“驴周期”

阿胶始于秦汉，至今已有2000多年的历史了，阿胶业是医药产业，和一般中医药思路一样，向保健、美容领域扩展，20年来取得了巨大发展。到了2019年，产业发展碰到了“天花板”。阿胶经济、阿胶文化、驴皮记，是不是应该反思一下，把驴文化整合贯通，重新布局，以利长远呢?

一、努力20年未阻止“驴周期”下坡

我国很多地方农民素有养驴传统，但过去多为役用运输，随着农业机械化和机械动力车普及水平提高，驴存栏量逐年减少。据国家1991—2007年农业统计年鉴显示，驴存栏量已由最高的1200万头下滑到20万头，以年均3.5%的速度下降，预计到2030年我国的驴数量将不足200万头，如不加以保护，优良种驴将消失。这是一个长期下滑的“驴周期”，至今无力反弹。

阿胶糕

品种制约，种公驴质量出现退化，配种难、育肥难等问题制约了驴数量增加，农民养殖效益持续提高，驴产业急需扶持带动能力强的龙头企业给予技术支持。

驴存栏量的逐年下降，对依赖驴皮作为主要原料的阿胶产业来说，无疑是灭顶之灾。如何激发农民养驴的积极性、提高农民养驴收益，从而保证驴皮供应、确保阿胶产业的可持续发展，成为摆在驴业面前的一道棘手的难题。

二、驴业发展的东阿模式

事实上，毛驴无疫病，养殖风险小、成本低，饲草就地取材等个体化养殖优势，已经为越来越多的农牧民和地方政府所认识。曾经到内蒙古等地考察过驴产业发展状况的农业专家提出，在内蒙古巴林左旗的一户农民养殖五六头驴，不耽误农活，一年就能有六七千元的收入。山东东阿阿胶与当地共同启动的肉驴深加工项目，一年将给农民带来1亿元收入，给这一传统养殖业带来了新希望。

从2002年开始，东阿阿胶实施“以肉谋皮”策略，大力打造上游乌头驴养殖产业，通过基地公司和驴产业研究所向当地农民提供种驴和成熟的养殖技术，并负责回收活驴，建立了“以肉谋皮”共同发展的运作新模式。

2008年年底，东阿阿胶在已建13个原料基地的基础上，又与甘肃省庆阳市政府签订了50万头商品驴产业基地项目合作协议，计划在2011年前建成集活驴屠宰、驴肉分割加工、驴皮驴骨精深加工为一体的产业化龙头企业；到2014年，该市驴饲养量达到50万头，年出栏商品驴16万头。国家统计数据显示，甘肃省驴存栏数量2018年、2017年、2016年分别为34.50万头、36.55万头、101.54万头。

2009年，驴皮的价格一斤不足10元，驴皮贩子收购驴皮还不能论斤，都是按照张数来计算。这种模式和改革开放初期几乎一样。

近10年来，东阿阿胶在所有基地免费为农民提供养殖技术、养殖信息、技术服务，以高于市场价收购成驴。“以肉谋皮”模式惠及30个民族农牧民的百亿商品驴产业带，在内蒙古赤峰、新疆岳普湖、辽宁阜新、甘肃高台、云南大理等地区兴起。

此后，东阿阿胶掌控了国内90%的驴皮资源，从根本上解决了原料供应问题，同时，有了优质驴种和养殖标准，驴皮原料质量更加有保障。

三、驴产业为何持续萎缩

正是因为驴全身都是宝，下游产品丰富。政府主导，龙头企业带动，驴产业一定可以成为调整农村产业结构、转化农村富余劳动力、增加农民收入的大产业。但是，10多年来驴产业持续萎缩现状并没有改观。

有关部门应加大相关技术的科研攻关，切实解决农民养殖育种难、配种难、疫病防治难、快速育肥难等问题。通过对驴肉屠宰分割标准、驴肉保鲜工艺、深加工工艺的研究，推动企业对驴肉、驴奶产品升级换代，高科技的植入一定会让驴的价值远远高于现在。各地政府应尽快出台相关法规，建立现代化的规范屠宰模式，禁止私屠乱宰，用集中收购价体现驴的价值，激发农民养驴积极性。

东阿阿胶“以肉谋皮”模式大举进军驴肉加工业。成立毛驴研究院，并制定了全国首部冷鲜驴肉分割标准，建立了 3 个驴肉加工厂，推出 10 余个驴肉产品。盘活驴市场，贯通了农业、加工制造业和服务业三大产业。

2007 年后，东阿阿胶连续举办“冬至阿胶滋补节”，在带动阿胶滋补品类影响力逐年扩大的同时，也推动了中医药文化的弘扬与发展。

突泉冬至雪景

2010 年 12 月 22 日，中国冬至阿胶膏滋节开幕式上，世界著名环境科学专家、全国人大环境与资源保护委员会主任委员曲格平将自己珍藏多年的黄胄的《群驴图》捐赠给中国阿胶博物馆。曲格平表示，与《群驴图》同样弥足珍贵的是日益萎缩甚至濒临灭种的五大国家级优良品种驴资源。

2018 年 12 月 22 日冬至，第十届全国中医药膏方交流大会暨第十二届冬至阿胶滋补节在东阿阿胶举行。“冬至到，吃阿胶”，阿胶成为冬至的一种文化符号和养生理念。开幕式还举行国家级非物质文化遗产东阿阿胶制作技艺代表性传承人秦玉峰收徒仪式。现场嘉宾云集，数百名中医专家齐聚东阿阿胶，见证了这场滋补盛会；著名主持人朱丹空降出场，千万级网红实时直播，线上线下共睹盛况。

仔细分析后不得不说实在的，“冬至阿胶滋补节”和驴文化、驴经济本身关系不大。在消费市场，2010 年 1 月 28 日—2018 年 12 月 21 日，往往在自己创造的节日前实施“涨价”策略，似乎是另外一种价格战。

四、驴皮和阿胶价格都“涨停”

2019 年 3 月 13 日，A 股市场上的涨价王东阿阿胶在当日晚间披露 2018 年的年报。2018 年东阿阿胶实现营业收入 73.38 亿元，同比下降 0.46%，归属于上市公司股东净利润 20.85 亿元，同比增长 1.98%，年报比预期好。[①]2019 年 8 月 2 日，东阿阿胶在连续 12 年保持业绩高速增长之后，2019 年上半年成绩单不好，这成为资本市场持续关注的焦点。

在消费市场，2010 年 1 月 28 日—2018 年 12 月 21 日，东阿阿胶忽急忽缓提价 13 次，每次的提价都与市场的驴皮价格上涨相关。

2010 年 1 月，东阿阿胶对外宣称对阿胶块产品价格上调 20%，因为驴的存栏量下降，驴皮源吃紧，原料收购价上涨。这一年连续涨价 3 次，是一种战略性试探，成功之后，开始了真正

① 东阿阿胶去年盈利超 20 亿，阿胶系列产品毛利率近 75%_ 净利润［EB/OL］.［2019-03-14］.http://www.sohu.com/a/301089379_381221.

的扩张。仅仅一年后的 2011 年 1 月，阿胶块产品出厂价上调幅度不超过 60%。东阿公告显示，2012 年 1 月、2013 年 7 月、2014 年 1 月和 2014 年 9 月，东阿阿胶分别将阿胶的出厂价上调 10%、25%、19% 和 53%。

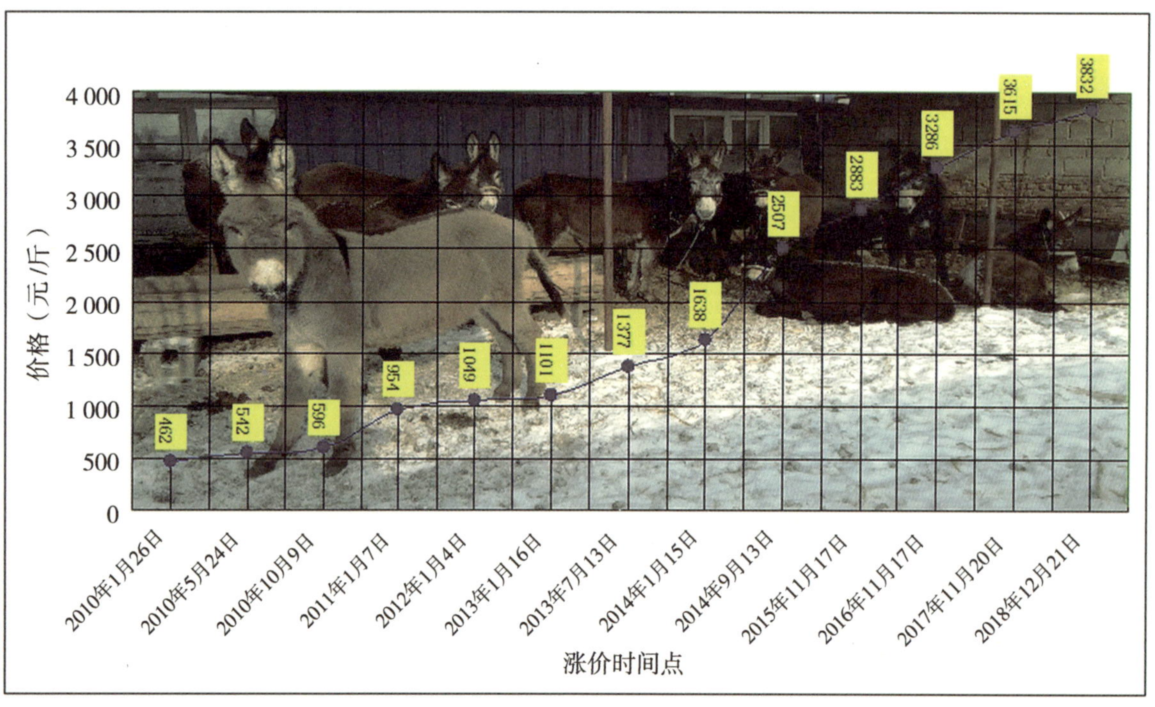

东阿阿胶价格变动（根据东阿阿胶公司公告）

但是，价格引导逐渐失去动力，反而成为产业发展副作用的源头。到了最近一次涨价的 2018 年 12 月 21 日，仅仅上调 6%，几乎和 GDP 涨幅一样，彻底失去了资本撬动力。

2019 年 7 月 25 日，东阿阿胶位于东阿县城的一家驴皮仓库处空旷的水泥地面上堆积了大量驴皮。被居民区包围的露天晾晒场，这里的原料仓库堆积了约 800 吨驴皮。2017 年、2018 年东阿阿胶的存货账面余额分别为 36.07 亿元、33.69 亿元。存货包括原材料、在产品、库存商品等。原材料的账面余额分别为 19.54 亿元、18.22 亿元。公司内部权威人士证实，公司确已暂停收购驴皮，预计 2019 年 8 月底 9 月初开始恢复收购。公司目前库存有 3000 多吨驴皮，都是在 2016 年和 2017 年从市场上收购的，那时驴皮行情市场价格正处于高点。

东阿阿胶负责河南、湖北和湖南区域毛驴销售以及驴皮回收业务的确认，目前公司已暂停收购驴皮，如果一定要卖，可以直接先销售给公司的驴皮供应商，现在的收购价是 25 元左右 / 斤。

早在 2015 年 11 月，东阿阿胶宣布对产品出厂价上调 15%。2016 年 11 月，上调 15% ~ 28%；2017 年 11 月，东阿阿胶厂价上调 5% ~ 10%。与此相伴，驴皮市场上，盐干驴皮的价格亦持续上涨，平均价格由 2012 年的 35 元 / 斤涨至 2014 年的 125 元 / 斤。市场上驴皮的价格真正涨起来是在 2015 年之后。价格高峰阶段，一斤驴皮能卖到上百元，整张驴皮价格可达 3000~4000 元，有较大的驴皮甚至能卖到 5000 元。

驴驹成本 4000~5000
饲养成本2000元（主要是草料、场地、租赁、水电、人工） 2000
10个月后出栏可赚 8000~10000
农户养殖收益 2000~3000
低迷的市场环境直接影响养驴热情。

养肉驴成本居高不下

其实“驴皮周期”已经预警。2014—2017 年，驴皮价格有所回落，最低时每斤在 40 元左右，2017 年年初涨至约 90 元 / 斤。山东济南西北 10 余千米横跨黄河的浮桥有一个养驴场，驴场大棚的地上摆满驴皮。驴皮仓库内，也摆放着几堆腌好的干驴皮，有 2000 余张。驴皮的储存方式有冷藏和盐干两种，盐干是许多阿胶厂目前惯用的储藏驴皮的方式，如果环境通风，温度适宜，可以储存两三年。[①]

现在的驴皮不值钱，一张成年驴皮大概有三四十斤，现在每斤的价格在 25 元左右，这样算下来一张驴皮大概在 800~1000 元。但在最高峰时，一张驴皮可以卖到 3000~5000 元。

山东的养驴户 10 余年几乎亲历了驴皮价格从飞涨到跌落谷底的全过程。

阿胶价格拉动驴产业，但是不完全是良性发展。首先，驴皮进口难，尤其是国际驴皮市场非常不规范。其次，走私国外驴皮暴利，走私驴皮比卖毒品还挣钱。最后，全球化冲击下国外大量的廉价驴皮与国内驴皮存在价格竞争。二者互相降价，国内驴皮价格持续回落，2018 年的驴皮价不及两年前的 1/4，目前成年驴皮价格不到千元。转眼进入 2019 年，时值大暑节气，驴皮市场行情稍有些回暖，但“驴皮周期”仍在低谷期徘徊。

五、“驴皮周期”与“驴周期”

2016 年驴皮价格高峰时期，驴的价格亦水涨船高，当时很多农户希望通过养驴赚钱。然而现实来看，许多养殖户的希望似乎落空。在山东济南、聊城等处的养驴合作社发现，当地养殖户大多处于亏本经营状态。

“一头驴就是一个小银行”，可养驴赚钱不易。买驴驹就投入四五千元，饲养 10 个月左右出栏，行情好可以卖到 1 万元左右。饲养成本在 2000 元左右，主要是草料、场地租赁、水电以及人工工资等。这样算下来，除去购买驴驹的成本和饲养成本，农户养殖一头驴能赚两三千元。

东阿县一农户 2017 年年底开始养驴，那会儿行情还没有那么差。场里有 360 余头驴，每年需要支付 10 万余元的场地租金给村委会。此外，每个月还需要几万元的草料和人工等成本。驴

① 难做的驴皮生意：中外毛驴大战 阿胶价格断崖［EB/OL］.［2019-08-02］.http://finance.ifeng.com/c/7ooPGouyA40.

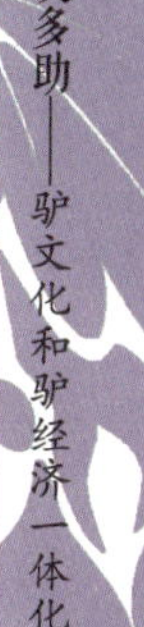

皮价格低，驴肉每斤的价格才 12~13 元，一头四五百斤重的成年驴可以卖五六千元钱。现在如果卖了全部的毛驴，将出现大额亏损。除山东外，甘肃也类似。2018 年 6~ 8 月，甘肃省在市场收购驴驹全舍饲养殖情况下，一头驴从 130 千克左右的驴驹育肥到 250 千克出栏，养殖户平均亏损 2000 元左右，自繁自育、有放牧条件的养殖户影响相对小一些，但与养殖牛、羊等其他草食畜相比也无利可图。

由于阿胶的支撑，驴皮在整驴价格中约占 1/3，当前低迷的市场环境直接影响着养驴户的养殖热情。

有许多养殖户对当前的驴皮和驴肉市场感到焦虑。东阿县的大阿胶厂驴皮存货已非常饱和，3 年左右都不会收购新的驴皮。可能也得再过两三年，驴皮紧张的局面才能得到缓解。

面对“阿胶周期”和“驴周期”，有些养殖户已开始自谋出路。业务范围新增加了驴奶及阿胶的加工销售，计划自己加工成阿胶对外销售。新疆、山东的养驴户正在推行驴奶产品的市场销售。新疆存栏的肉驴主要以母驴为主，母驴除了可以孕育驴驹之外，还可以产奶销售。不过有养驴户亦感到担忧，对于国内的许多消费者而言，牛奶制品才是首选，驴奶的口味以及营养价值仍无法被消费者所接受，要想开发驴的其他产品附加值，任重而道远。

养驴业“以肉谋皮”模式是否必然会陷入“猪周期”的“肉模式”，而自古驴生意不是一个“吃”字跑到黑，还是回到老路上——为什么养驴？单一的围绕着一个字“吃”，是不是行得通呢？

养全球化的驴

全球化似乎是大势所趋，但是世界是对立统一的，反全球化也是必然存在的。养驴、驴文化在反全球化的风潮中乘风破浪。下面是《南方日报》发表的秦玉峰先生的文章《我想养一头全球化的驴》[1]，很有历史意义。让我们在驴文化的层面体会一下驴文化的全球化。

2015 年 11 月 22 日，我们作为东道主，召开了一次特别的“两会”——中国中医药协会阿胶专业委员会和中国畜牧业协会驴业分会的成立大会。我很荣幸地当选了阿胶专业委员会首任轮值主任和驴业分会首任会长。

我的一位朋友调侃我说：“你现在是中国最大的驴倌儿了。”我笑着跟他说：“我是中国最大的驴倌儿。”这还真不是玩笑，如果从“养驴”的角度来说，我可能是全世界最大的“驴倌儿”。

我是国家级非物质文化遗产东阿阿胶制作技艺代表性传承人和上市公司“东阿阿胶”总裁。“东阿阿胶”的主要原料是驴皮，所以“养驴”是我工作的重心，只有驴养好了，驴皮的供应量上来了，“东阿阿胶”的未来才能得到保证。

最近几年，我一直在推进“东阿阿胶”的全产业链建设。我们都知道，阿胶是驴皮制成的，驴是阿胶产业的源头。因此，我们的全产业链建设，可以归纳成“养一头闭环的驴”。

阿胶需求越来越多，毛驴却越来越少。毛驴少了，驴皮市场价格不断飙升。15 年前，每张驴皮价格 20 多元，去年涨到 1500 元左右，今年有可能会超过 2000 元。

2002 年的时候，我们就发现了驴皮资源的紧缺，就想到了建养驴基地。我们坚持了 14 年，进行了各种尝试，把驴开始从役用向商用转化；到今天，我们已经建了 20 个毛驴药材标准养殖示范基地。

① 秦玉峰 . 我想养一头全球化的驴［N］. 南方日报，2016-05-06.

在这20个毛驴药材标准养殖示范基地的带动下，我们重建了中华驴产业。无数的养殖户因此受益，我们驴皮资源的紧张也因此得到缓解。以前由于驴产业不被重视，毛驴存栏量逐年急剧下降，很多老专家都改行研究兔子去了。如今这些国宝驴倌儿们，全都回来了，而在最新的统计中，中国毛驴存栏量第一次超过了马。

养驴的过程中，我们发现，光靠驴皮拉动不了整个产业链。我们必须想别的办法。我们就想“以肉谋皮”。驴皮只占整个毛驴价值的1/10，大部分都是肉。“皮之不存，毛将焉附？”没有肉，哪儿来皮呢？

所以，我们打算靠驴肉来拉动这个市场。驴肉有比较好的食用传统，高蛋白低脂肪，所谓“天上龙肉，地下驴肉”。如果能吃出一个市场来，提升驴的商品价值和农民养驴的积极性，我们的驴皮就有了保障。最近我们还投资建设了东阿阿胶“驴肉包”项目，也是一种“吃”的尝试。

驴皮资源问题解决后，我们就开始准备建设“全产业链”。驴皮只是全产业链上的一个环节，驴肉也只是一个环节。要想一劳永逸地解决驴皮供应，就必须建设“全产业链”，让养殖户能在各个链条环节上都获益。

我们养一头“闭环的驴”的计划，就是把驴资源完整地利用起来，首先是“把东阿黑毛驴当药材养”，同时开发以驴肉为核心的食品加工和餐饮产业，进行毛驴活体循环开发，发掘驴奶、驴血、驴胎盘的价值。

譬如驴奶，国际市场上液态驴奶的价格是200多块钱1千克。为什么卖这么贵？因为驴奶硒含量高。硒是长寿因子，土壤、空气当中硒含量比较丰富的地方人就长寿，硒含量高的蔬菜、水果也卖得贵。驴奶含硒量是牛奶的8倍、人奶的4倍。在国内，一头驴一个产奶期5个月，能产奶150千克，价值是15000块钱。

除了驴奶，母驴还外带生了一头小驴驹。驴的价值提升了，小驴驹也贵了，一头驴驹生下来，一年的时间可以卖到4000~6000元。去掉成本，一头母驴一年创造的价值是一万块。

毛驴价值提升了，养驴户的积极性就解决了。农民只要挣到钱就愿意多养驴，毛驴的商业化转型也就成功了。这还只是驴奶的开发，如果加上驴肉开发，商业价值就更高了。

很多方面，我们都已经开始实施了。譬如驴奶开发，驴胎盘开发、文化体验营销等。“把毛驴当药材养”这个理念，提升了毛驴价值。我这几年，一半的时间花在养“闭环的驴”上了。

我们不仅在国内养驴，还在澳大利亚养。这也是我们产业扩张的计划，面向海外进行投资、并购。这也是我们的产业链布局，全球化的产业链布局。

我们以前就建有海外“收皮队”，但那只是一种采购行为，不能转化为产业链建设。为了保证驴皮供应，我们直接把供应链延伸到了澳大利亚。2014年，我和澳大利亚北领地政府在其首府达尔文进行了谈判，达成了在澳大利亚北领地进行毛驴养殖、屠宰加工及贸易投资等毛驴资源开发合作意向。

澳大利亚拥有丰富的毛驴资源，存栏量超过300万头。驴在澳大利亚也曾是人工饲养的重要牲畜，如今因为交通和农业的现代化，它的功能完全失效，被赶出农场，自然繁殖。多年的自由繁殖后，驴成了澳大利亚的有害动物，成了与牛羊争夺草场资源的“敌人”。1949年，驴群数量已太大，西澳大利亚州政府宣布它们成为一种有害动物，从1978年开始北领地及西澳大利亚州已成功实施了大量的扑杀计划。

我们的到来解决了澳大利亚政府的燃眉之急，使驴从有害动物变成了经济动物。对于我们来说，澳大利亚的驴资源也能够为我们提供足够的驴皮，从而对“东阿阿胶”的未来发展提供保障。

有了驴后，屠宰又成了问题。我们最终决定通过并购的形式来解决屠宰问题，买下了当地一个屠宰场和1250平方千米的土地。1250平方千米啊，产权上永远是“东阿阿胶”的，而我们山东东阿县才700平方千米，差不多相当于两个东阿县了。

在“东阿阿胶”的“十三五规划”中，成为“世界一流企业”是我们的目标，为此我们必须建立起世界级的产业链，养一头“全球化的驴”。把驴养到澳洲只是我们的第一步，未来我们要把驴养到全世界，养出真正的“全球化的驴”。

（作者系国家级非物质文化遗产东阿阿胶制作技艺代表性传承人、东阿阿胶股份公司总裁）

2020年1月20日，东阿阿胶发布2019年度业绩预告显示，公司预计归属于上市公司股东的净利润由盈转亏，报告期内，公司净利润亏损3.34亿～4.59亿元，较上年同期下降幅度高达116%～122%，基本每股收益亏损0.5123～0.7043元。

在宣布2019年度首次亏损的同时，东阿阿胶的人事再次面临较大变动。1月19日，东阿阿胶公告，董事会近日收到秦玉峰提交的书面辞职报告，由于到龄退休原因，秦玉峰申请辞去公司第九届董事会董事、总裁和公司法定代表人职务，同时一并辞去公司第九届董事会战略委员会委员和提名委员会委员职务。辞职后，秦玉峰不再担任公司任何职务。

秦玉峰，男，1958年出生，高级工程师，执业药师。1974年进入东阿阿胶厂工作，曾任设备动力科长、处长、厂长助理、副总经理、常务副总经理。曾分管设备动力、采购供应、生产制造、技术改造、质量管理、研发管理、市场营销工作。

在此也祝秦玉峰先生幸福安康！

可惜了！库伦驴

——警惕中国驴品种肉驴化

漂亮的库伦驴
（作者于东阿毛驴博物馆拍摄）

内蒙古马品种资源繁多，但是驴品种只有库伦驴。库伦驴核心产地距离突泉县仅 360 千米，十分接近。畜牧业转型已经几十年，但是，养驴业并没有主动传承和创新，尤其是最近十几年，养驴业把菜驴、肉驴、驴皮、驴肉当作生存之路，甚至是驴子生存唯一的出路和生存大道，丢掉驴作为农业生产畜力的传统优势，是不是有些不够科学呢？

一、库伦驴发展现状

通辽市位于科尔沁草原腹地，拥有丰富的驴资源，库伦驴是地方良种。库伦驴盛产于库伦旗西南部山区，因其产地而得名，库伦驴是 300 年前引进，经自然选择和人工选择所形成的原始地方良种。1981 年全国品种资源调查时，库伦驴被认定为地方良种并列入内蒙古自治区《家畜家禽品种志》及中国《马志》。1984 年，“库伦驴选育”工作列入原哲里木盟（通辽市）科研项目。1988 年，建立库伦驴的地方标准。1990 年，符合库伦驴标准的驴有 11939 头，其中基础母驴占总数的 32.4%。同年被内蒙古自治区政府验收命名，中心产区主要在通辽市库伦旗。20 世纪八九十年代，通辽市驴品种主要以库伦驴为主。①

随着市场经济的发展、全旗养驴已由单纯的役用向商品化发展，肉驴产业是通辽市农牧业优势特色产业之一。2016 年，通辽全市驴存栏 227544 头，适龄母驴 79215 头，其中库伦驴良种登记 15006 头，存栏头数仅占全市驴头数的 6.59%。库伦驴主要分布在库伦旗，其他旗县市所剩无几。在品种方面，2017 年，牧业年度驴存栏 206528 头，2016 年日历年度出栏肉驴

① 包牧仁，刘永旭，孙洪岩 . 库伦驴的保有现状与开发利用［J］. 中国畜牧业，2017（7）：36–37.

95450头，驴肉产量7840.77吨。[①] 库伦旗建设驴交易市场1处，目前每集日交易量50 ~ 200头。科尔沁区每日屠宰肉驴上市饭店5头左右。据不完全统计，全市现有牲畜交易市场16处，2015年驴交易量达到88596头。活驴主要销往通辽市和周边省市，驴皮主要销往山东等地。

二、库伦驴、中国驴的肉驴化

为了进一步发展通辽市农牧业优势特色产业，建设绿色农畜产品加工输出基地，扎实推进通辽地区农牧业向标准化、规模化、品牌化方向发展，提高肉驴产业适度规模化和标准化程度，在通辽市委、市政府组织下制定"通辽市肉驴标准"，于2014年5月通过了国家、自治区级的审定，于同年6月由通辽市质量技术监督局发布实施。

2018年《通辽市肉驴标准汇编》出版，包括17项通辽市农业地方标准，主要是"产地环境""驴舍设计与建设""驴舍条件与卫生""品种质量""繁殖技术""育肥饲养管理""疾病防控""质量安全追溯"等几方面进行，这些新制定的农业地方标准具有先进性、实用性、可操作性，可以说是我国在肉驴产业标准方面的重要补充。而肉驴整体标准体系共包括7部分内容：基础综合、环境与设施、养殖生产、精深加工、产品质量、检验检测、流通销售，计144项标准，其中：收录了国家标准91项、行业标准33项、自治区地方标准3项，以及新制定的17项通辽市农业地方标准。《通辽市肉驴标准汇编》的制定对于通辽市乃至全国的肉驴产业的发展具有重要的推动作用，也是一个标志，即库伦驴、中国驴的肉驴化。一言以蔽之，库伦驴变成了"菜驴"，只能吃肉了。

三、"敖汉驴"的肉驴化

无独有偶，通辽市和赤峰市是近邻，也是目前中国养驴业最集中的地区。目前，正在积极培育和鉴定"敖汉驴"。目前，敖汉旗毛驴存栏35万头，占全国的13%、全区的29.8%、全市的67%，是全国毛驴存栏最多的县。[②] 计划到2020年，全旗毛驴存栏达到40万头，2022年达到50万头。2019年5月12日，赤峰市产业精确扶贫现场观摩推进会上，核心议题是敖汉驴产业建设助力脱贫攻坚。近年来，敖汉旗引进东阿阿胶公司，建立投资2亿元的1万头毛驴标准化养殖场、投资5000万元的20万头毛驴交易市场。建立了驴产业研究中心，成立良种畜繁育推广中心，建设改良站点413处，为敖汉肉驴养殖户开展毛驴人工授精、B超孕检、养殖保健等综合技术服务。2019年6月2日，中国畜牧兽医学会马学分会在中国农业大学动物科学技术学院组织举行了"敖汉驴"培育方案研讨会，会议由中国畜牧兽医学会马学分会理事长韩国才

---

① 贾伟星，邵志文，高丽娟，郭煜 . 通辽市肉驴标准汇编［M］. 北京：中国农业科学技术出版社，2018：1-2.

② 敖汉驴产业助力脱贫攻坚 _ 毛驴［EB/OL］.［2019-06-05］. http://www.sohu.com/a/318946053_120059456。

主持。与会领导、专家、学者就敖汉旗驴产业现状、发展前景和培育"敖汉驴"，对于推进全国驴产业发展等重要意义以及夯实"敖汉驴"产业的基础，制订培育"敖汉驴"的方案、政策、措施，确定培育"敖汉驴"发展的目标等问题发表了切合实际的重要建设性意见。敖汉旗制订《毛驴产业发展规划（2017—2020）》《敖汉旗百亿元驴产业专项推进实施方案》《敖汉旗驴改良实施方案》，确保毛驴产业发展有章可循。仔细分析，这个"章"还是肉驴化，"敖汉驴"命运已定。

四、驴肉消费的市场潜力

近年来，毛驴养殖逐渐从"役用"转型到"商品"，毛驴产业呈现出良好的发展前景。从全国存栏规模看，毛驴养殖潜力巨大。中国全国毛驴存栏总量由2005年的777.2万头，断崖式降至2018年的267.8万头，14年下降了66%，年均减少36万头。因此，驴肉及其产品市场活跃，价格不断攀升。驴肉消费从1991年的6.3万吨上升到1998年的17万吨，再到目前的每年20万吨左右。一般认为，驴肉消费具有广阔的市场潜力。但是，驴肉市场真是潜力无限吗？

20万吨驴肉，每千克驴肉60元，一吨驴肉6万元，全国驴肉产值120亿元。但是，中国肉类市场内部的竞争不仅仅是驴肉，中国肉类市场是8000万吨的超级大市场，2017年中国肉类市场规模接近3万亿元，其中仅猪肉市场就有1.2万亿元。驴肉的占比太少了，而且是一个产能过剩的市场。3万亿 ÷8000万吨=37500元/吨。肉类平均价格3.75万元/吨，而驴肉价格6万～7万元/吨已经很高了，试想一下，如果继续扩大生产，结果会怎么样？2018年，全国肉类总产量8517万吨，而2014年全国肉类总产量达到8707万吨。为什么增长不上去了？就是因为产能过剩。2018年爆发的非洲猪瘟疫情，本质上也是养猪业产能过剩的结果，产能过剩造成防疫投入不足，饲养环节生产力被市场反弹，没有把防疫搞好的内在动力，所以造成疫情泛滥。

五、驴品种多样化才是出路

目前的中国养驴业，驴的社会价值被遮蔽了。《中国畜禽遗传资源志》记载：**1949年后，库伦驴曾经多次出口到日本和朝鲜，供旅游和骑乘用。库伦驴役用性能好，富持久力，能胜任驮运、骑乘、拉车等多种役用，成为"万能驴"，善走山路，食量小、耐粗饲、乘挽驮兼用。**[①] 内蒙古《家畜家禽品种志》和中国《马志》也强调，库伦驴有善爬坡、耐力好、遗传稳定等特点。库伦驴适应山地沟壑纵横的地理环境，有其独特的特点，即挽乘兼用、体质结实、结构匀称紧凑、强壮有力、蹄质坚实、运步畅快灵活、适于走山路、性情温顺、易于调教、耐粗饲、

① 国家畜禽遗传资源委员会组编.中国畜禽遗传资源志　马驴驼志［M］.北京：中国农业出版社，2011：272-274.

适应性广、抗病力强等，只是身上没有多少肉。如今库伦驴被当作一盘菜吃掉了，是不是舍本逐末，“捡了芝麻丢了西瓜”呢？一个地方品种丢弃自己的传统，就如同野生的草食动物只是一心一意为了肉食动物而生存。

农业现代化的一个标志是农业生产目标的多样性，民以食为天，但那是温饱时代、短缺时代，而现代农业具有经济、文化、旅游、生态道德功能，畜牧业、养驴业也是这样。如果人们把一个产业都集中在一点上，风险是很大的。如果中国养驴业只有单一功能和单一生存模式，在激烈的竞争中，与传统农耕文明伴生的驴都将灭亡，中国农业基础无法传承，驴文化也将灭亡。驴有无比巨大的效益，这在历史上已经证明了，但又被人们忽视了。驴力和驴肉哪一个更有价值？当然，驴力和驴肉不是非此即彼，而是应该兼容并包地共同发展。

（2019 年 7 月 6 日）

中华人民共和国成立七十年突泉县和房山区养驴发展

——反思“都市型”农牧业、驴业的现代化

从“中华人民共和国成立70年突泉县和房山区养驴发展比较”图上，我们可以看到，房山养驴业一路下坡，几乎消失，而突泉养驴业起起落落，至今仍旧有一定规模，应该是一笔不小的资产和资源。

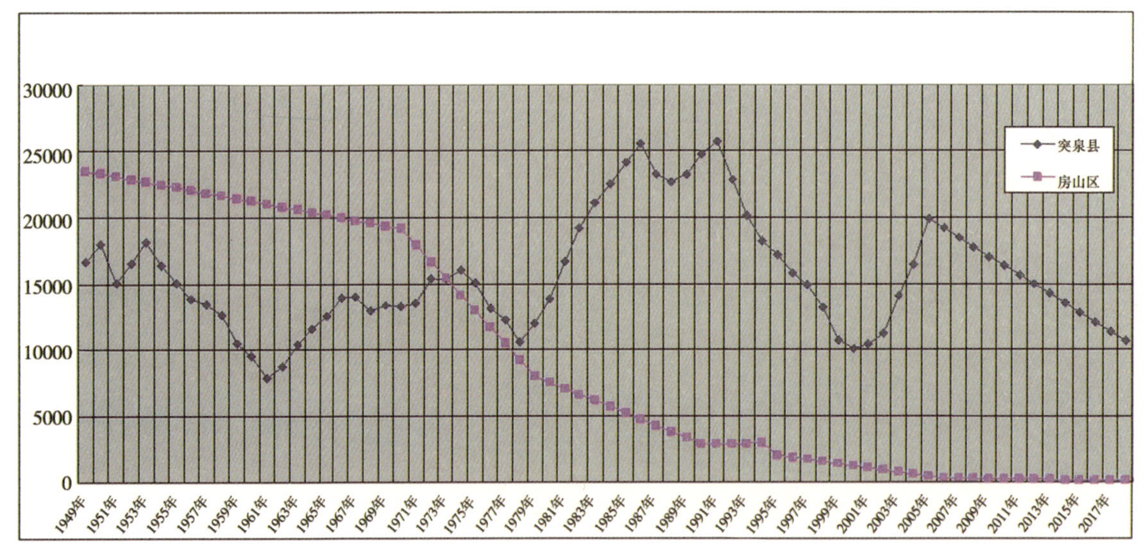

中华人民共和国成立70年突泉县和房山区养驴发展比较（头）

1974年之前，房山的驴数量一直比突泉多，而1974年开始，突泉的驴数量15996头，多于房山14196头。这是两个地区经济发展类型差异的体现，主要是农业机械化水平差异。

比较是发现问题的好办法，为什么不一样？回答房山区和突泉县养驴业发展变化的差异和相同点，一定会有很多有价值的发现，为未来养驴业发展提供借鉴。

第一，变化趋势不同，有各自的特点。突泉养驴业一直在波动，满足自身的发展需要。而房山的养驴业是高开低走，直到几乎消失。养驴业还没有实现现代化就已经消亡了，或者说，实现了现代化，养驴业就要消失。

第二，突泉养驴业会像房山一样走向消亡吗？几乎没有人认为中国的畜牧业已经实现了现代化，哪怕是最先进的饲养方式也不够现代化，几十年的现代化发展是水涨船高，现代化的饲养技术普遍实现，但是很多地方还是没有实现，所以总体上也就不能说是现代化了，即使目前的生产力水平已经超过了当年设立现代化时的最高水准。突泉不应该走那条“驴退驴无”的道路。

中华人民共和国70年突泉县和房山区养驴发展比较（头）

年份	突泉县	房山区	年份	突泉县	房山区	年份	突泉县	房山区
1949	16647	23500	1973	15354	15432	1997	14918	1758
1950	17958	23286	1974	15996	14196	1998	13246	1598
1951	15053	23079	1975	15020	12960	1999	10717	1438
1952	16555	22872	1976	13144	11724	2000	10080	1278
1953	18154	22665	1977	12279	10488	2001	10425	1118
1954	16423	22458	1978	10599	9252	2002	11235	958
1955	15032	22251	1979	11989	8016	2003	14091	798
1956	13820	22044	1980	13853	7554	2004	16510	638
1957	13448	21837	1981	16599	7092	2005	19895	478
1958	12647	21630	1982	19161	6630	2006	19187	318
1959	10474	21423	1983	21080	6168	2007	18479	302
1960	9536	21216	1984	22545	5706	2008	17771	286
1961	7853	21009	1985	24095	5244	2009	17063	270
1962	8741	20802	1986	25545	4782	2010	16355	254
1963	10455	20595	1987	23247	4320	2011	15647	238
1964	11608	20388	1988	22684	3858	2012	14939	222
1965	12555	20181	1989	23221	3396	2013	14231	206
1966	13948	19974	1990	24729	2937	2014	13523	190
1967	14014	19767	1991	25696	2949	2015	12815	174
1968	12982	19560	1992	22875	2961	2016	12107	158
1969	13350	19353	1993	20117	2973	2017	11399	142
1970	13312	19146①	1994	18246	2988	2018	10683	126
1971	13531	17904	1995	17156	2078			
1972	15344	16668	1996	15760	1918			

① 据《房山区志》推测1970年有驴，大牲畜50172-14826黄牛 - 骡9100头 - 马7100匹=19146头。

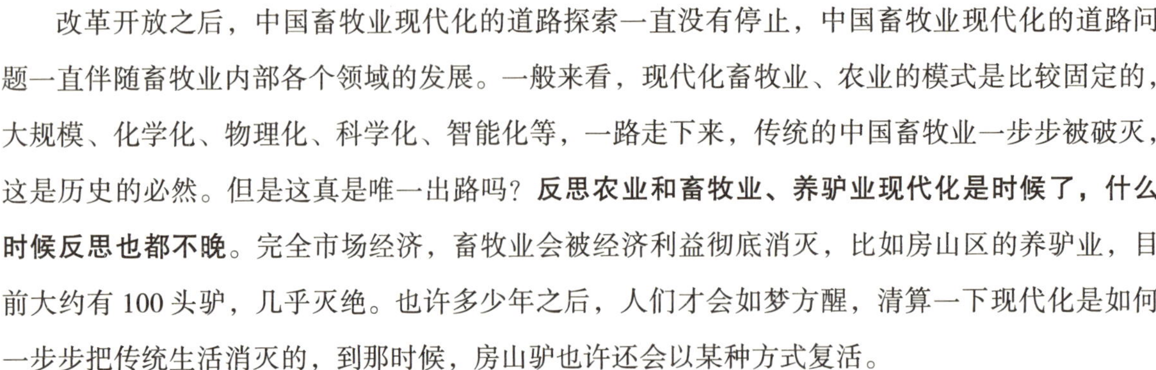

改革开放之后，中国畜牧业现代化的道路探索一直没有停止，中国畜牧业现代化的道路问题一直伴随畜牧业内部各个领域的发展。一般来看，现代化畜牧业、农业的模式是比较固定的，大规模、化学化、物理化、科学化、智能化等，一路走下来，传统的中国畜牧业一步步被破灭，这是历史的必然。但是这真是唯一出路吗？**反思农业和畜牧业、养驴业现代化是时候了，什么时候反思也都不晚**。完全市场经济，畜牧业会被经济利益彻底消灭，比如房山区的养驴业，目前大约有 100 头驴，几乎灭绝。也许多少年之后，人们才会如梦方醒，清算一下现代化是如何一步步把传统生活消灭的，到那时候，房山驴也许还会以某种方式复活。

2019 年 7 月 15 日《北京日报》以《万花园变成荒草园》为题报道部分景区疏于管理，游客体验不佳，有通州区的花仙子万花园，区域面积约四五万平方米；房山区天开花海景区，3 万多平方米的向日葵花海；昌平区小汤山农业园。

“公园这么荒凉呀，到处长着野草，太失望了。”“挖野菜的人比游客还多，这还是景区吗？”进入暑期，北京迎来了旅游高峰。然而当市民根据各种推广的旅游年票、年卡、一卡通，兴致勃勃地来到一些景区，发现景区疏于管理，景色和体验都不尽如人意，其中就有咱们房山的天开花海景区。①

2019 年 6 月 24 日，《北京日报》记者根据京津冀旅游一卡通的介绍，来到房山区天开花海景区。进入南门看到一处坡道，坡道东侧是一片上千平方米的地块，里面长满了野草，只有东半部分可以看到稀疏的花卉，看样子好长时间没有浇水了。坡道下面也到处是野草，依稀露出少量的薰衣草。记者沿着景区中部的小路继续向北，看到一处供人休息的木制凉亭，一些共享单车横七竖八地堆放在凉亭外的野草丛里，有的已经被野草遮挡住了。记者数了数，大约有 30 多辆单车，大部分都已锈迹斑斑。

房山区天开花海变成了“荒原”（2019 年 8 月）

景区里还有一片 3 万多平方米的向日葵花海。一人多高的野蒿子比向日葵还茂盛。而且，在向日葵花丛里还有很多油菜花，早已成熟的油菜籽没有收割。一位有种植经

① 罗乔欣，王青．万花园变成荒草园［N］．北京日报，2019-07-15.

验的游客告诉记者，很可能是还没有收割油菜籽，又种上了向日葵。种植密度过大不利于植物生长。

景区的最北部被一排铁丝网隔着，铁丝网的北侧方圆几百米范围内，都是已经开垦出来还没有种植任何东西的黄土地。景区的东部有一处铁制凉棚，周围的花卉已经干枯发黄。凉亭西南侧有一处井口，井口里的阀门看样子已经损坏，一直不停地往外喷水，井口周围形成了一片“湿地”。这座凉亭的东南侧是一片荷塘，荷塘边一条小船已经沉入水中。

记者从景区宣传栏的介绍中得知，“天开花海”是一处拥有上千亩花海的景区。然而实际情况却是难见一片像样的花海，大部分区域杂草丛生，有些名不副实。

2019 年 8 月，我特意沿北京市丰台区和房山区的绿道骑自行车转了一转，对于城市化和农业现代化的关系又有了一些新的体会。

绿道旁边的“低端”养殖场被拆掉了，建筑垃圾还堆在原地，而农民养的山羊在绿道旁边散养，水务、园林工人在夏日里，汗流浃背地除草、修剪绿地，这些工作能不能用生态畜牧业的办法得到修复和补充？如果科学合理的设计是完全可以做得更加符合生态环保的。

农业农村的现代化的根本还是科学化，具体形式是工厂化、工业化，但这是一个历史过程，这个过程也不是单向的，而是双向互动的。单一的绿化不是生态，但是这种绿植化过程是第一步，如何把畜牧业衔接进来还没注意到。园林绿化、水务建设都是分门别类的，一个政府部门各自管理一块，谁的地盘谁做主，彼此之间没有“生态链接”，水生态、植被生态独立运营，没有了农业种植业和畜牧业的立足之地。

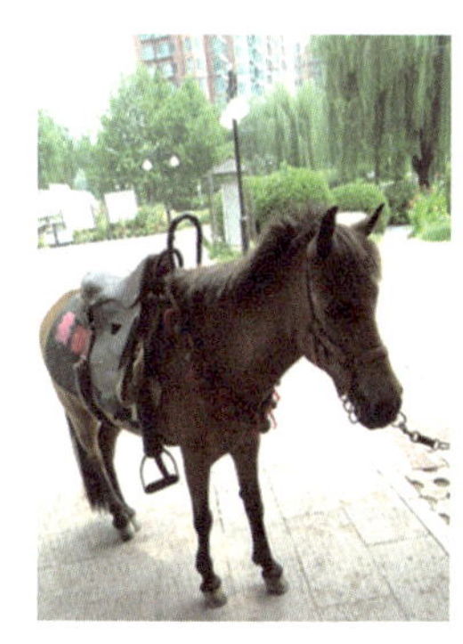

房山区绿道边的马、玉米、山羊（2019 年 8 月）

其实，畜牧业尤其是养驴业在房山是有发展空间的，即使是生态本身也需要一定数量的家畜存在。不是为了生产食品，而是为了丰富文化生活，为了生态多样性，为了生态安全，类似于养驴、养羊在生态承载力范围内也是可以发展的，这种新型生态畜牧业将借助城市生态和高科技等得到新的生命力。

在近一二十年的北京郊区，“都市型”农牧业发展很普遍，但是不仅仅是管理问题，而是在“都市型”农业、畜牧业最初的设计、规划上就已经出了问题。

第一，人工生态必须时时刻刻依靠人力推动。所谓的农业生态观光的生态没有循环起来，也没有科学的生态理念支撑。只是从过去的种植庄稼转移到了种植花草，以为依靠人工、输血、推动、经济等不可再生的动力催动，不可持续，难以为继。一种树木打天下，一种花草全覆盖，一种畜禽全代替，这些大而单一的生产生态是不是过于冒进了？到了反思的时候了。

第二，房山驴灭亡了，羊不养了，草也就成了灾害。单纯的植物观光，单一的植物种植，“单纯绿色”，政府输血，社会催动，缺少畜牧业的所谓纯绿色不是生态！试想这些地方如果适度养驴，何以成荒撂荒？如果适度发展养羊，何以毫无人气？科学上，片面的畜牧业退群是反生态的。

第三，全生态、全产业链才能抵抗自然和经济的双重风险。经济效益不佳，土地撂荒、生态荒芜，没有人气，这是自然现象和自然规律。其实，突泉荒是房山荒的前车之鉴，在突泉的历史上，千百年来就在不断反复上演着一幕。考察辽代的双城遗址，以及后来的荒城遗址，走访清朝初年的太本驿站，都会发现人类生存、生产的痕迹，但是又回归荒凉的大自然，被荒草荒原覆盖。

第四，“都市型”农业离不开“都市型”畜牧业。试想当初设计就把畜牧业元素、动物养殖、骑驴观光等都融入进来，形成“田园综合体”，东边日出西边雨，东方不亮西方亮，怎么会“花开时节动京城，花落之时成荒原”？

房山区小清河沿河绿道附近的羊群、驴养殖场（2019 年 8 月）

值得注意的是，“大农业观”至关重要，顶层设计、顶层建设是关键，需要跨部门、跨行业的合作。园林绿化、水务建设、公路交通、农业畜牧养殖、文化旅游等部门都要整合进来，形成合力。

房山驴是突泉驴的前车之鉴，应引以为戒，善莫大焉！鉴于此，突泉驴业在现实发展中反而可以发挥出巨大的“后发优势”，后来居上。

（参考杨怀伟：新房山的“驴子定律”，载《中国畜牧业》2019 年 19 期）

（2019 年 8 月 24 日）

庚午

马术是驴友的他山之石

比较养马业和养驴业的发展，养驴业无疑走入了下坡路，而养马业的多元化发展也无疑应该给养驴业无尽的启示。在唐宋时期，马球和驴鞠就有协同发展的景象，之后马术依然稀缺，而新的驴鞠、驴术受到重视，前景一片光明。

今天，“驴友驴术”向文化体育方向发展，向人的新需要进发。虽然马术是驴术的好榜样，但驴友无疑有自己的特点和发展道路。

马术体育邮票
（突泉县农耕民俗博物馆藏）

一、文化体育方向

要了解“驴友驴术”，就需要先研究一下马术历史。马在历史上与人类有非常亲密的关系，是人类的运输和交通工具。当中，马在欧洲有贵族的象征，骑马对欧洲人而言不但是一种艺术——结合了骑师与马匹之间的调教，更是一门学问。马术比赛需要骑师和马匹配合默契，考验马匹技巧、速度、耐力和跨越障碍的能力。

1734 年，美国弗吉尼亚州成立了查尔列斯顿马术俱乐部，这是世界上最早的马术俱乐部。

1896 年，在希腊雅典举行首届现代奥运会时提出将马术列为比赛项目，但是由于组织工作难度较大和主办国希腊对该项目缺乏兴趣而未果。

1900 年，马术比赛首次进入奥运会，当时只设障碍赛一个项目。在巴黎举办了第 1 次马术国际比赛后，马术运动发展很快。

1906 年，以冯罗森（Clarence von Rosen）伯爵为首的一些瑞典军官向顾拜旦提出马术进入奥运会的建议，并受顾拜旦的委托起草了具体的比赛方案。

1907 年，在海牙举行的奥林匹克代表大会通过了该方案，拟在 1908 年的伦敦奥运会纳入马术比赛。但是伦敦奥运会组委会未执行该决议。直到 1912 年在瑞典斯德哥尔摩举行第 5 届奥运会时，马术才进入奥运会赛场，来自 10 个国家的 62 名马术选手（均为军官）进行了首届奥林匹克马术角逐。

马术是一项绅士运动，这项运动在人与马的完美配合中传递出儒雅的绅士气派和高贵气质。进入比赛场地后，观众要将手机关闭或设置振动状态。应遵守一些比赛场馆不允许带相机入场、不允许使用闪光灯的规定。凡是运动员有仰视动作、需高度集中注意力等比赛项目，都不得使用闪光灯。

观看马术比赛时，应积极配合比赛中的选手和马匹，不要向场地内乱扔各种物品，以免打伤马匹、骑手。一般不宜迎面使用闪光灯进行拍照。关闭手机或调至静音状态，不要摇摆任何旗帜和饰品，禁止在现场发出刺耳的尖叫声，以免马匹受到惊吓，影响比赛正常进行。

“驴友驴术”应学习马术的人文智慧。马术是很理智的比赛。人与马的每一个动作、每一次呼吸都能彼此感应，于是人和马的协调成为重点。

二、特殊人群的新需要

马术探出了道路，驴也可以有“驴术”，并应该有巨大的潜力。驴可以成为人和自然之间的媒介。**驴是人类的朋友**，不仅仅是工具。

2017 年，一个普通的美国人史蒂夫在网络上迅速走红，凭借的竟然是一头毛驴。他创立了一种独特的毛驴疗法，专门为那些在生活中遭遇困境而心情压抑的人解决烦恼。

史蒂夫的家位于汉堡市阿尔斯特湖畔，他家的后院非常美丽。波光潋滟的湖水，鲜花盛开的小路，碧绿的草坪和温暖的阳光，都让人无限享受。当然，还有他圈养的十几头毛驴，也是一道独特的风景。一天，史蒂夫带着两头驴子走入了养老院的痴呆病房。有一名老人是阿尔茨海默病晚期，他不再记得自己的家人，只会盯着东西看，或者坐着闭上双眼。史蒂夫的这头驴子不断地想要接近他，在养老院员工惊讶的目光下，这名老人转向了毛驴，甚至还伸出手摸了摸它。他和驴子一起看到了某样东西，并有了相同的感受。

在网络上，史蒂夫收获了很多朋友。短短两个月，粉丝暴涨了 17 万。许多人都在经历人生的转变，正在寻找某些能让他们不断探索的东西。网友们的点赞和支持给了他继续前行的动力，所以他经常在毛驴公园举办活动，至今已有上千人参加。

“驴友”不要以为接近一头毛驴只会听到驴叫，其实它才是生活的智者。所以，当你遭遇困境而感到迷茫的时刻，不妨让一头毛驴陪你思考人生。

三、向人的新需要进发

驴是人类的“平民”朋友，“驴友驴术”应向人的新需要进发。

法国作家得·塞居尔夫人的《驴子的回忆》讲的是毛驴卡迪肖的故事，孩子从中可以得到不少启示，明白一些道理。

卡迪肖本来无名，生活在一个残暴的女主人家里，这个老妇人动不动就要它驮着特别多的东西去赶集。有一次，它实在忍受不住老妇人的棒打，尥了几蹶子，把老妇人踢伤了，被驱逐后流浪。一个有绝症的小女孩波利娜收留了它，给它起名卡迪肖，后来因为火灾后波利娜着凉而病情加剧导致死亡。它又一次遭到驱逐，后来被一个多子女的家庭收留。曲折的经历，一次又一次地被驱逐，它最后得到了幸福的生活。

天津五大道观光马车车票
（突泉县农耕民俗博物馆藏）

故事中残暴的老妇人总是棒打毛驴，最后被踢伤，很多人觉得被踢伤的老妇人是不值得同情的。从人文角度来看，驴不是人类的奴隶，动物是人类的朋友，人们应该善待它们。心存感恩，让世界充满爱！

同样是生命，我们应该敬畏。虽然驴生来就是动物，但是动物也有生存的权利。人应该学会善待动物，心存感恩，驴为人们服务，人们也要照顾好它们。

驴友学习马术，创新发展“驴术”，是很有意思的尝试。

辛未

强力打击驴皮走私

2018年年底，我国驴的存栏量达253.28万头，只占世界上驴的存栏量的5.74%。而我国每年用于生产阿胶的驴皮需求量约300万～400万张，目前国内宰驴所能提供的数量只占总需求量的很小一部分。2018年开始可以进口驴皮，全世界给中国提供驴皮的同时，也影响了原料的地道性，进而影响了阿胶的销量，还出现了驴皮相对过剩而影响驴皮和活驴价格的现象。这种降价现象拉低了养殖场户的效益，以每张驴皮少卖1000元计算，农牧民年收入减少十几亿元。全球化让中国敞开了大门，中国养驴业不是闭门过日子，而是和全世界的养驴业交往，有的是有益的，有的是有害的，驴皮走私就是这种有害的交往。为什么驴皮很昂贵，却没有人养驴呢？

一、福田口岸截获近千张生驴皮

天然驴蹄酒碗摆件
（突泉县农耕民俗博物馆藏）

2016年8月26日，深圳检验检疫局透露，福田口岸自6月以来连续查获大批由“水客”携带入境的生驴皮。截至8月21日，驴皮查获量累计达118批5.36吨，近千张。目前，该类生驴皮已被截留处理。[①]

未经过加工处理、无审批手续、未经检疫的动物产品入境可能携带炭疽等多种致病菌，传带疫情疫病的风险极高。

据检验检疫局负责人透露，截获驴皮头、耳、尾部位皮毛保存完整，未经过加工处理，散发浓烈的腥臭味，夹杂泥土和砂石，无任何标识，产地不明。携带人员将驴皮藏匿在行李箱、纸箱、塑料袋中。工作

① 吴德群，实习生黄鹤林，通讯员邓莎、朱锦锋、廖莹．福田口岸截获近千张生驴皮［N］．深圳特区报，2016-08-28.

人员了解到，“偷运”驴皮的销往渠道主要是阿胶类的药材商。

驴皮是熬制名贵中药“阿胶”的主要原料，近年来国内消费者养生保健需求增强，阿胶消费需求也在不断扩大。在市场利润的驱动下，部分商贩从境外大量购入驴皮，试图非法入境谋取暴利。

检验检疫部门提醒广大出入境旅客，携带动物产品入境，应提前了解我国相关法律法规要求，切勿违规携带，以避免不必要的经济损失。

埃及日前破获了一起企图向中国走私毛驴皮的案件，引发媒体广泛关注和议论。据“埃及人”网站等当地媒体2019年3月10日报道，埃及亚历山大海关8日接到秘密举报，一家简称“CAK”的贸易出口公司准备向中国走私驴皮。接到秘密情报后，亚历山大海关部门立即成立专案组，并同警方联合行动，在码头对涉事公司货轮进行突击搜查，当场查获3000张驴皮。

报道称，根据埃及工商部长2011年第304号决议，禁止走私驴皮。埃及每年向中国合法出口8000张驴皮，然而走私数量远远高于这一数字。埃及媒体称，这导致埃及毛驴数量减少及毛驴价格不断攀升，因此，控制驴皮走私已迫在眉睫。

《环球时报》记者注意到，在埃及，毛驴到处可见。在乡下，毛驴是主要的交通工具，在首都开罗也有不少毛驴车招摇过市。埃及《华夫脱报》日前报道说，埃及全国有至少250万头毛驴。在开罗以北30多千米的地方，还有一个很火爆的毛驴市场，供人们自由选购毛驴。在埃及，毛驴被认为象征着吃苦耐劳、坚韧不拔的精神。毛驴还对埃及的考古发掘立下了汗马功劳。①

近年来，全球多国传出和毛驴有关的新闻，如“坦桑尼亚禁止出口驴”“南非农场虐驴事件”等都被认为和“中国需求”有关。中国对驴皮的高需求量也催生了海外商机，巴基斯坦日前就宣布，将发展养驴业，出口给中国。

二、一次性走私非洲驴皮24.28吨

2019年5月11日，广州海关公布，在海关总署和广东分署的指挥协调下，广州海关侦破一起通过铁路运输渠道走私洋酒、宠物粮和动物皮案件，抓获犯罪嫌疑人13名，查扣涉嫌走私的洋酒122881瓶、宠物粮55吨、非洲驴皮24.28吨，总案值8200多万元。②

根据铁路部门日前提供的线索，广州海关缉私局在铁路公安部门的配合下，现场查扣了一批涉嫌运输走私货物的货柜。检查发现货柜里面有各种涉嫌走私进口的洋酒、动物皮、宠物粮。总共21个柜，其中洋酒17个柜，动物皮有1个柜，还有宠物粮3个柜。

---

① 黄培昭．埃及截获向中国走私的驴皮［N］．环球时报，2019-03-11.

② 广州海关侦破走私案　含24吨未经检疫非洲驴皮　总案值8200多万元！_货物［EB/OL］．［2019-05-12］.https://www.sohu.com/a/313514131_114960.

绢私部门侦查发现，这些货物分属 3 个货主团伙，他们在境外订购这些货物后，由负责通关的团伙在中越边境通过绕关偷运的方式，从非设关地将其走私进境。再通过铁路运输的方式，把走私货物大规模转移，从广西凭祥转移到广州、佛山这些地方。

价格越高，走私团伙获利也就越大。缉私人员介绍，宠物粮和驴皮如通过正常渠道进口，需要海关部门严格检疫。这次查获的宠物粮有的已临近保质期。涉嫌走私的动物皮全部是非洲驴皮，在国内，驴皮是生产阿胶的主要原料，未经检疫的驴皮生产阿胶存在严重的食品安全隐患。

中国向全世界买驴、驴皮现象已经引起了世界范围的关注，甚至遭到严厉指责。另外，进口驴马产品对马属动物防疫造成影响。因此，建议政府有关部门减少或暂时停止驴皮进口，严打走私，为国内驴养殖企业恢复利润赢得时间。按驴皮颜色分类鉴别，一般黑驴皮都产自中国，只对其他颜色驴皮进行追踪追溯即可。

在中国，驴皮虽然昂贵，但是走私严重，进口驴皮数量巨大，冲击市场价格，造成有价无市，驴皮价格潮起潮落，相比较风险很大，导致很多地区没有人养驴了，结果中国驴存栏量直线下降，中国驴最终灭绝不是不可能。

但是，一旦全世界的驴存栏量减少到承载力的极限，养驴业反弹也是必然的。从有到无之后，否极泰来，又是一轮从无到有，历史大轮回又将上演。

巴西禁宰驴出口

——“驴子是我们的兄弟”①

2018 年 12 月，巴西动物福利团体赢得诉讼，禁止巴伊亚州宰驴，使得巴西成为禁止宰驴的国家。

1969 年巴西邮票——毛驴售水车

（突泉县农耕民俗博物馆藏）

2016 年 6 月，根据中国与巴西的有关协议，驴肉和驴皮对华出口。于是，巴西东北部的巴伊亚州为宰驴产业制定了新法规，允许驴肉、驴皮出口中国。这项贸易额每年大约有 30 亿美元。几乎同时，弗里格斯扎尔公司就开始运营，一周可屠宰约 300 头驴。巴西取得驴肉宰杀资格的企业共有 3 家，创造了超过 300 个工作岗位，供应链上还有 500 多个工作机会，比如养驴者、牧场工人和被弃驴收集者等。

“虐待毛驴”事件成为导火索。巴西东北部当地人对吃驴肉难以接受，也无法说服遍布全球的动物福利者。2018 年 9 月，巴伊亚州伊塔佩廷加的一家农场里发现了 200 多头死驴，可能是饥渴而死。这些驴正是待宰加工的。动物保护动员网络、全国动物保护论坛、流浪动物 SOS 和巴西全国驴子保护阵线等相关团体组织对联邦政府和巴伊亚州政府提起了诉讼。

2018 年 11 月 30 日，法官发出强制令，规定巴伊亚州全境禁止宰驴。驴在屠宰前的“被捕”、运输和监禁过程中，如果屠宰者没有遵循所有法律规定，这些驴子可能成为人畜疾病传播的载体。企业计划每年屠宰 20 万头驴。目前，巴西有 812467 头驴，估计其中 60 万头在东北部，按照这个屠宰速度，不到 3 年，该地区的驴就会被宰光。

① ［巴西］塞尔吉奥·米格尔·布瓦尔克．巴西宰驴禁令阻碍对华驴产品贸易．奇芳翻译．［EB/OL］．［2019-05-23］．https://www.chinadialogue.org.cn/article/show/single/ch/11338.

巴伊亚州政府试图推翻禁令，启动宰驴产业。该州总检察长说，法官的越权导致一个重要的生产链瘫痪，宰驴是巴伊亚州政府向国际做出的公开承诺和私人协议的产物，而禁止宰驴并不能阻止此前造成驴子饥渴而死的危机发生。《巴伊亚邮报》的农业部数据显示，2018 年 3 家肉类加工厂向越南和香港出口了超过 2.5 万吨马、驴和骡子的肉和皮，收入接近 4000 万美元。

雷是一家工厂的老板。禁令生效时，该厂从周一至周五每天屠宰约 200 头驴，而产能则要扩大至 500 头。总投资约为 150 万美元，只经营了一年，还没有盈利。出口驴肉和驴皮的平均估计收入为每头 370 雷亚尔（95 美元）。由于缺少一些证书，不得不出口给香港和越南的中介公司。如果直接出口中国内地，收入是每头 870 雷亚尔（225 美元）。

雷有 180 名员工，其中 120 人在法院裁决后失业。判决对那些屠宰场周围的小企业和工人带来的不利要严重得多。23 岁的卢卡斯·奥利维拉在阿马戈萨肉联厂找到了他的第一份正式工作——去骨助手。在那里工作的一年半里，他和伴侣有了一个孩子，他们也有了未来的规划。4 个月来，他一直靠打零工和领失业救济金生活。他希望（这个行业）能够复苏。

一、“驴子庇护所”

2019 年 2 月 1 日，巴伊亚州政府官员来到位于塞尔唐卡努杜斯的圣丽塔农场，发现了大约 200 头死驴。农场里还非法关着另外 800 头驴，看起来营养不良、脱水。这些驴本是即将屠宰的，但是禁令却让负责圈养和运输驴的人措手不及，由于无处可去，它们被遗弃了。禁止屠宰并没有结束巴伊亚地区对驴的虐待。

驴是巴西东北地区重要的历史象征，但随着近年来人们对摩托车的青睐，驴被大量遗弃。塞阿腊州政府交通部门为了防止道路事故而将这些被遗弃的驴子收容起来，仅在 2018 年的新年假期中被收容的驴就达到 115 头。

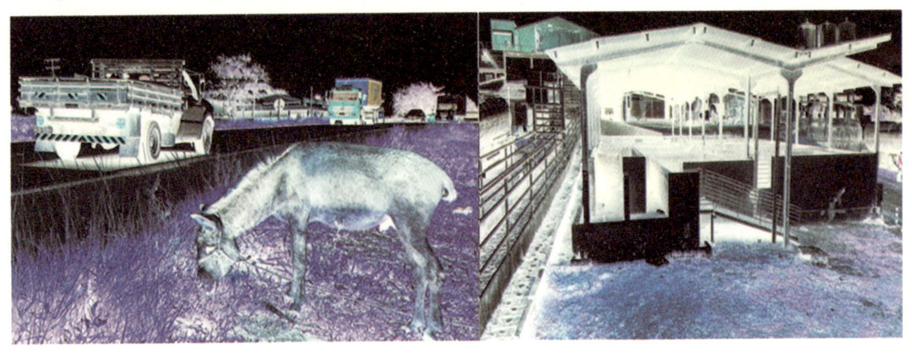

空荡荡的加工厂和公路旁正在吃草的驴子

圣丽塔农场的驴不断死去，幸存约 420 头。英国非政府组织“驴子庇护所”在巴西的唯一生物学家说，更多的驴可能死于一种叫作高脂血症的代谢综合征，这是由虐待引起的。“驴子庇护所”是巴西全国驴子保护阵线的一部分，这是一个由多个动物福利组织组成的团体。根据法律裁决，该组织被授予了对这些动物的监护权。但他们并没有这项工作需要投入的资金和资源。饲养幸存驴每天的费用为 890 雷亚尔（230 美元），加上其他的兽医护理和药物治疗费用，每月约为 5 万雷亚尔（1.3 万美元）。当时众筹活动只完成了目标的 1/10。

巴西的毛驴不值钱，在农民手里，一头驴的价格是 20 雷亚尔，但是一旦圈养起来，饲养成本一下子升起来，这就是畜牧业的问题，放牧、散养、放养都是可以不计成本的，但是一旦规模饲养，成本就会加大。进入市场不顺利，也会立即伤害所饲养的动物，包括饥饿或者疫情。

二、驴子是“背着耶稣”的动物

尽管法官的裁决有争议，但没有人质疑驴对该地区的重要性。巴西人，尤其是东北部地区的人，认识到驴在历史和社会上的重要性。法官呼吁人们关注东北部的那些毛驴雕像，以及歌颂驴的音乐，其中包括路易斯·贡扎加的一首歌：“向驴子道歉（驴子是我们的兄弟）。”

起源于北非的驴，其力量和韧性都适应巴西东北干旱的气候。**有饥荒时，大家共同承受，但从没想把驴吃进肚子。**除了直接参与生产链的人以外，所有人都反对宰驴。驴是“背着耶稣”的动物，是人们犁地、挑水和拉车的伙伴。巴西东北部就是在“驴背”上诞生的，驴象征着巴西东北人的坚忍不拔的精神。

人和驴的关系是多元复杂的，绝不仅仅是食物关系。在《黄河东流去》中，海老清在 1942 年夏天大饥荒中饿死了，但是他没有自己把毛驴杀了吃，等老瞎马快饿死了才 10 块钱给了“汤锅”，自己也没有吃。

> 小晌午时候，驴子先卖掉了。是界首来的两个驴贩子买去的。他们看了看这头驴的牙口，刚换过六个牙，身板虽然瘦了一点，口还算年轻。他们把价钱出到三十块钱上，再也不添了。经纪人死拉活拖，张罗了半天，算是卖了三十二块钱。除了佣金，海老清净落了三十块钱。
>
> 几年来这匹老马就像他的一个朋友……就在他取掉马笼头时候，那匹马睁开眼了，它用左眼看了海老清一眼，嘴唇翕动了一下。它想用舌头舔舔海老清的手。海老清没有敢让它来舔。他像个罪犯，掂着马笼头默默地走了。

恻隐之心是一种爱，也是爱的起点。心疼驴子，人类不会停留在“卸磨杀驴”的原点，一定会走向“卸磨谢驴”的自觉！

毛驴的命运是人类命运大变局的平行线，在一定意义上，保护毛驴就是保护人类自己。

未来的驴友乐园

——扶贫攻坚衔接乡村振兴

各级党组织，尤其是传统驴业饲养地域的党组织，应该重视养驴产业的创新、协调、绿色、开放、共享发展，在驴业发展上踏踏实实地落实新发展理念。

驴是一个脑袋四条腿，“五位一体”。

文化是脑袋，驴文化就是驴头。继承和创新驴文化、驴耕文化。继承传统，千百年来突泉“垦荒驴”功不可没。农耕文化的大势之中还有丰富内涵，要具体化和还原历史细节的驴耕文化。驴业多元化发展才是养驴兴旺发达的途径，单一的路径都会不稳定、不持久，且风险高。

饲养是“第一条腿”。养驴是第一位的，不养驴，其他都是虚无的。养驴业要发展就必须满足人民对美好生活的需要，否则，自生自灭就是必然的。而在中国经济进入新时代的大背景下，作为县域经济的一个组成部分，突泉县养驴业的发展必须是高质量发展。

旅游是“第二条腿”。借力和助力乡村振兴，驴友＋旅游驴“两条腿”走路，打造突泉自己的独立大市场——集成传统养驴，创造新型业态。

美食是“第三条腿”。弘扬驴美食文化，打造突泉全驴宴＋突泉阿胶汤“两条腿”走路，走出突泉驴美食新路子，不能片面依赖阿胶业的恩赐。

驴产品是“第四条腿”。出售驴产品不等于卖驴，甚至不卖驴也可以赚钱。驴产品包罗万象，无所不包，依托驴产品不断把驴文化实化，引领“脱实向虚”转向“由虚向实”。打造驴文化创意产品，持续不断开发新的驴文化文创产品，“买全国、卖全国，买世界、卖世界”。例如，把编织驴、草编驴、剪纸驴、泥塑驴、铁塑驴、学术驴、教学驴、学校驴、学院驴、生态驴、漫画驴、艺术驴、智慧驴、智能驴，还有驴食品、驴零食等都开发出来，丰富产业链，取得高质量的经济效益。

（2019 年 7 月 16 日）

画好县域驴业发展高质量蓝图

——以《突泉县驴业文化旅游融合发展规划》建议为例

习近平总书记指出："地方和部门工作也一样，要真正做到一张好的蓝图一干到底，切实干出成效来。我们要有钉钉子的精神，钉钉子往往不是一锤子就能钉好的，而是要一锤一锤接着敲，直到把钉子钉实钉牢，钉牢一颗再钉下一颗，不断钉下去，必然大有成效。如果东一榔头西一棒子，结果很可能是一颗钉子都钉不上、钉不牢。我们要有'功成不必在我'的精神。一张好的蓝图，只要是科学的、切合实际的、符合人民愿望的，大家就要一茬一茬接着干，干出来的都是实绩，广大干部群众都会看在眼里、记在心里。"……"很多时候，有没有新面貌，有没有新气象，并不在于制定一打一打的新规划，喊出一个一个的新口号，而在于结合新的实际，用新的思路、新的举措，脚踏实地把既定的科学目标、好的工作蓝图变为现实。"①

规划是蓝图，突泉县养驴业要科学发展，就要有一个《突泉县驴业文化旅游融合发展规划》，然后是落实。

一、画蓝图不容易

中国农业出版社 2017 年出版的《目标养驴关键技术有问必答》② 中有一个成功案例，案例四"内蒙古蒙东黑毛驴牧业科技有限公司"，其中有"根据县政府制定的《突泉县毛驴产业发展规划》，将养驴产业列入重点产业进行推广"。"计划到 2020 年全县养殖存栏达到 10 万头，给予二、三产业的技术支持，包括驴奶、驴血、驴尿、阿胶养生品、餐饮等项目建设。"

我在突泉县进行调查时发现，《突泉县毛驴产业发展规划》并没有出台，而突泉县养驴业发展规划是走了另外一条道路。我研究了突泉县驴业有关发展计划，可以看到隐隐约约的发展路径和规划。2015—2019 年突泉县政府工作报告中，只有 2017 年、2018 年突泉县政府工作报告

① 习近平．习近平谈治国理政［M］．北京：外文出版社，2014：400.

② 陈顺增，张玉海主编．目标养驴关键技术有问必答［M］．北京：中国农业出版社，2017：257.

明确了发展“肉驴”业态。

2017年突泉县政府工作报告中，只提到了2次“驴”，分别是“积极引进东阿阿胶公司，带动群众发展肉驴产业”，“引导贫困户庭院养殖芦花鸡、生猪、毛驴，订单种植萝卜、谷子、食用菌、青贮饲料、绿色杂粮杂豆”。

2018年突泉县政府工作报告中，共提到了8次“驴”，分别是过去5年和2017年工作回顾中的“积极探索与东阿阿胶集团合作，发展肉驴产业，杜尔基万头肉驴养殖基地开工建设”，2018年工作目标和主要任务中的“新建鸡、猪、驴舍15.6万平方米”，“大力培育肉牛、肉驴等主导产业合作社、示范社，鼓励合作社和农户入股龙头企业，推进农企利益联结”，“坚持‘稳羊增牛（驴）扩猪禽’发展思路”，“力争出栏白羽肉鸡3000万只、芦花鸡100万只，生猪出栏15万口，肉（奶）牛存栏4.5万头，肉羊存栏100万只，肉驴存栏2.5万头，争创国家驴产业扶贫试点县”，“六大富民产业：禽、羊、猪、牛、驴养殖及果蔬产业”。

然而到了2019年突泉县政府工作报告中，对于“驴”字只字未提。这是否意味着驴业发展基本上又回到了没有“县域经济”规划的自然状态。驴业没有“一张好的蓝图”和没有“蓝图”都是不符合新发展理念的。**新发展理念就是指挥棒**。养驴业不能任其自生自灭，闲置浪费了一个国家级贫困县宝贵的资源。

2019年考察杜尔基万头肉驴养殖基地这个“成功案例”，基地已经没有一头驴了。原因复杂，其中困苦不必细说，但是，养驴企业的营商环境还是很艰辛的。这个情况不仅仅是突泉，在全国也是比较普遍的。值得庆幸的是，损失被比较及时地制止了。尽管可以预计，一个比较长的周期之后，肉驴业还有比较大的盈利，但是两三年之内很难维持，营商亟待深化改革。

二、数量蓝图就是质量蓝图

一张好的蓝图如何绘制？在《突泉县“扶贫扶产业、牧业再造突泉”工程实施方案》中提到8次“驴”，明确了“发展目标”，即2018年，全县牛、驴、马等大畜存栏达到10万个牛单位，有畜户达到3万户，养殖专业合作社和各类经济服务组织达到500个。2019年，全县牛、驴、马等大畜存栏达到20万个牛单位，有畜户达到4万户，养殖专业合作社和各类经济服务组织达700个。2020年，全县牛、驴、马等大畜存栏达到30万个牛单位，实现人均1个牛单位，有畜户达到5万户，养殖专业合作社和各类经济服务组织达到1000个。构建县、乡（镇）村网络营销信息平台。

“扶贫扶产业、牧业再造突泉”工程 3 年目标

年度	畜户（万户）	组织（个）	牛单位（万个）	增长率（%）
2018	3	500	10	>100
2019	4	700	20	100
2020	5	1000	30	50

第一次看到这张蓝图，就感到过于浓墨重彩了，无论是技术上还是整体直观上。

大家畜有自身的发展（发育）规律，哺乳动物一年生一胎，一个年度内一个畜群自身数量不可能每年增长 50% 以上。无法通过繁殖增长，就要购买扩群，这种投入也是风险很大的，考虑疾病、技术因素，10 万头牛就要投入 10 亿元以上，显然，这个经济压力一定会转化成发展的阻力（反作用力），反而会迟滞原来自然发展的进度。

考察近年来全国一些要发展养驴业的县级发展规划计划，都是类似的“数量发展”模式，这需要“高质量发展”来矫正。“高质量发展”是 2017 年党的十九大首次提出的，中国经济由高速增长阶段转向高质量发展阶段。我国的经济增长 7%，怎么会带来畜牧业存栏量 100% 的增长？如果真的实现了，那么经济效益会如何？利润和机体质量、产品质量是否会被大大降低，家畜养多了，市场热度会不会降下来？制订规划，这些承载力因素要认真考虑。

“高质量发展”是新发展理念的继续和延伸。我们要提高发展质量，是不是要把发展速度降低一些？其实，党的十八大以来的党和国家大政方针已经清晰地描绘了“蓝图”。各个地方和部门必须要按着宏观大蓝图具体细化自己的“小蓝图”，并且努力落实。

养驴业的“高质量发展”必须是养殖、文化创意产业、旅游业、新农村建设、乡村振兴等综合发展，不应该是单一的肉驴增值，走养猪业的老路，然后进入“猪周期”的发展模式。其实这十几年的养驴业发展已经出现了“驴周期”的市场危机模式，只是肉驴养殖主导地位没有确立，周期性不明显，业内没有普遍重视。

三、《突泉县驴业文化旅游融合发展规划》刍议

任何一张蓝图都是从白纸开始的，何况突泉养驴业已经有千百年的丰厚历史，在一张“青山绿水图”上继续绘制，有了一定基础。这里对《突泉县驴业文化旅游融合发展规划》粗略提一些建议。

1. 规划要坚持突泉全县域的顶层设计

第一，有历史大视野，继承和发展并重，养驴和文化旅游融合发展。传统养驴业要有一定保护，役驴要保护和促进转型，骑驴、驴车要创新，进入旅游景区，制定“驴的”、租驴、租驴车的价格，统一旅游形象，尽快让养驴农民获得旅游收益。第二，适当适度发展肉驴业，肉驴

专业化生产要开展，不能放弃。肉驴比重不能过大，多年的品种繁育基本没有肉驴专门化品种，如果肉驴独大，其他品种会灭绝，不利于多样化生态平衡。第三，“路遥知驴力”，打造驴文化元素，形成突泉特色，塑造突泉“国际慢城”，用驴文化的诗情画意把突泉装扮起来。“慢生活”“漫旅游”“驴车漫游”“骑驴漫游”“慢城慢驴”应该成为突泉旅游设计的定力，在全国立起来，在世界突出来。第四，以组织化促进现代化。成立突泉县驴业协会、突泉县驴文化协会、突泉县驴文化旅游协会、突泉县养驴技术协会等，鼓励养驴农民专业合作社、驴业公司的发展。

2. 规划要坚持突泉全县域的底层施工

第一，把农家乐、民宿和驴业发展整合起来。把农家乐、民宿改造成“驴友驿站”等。在全县 188 个村都建设“驴友驿站”，合理布局，统一品牌形象。第二，突泉有驴肉店和驴肉馆传统驴肉美食，这个特色要发展。如有可能，时机适合要延伸产业链，加工驴肉产品。第三，开发驴文化创意产品。文创产业是高质量发展的最先进形态，一定要大力发展，为高质量发展提供持久动力。驴文化创意是无穷的，取之不尽、用之不竭，这一资源比驴肉、驴本身还要丰富，是文明、文化、绿色的。第四，驴业科学智慧发展，包括其他家畜品种，发展速度应该在 10% 左右为宜，以高质量、高效益为核心，稳步发展。第五，长短结合，有 10 年以上的规划设计，也要有具体的短期计划。创造“短平快”，努力见效果、见效益，也要对历史负责，坚持住“长曲慢”，锲而不舍。第六，注重营商环境优化。以市场为主导，政策要扶助济困，在政策上要给“定心丸”和“救心丸”。企业遇到困难要帮助，企业违法要红红脸，而不只是冷脸相对。

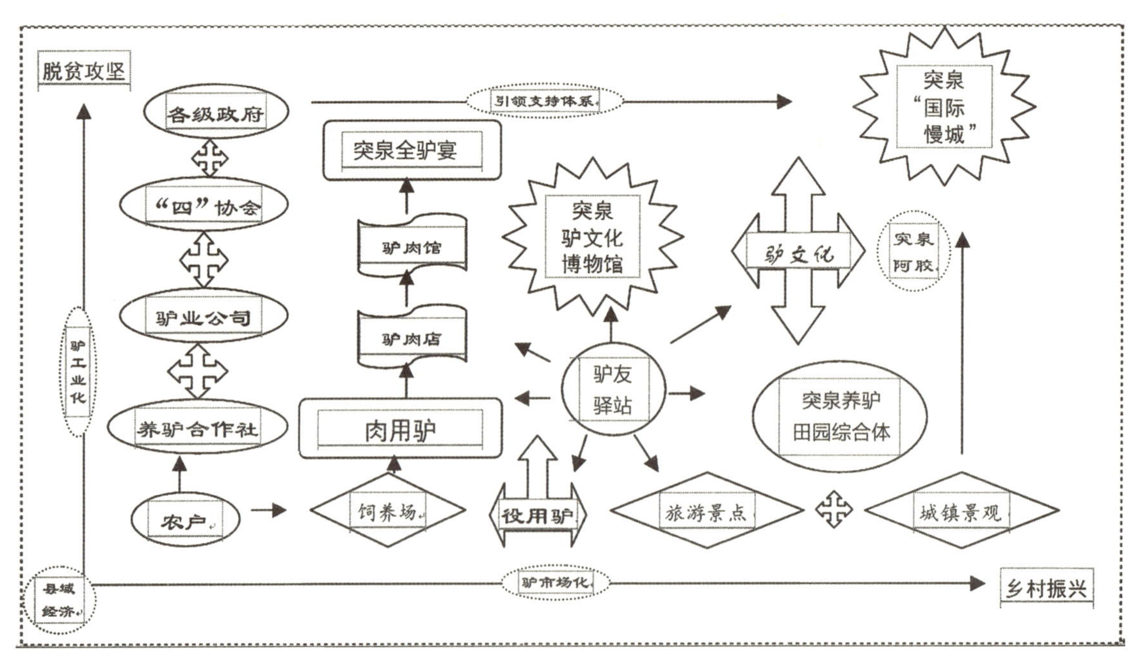

突泉县“驴业＋文化＋旅游”融合发展路线图

3. 规划要坚持突泉全县域的融合发展

第一，重点强调一下融合发展。社会发展动力是合力，任何单一的分力最终都体现为合力，一切动力和阻力都会融合在一起。这是一种力学的理解，但是现实中，我们看到的都是静态的、物质的、社会组成的、结构的相互作用，否则我们是无法理解和把握的。第二，利益融合，共同赢益。利益融合说着容易，行起来万难。还要全县团结在党的领导下，妥善处理矛盾和分歧。第三，对于社会而言，驴业文化旅游融合发展不是农牧业部门一家可以完全做到的，文化旅游部门是必然的动力组成部分，还有各个企业、合作社、协会、农牧业农牧村屯、乡镇政府、农牧民个体和家庭等主体都要团结起来，组织和一起发力，力的方向统一，力行力施，才可能实现社会的发展，否则，社会整体事业、产业就会停滞甚至倒退，企业萎缩、僵死，浪费时间和资源。

4. 规划要坚持突泉全县域的久久为功

第一，既要“功成不必在我”的精神境界，也要“功成必定有我”的历史担当。总体上，驴业发展不是“短平快”事业，《突泉县驴业文化旅游融合发展规划》蓝图绘好，就要持之以恒，行稳致远。第二，全县域的久久为功，驴业发展不会一帆风顺，顺风用力，逆风更要互补，协同生存，共同顶住环境压力，遇到灾难，哪怕是灭顶之灾，也要坚持“初心”。第三，规划责任终身追究。2019 年 9 月 1 日起施行的《重大行政决策程序暂行条例》规定，“制定开发利用、保护重要自然资源和文化资源的重大公共政策和措施”等重大行政决策事项都要执行必要的程序，对那些“朝令夕改”“匆匆下马”的规划、项目、政策和措施专门规定，决策机关应当建立重大行政决策过程记录和材料归档制度，并特别提出违反规定造成决策严重失误，或者依法应当及时做出决策而“久拖不决”，造成重大损失、恶劣影响的，倒查责任并实行终身责任追究。

绘制一张好的蓝图非常不容易，而一张好的蓝图一干到底就更不容易。打造好的营商环境，久久为功，坚持下去，一定会取得实效。

（2019 年 4 月 12 日）

组织起来力量大

——突泉县养驴业的组织模式探析

中共中央办公厅、国务院办公厅于 2019 年 2 月 21 日印发实施《关于促进小农户和现代农业发展有机衔接的意见》，明确“提高小农户组织化程度”，历史证明，组织起来力量大！团结就是力量，如何团结？通过各种组织把产业组织起来，形成合力，就会把个体力量放大，这也是产业化的力量根本，也是现代化的社会力量根本。一个产业落后，没有市场竞争力，根本原因就是组织涣散，甚至没有组织，市场个体自然会自生自灭，对于社会进步发展的作用微乎其微。

组织化程度低是养驴业世界性历史性问题
（突泉县农耕民俗博物馆藏）

养驴产业要发展，就要适应社会发展，对应的养驴产业社会组织也在发展，彼此互动，互为条件。社会如此，产业也是一样的。农业现代化根本方式是组织现代化。高质量的养驴业必然需要高质量的组织。组织化程度也恰恰反映了产业化、现代化的程度。

养驴业发展必然伴随组织化的发展。养驴业的组织模式一种是“无组织”，另一种是“有组织”。从无到有，也是相对比较而言的。传统养驴业几乎是无组织的、小农经济、以家庭为主。在旧中国，国家对于农业几乎无法进行有效组织。中华人民共和国成立 70 年，家庭模式继续，互助组模式、合作社模式相继诞生，接着生产队模式、人民公社模式也被引进，改革开放之后，公司模式、协会模式、联盟模式、“政府 +”模式等都已出现。探索养驴业组织模式关系到未来的发展，意义重大。

国家数据显示[①]，内蒙古 2017 年驴存栏 75.45 万头，突泉县 1.2 万头，全国 267.78 万头，内蒙古占全国的 28.18%，突泉县占内蒙古的 1.5%。1949 年，内蒙古驴存栏量 39.13 万头，突泉县 1.66 万头，占内蒙古的 4.25%，比重更大。但是，没有话语权、定价权，因为产业化低，不团结，是小农经济。在突泉县，也是如此，数以万头的驴散落在千家万户，淹没在近 5000 平方千米的土地上，丝毫没有存在感。一万头驴也是一笔上亿元的资产，就像埋在地下的黄金。截至 2018 年，突泉还是一个国家级的贫困县，浪费了这笔“驴资源”，十分可惜。2019 年，贫困县脱贫，也不会一飞冲天，还要踏踏实实，才能行稳致远。

一、突泉养驴业组织现状分析

驴业组织形态（个）[②]

地域	养驴 + 协会	养驴 + 公司	驴 + 公司	驴 + 合作社	养驴 + 场	驴 + 场	户	存栏（万）
全国	24	125	4720	14173	567	9024	32 万	267.78
内蒙古	5	11	157	1489	35	412	10 万	75.5
兴安盟	0	0	6	203	10	47	6000	2.2256[③]
突泉县	0	0	2	4	1	4	3000	1.1

我们来看，突泉县养驴产业的组织程度是非常低的，没有专业化合作社，养殖场、公司也没有正常运转起来。数以万头的驴散落在全县，几乎没有一点市场竞争力和抵御风险的能力，产业化随时会消失在市场之中。因此，行业要发展必须组织起来。

① 驴期末存栏，国家数据［EB/OL］.［2019-05-12］.http://data.stats.gov.cn/mapdata.htm?cn=E0103。

② 驴专业合作社_相关搜索结果 - 天眼查［EB/OL］.［2019-06-12］. https://www.tianyancha.com/search?key=%E9%A9%B4%20%E4%B8%93%E4%B8%9A%E5%90%88%E4%BD%9C%E7%A4%BE&base=nmg

③ 兴安盟农牧局— 兴安盟马产业健康发展［EB/OL］.［2019-03-25］.http://www.tq.gov.cn/xamagri/1023721/1023756/1023759/2625559/index.html.

历史证明，散兵游勇一样的产业是不堪一击的，组织起来力量大是“驴强定律”，也是农业强起来的必由之路。

二、突泉县驴业组织模式分类以及组织建设

组织起来，是西方社会传入中国的概念，也是现代化、产业化的方向，比较极端的现代化设计就是要消灭小农，消灭农户，但这是正确的吗？尤其是对于养驴业来说，消灭小农会不会把养驴业也消灭了？历史还没有完整的结论。

1. 养驴协会

个人、组织为达到某种目标，通过签署协议，自愿组成的团体或组织，包括在职业、学术和科学等方面为达成某种目标而成立的组织。行业协会是社会中介组织，它的产生和发展是社会分工和市场竞争日益加剧的结果，反映了各行业的企业自我服务、自我协调、自我监督、自我保护的意识和要求。具体说来，行业协会的形成及其作用应该包含以下内容：一是必须以同行业的企业为主体；二是必须建立在自愿原则的基础上；三是必须以谋取和增进全体会员企业的共同利益为宗旨；四是一种具有法人资格的经济社团。根据《社会团体登记管理条例》第九条，要登记成为面向全社会的法人社团组织应当具备下列条件：“五有”，即一有 50 个以上的个人会员或者 30 个以上的单位会员；二有规范的名称和相应的组织机构；三有固定的住所；四有与其业务活动相适应的专职工作人员；五有合法的资产和经费来源。如果存在营利性活动，根据工商行政法规的规定，还必须进行法人登记，办理营业执照，缴纳管理费和税务登记缴纳税款。

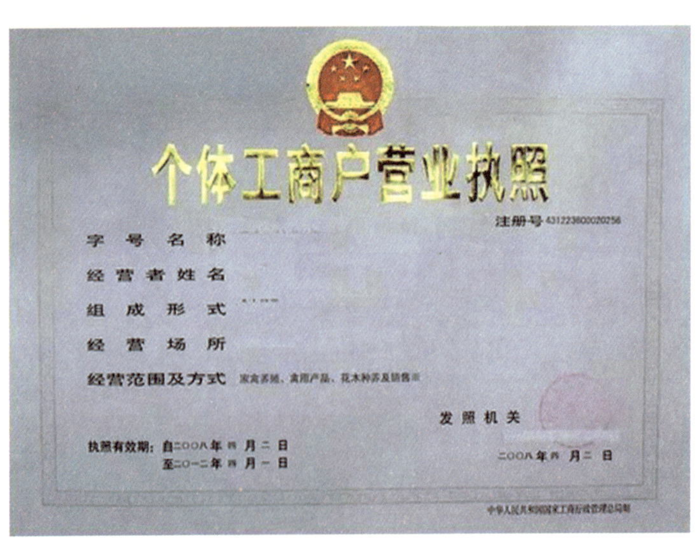

个体工商户营业执照

注册号 431223600020256

字号名称

经营者姓名

组成形式

经营场所

经营范围及方式

发照机关

执照有效期：自二〇〇八年四月二日
至二〇一二年四月一日

二〇〇八年四月二日

营业执照是组织起来的证明之一

突泉县还没有这一组织，应该尽快成立“突泉县驴业协会”，开展县域驴业发展工作，并成

立专业和乡镇分会：突泉县驴业协会驴友分会、突泉县驴业协会驴品分会、突泉县驴业协会驴文化分会、突泉县驴业协会养驴技术分会。

2. 企业、养驴公司

这是依照公司法在中国境内设立的以营利为目的的企业法人，包括有限责任公司和股份有限公司，是适应市场经济社会化大生产的需要而形成的一种企业组织形式。公司制是对资本力量的保护和弘扬，用股份说话，靠资本撑腰，这是资本主义发展的有力工具，养驴业发展要依靠这件工具。但是，资本门槛高，对于小农经济有“挤出效应”。

突泉县基本上没有驴业企业，成立的也是停摆状态。2017 年 3 月 17 日，内蒙古蒙东黑毛驴牧业科技有限公司正式落户突泉县，但是此后基本没有运营。中金驴产业发展有限公司、内蒙古祥合生态牧业有限公司等企业都没有正常运营。一方面是企业比较弱小，无力抵抗各种风险，包括县内和县域外的各种风险冲击；另一方面是由于营商环境“荒凉”，开荒垦荒力度不够。这也是长期的历史惯性使然。

3. 养驴农民专业合作社

截至 2018 年 2 月底，全国依法登记的农民专业合作社达 204.4 万家，是 2012 年年底的 3 倍；实有入社农户 11759 万户，约占全国农户总数的 48.1%。

农民专业合作社是以农村家庭承包经营为基础，通过提供农产品的销售、加工、运输、贮藏以及与农业生产经营有关的技术、信息等服务来实现成员互助目的的组织，从成立开始就具有经济互助性，拥有一定组织架构，成员享有一定权利，同时负有一定责任。

《农民专业合作社法》规定成立条件有：（一）有五名以上符合规定的成员，置备成员名册，并报登记机关。农民专业合作社的成员中，农民至少应当占成员总数的百分之八十。成员总数二十人以下的，可以有一个企业、事业单位或者社会团体成员；成员总数超过二十人的，企业、事业单位和社会团体成员不得超过成员总数的百分之五。（二）有符合本法规定的章程；（三）有符合本法规定的组织机构；（四）有符合法律、行政法规规定的名称和章程确定的住所；（五）有符合章程规定的成员出资。

突泉县基本上没有驴业合作社，突泉县宏源生猪养殖专业合作社、突泉县鸿辰牲畜养殖专业合作社、突泉县振海肉羊养殖专业合作社也不是专门的驴业合作社。

4. 养驴场

要求企业（法人）有与生产经营规模和业务相适应的从业人员，其中专职人员不得少于 8 人；选址和土地手续的第一步应该首先到乡镇政府，需要在国土局和农业局备案签订用地协议。养殖用地划归为农业用地，用基本农田以外的耕地从事养殖业不再需要审批。办理养殖场，饲养栏舍和绿化隔离带属于农用地，不用再去办理烦琐的农用地转用审批手续了。

注意是否禁养。环评手续越来越重要，要通过环保局的审批拿到环境影响审批意见和排污

动物防疫条件合格证

（副 本）

（ ）动防合字第 号

代码编号：

单位名称：

法定代表人（负责人）

单位地址：

经营范围：

根据《中华人民共和国动物防疫法》规定，经审查，动物防疫条件合格，特发此证。

发证机关（盖章）

年 月 日

合格的动物防疫条件是规模化饲养的前提

许可证，环评通不过可能会被禁养，养殖场被拆除的情况都会发生。动物防疫条件合格证由县级农业部门颁发，没有这个证件是不能从事规模养殖业的。营业执照和动物防疫条件合格证批下来，还要到**畜牧部门**办理登记备案手续。**工商局**办理营业执照需要名称字号的，到当地工商所申请名称预先核准登记（携带本人身份证）、设立申请书（到当地工商所领取）、经营者身份证明、经营场所证明。

突泉县六户镇永合村垚森乌头驴养殖场也没有养驴，2019 年永合村集体要办成养牛基地。

5. 养驴农户

突泉农户数以万计，养驴户数以千计，但是没有形成一定组织机制就会是一盘散沙，没有市场竞争力和生存能力，随时会被侵害。一般认为这是一个不是组织的组织，是自然状态，要发展就应该有社会组织，得到社会的支持和管理。养殖户、小农户、新型职业农民个体也是一类组织。只是这种组织过于弱小了，“三个臭皮匠赛过诸葛亮”，其实和其他组织比，农户组织是普遍缺乏竞争力的。

党的十九大提出，实现小农户和现代农业发展有机衔接。2019 年 2 月 21 日，中共中央办公厅、国务院办公厅印发了《关于促进小农户和现代农业发展有机衔接的意见》，提出扶持小农户，提升小农户发展现代农业的能力，加快推进农业和农村现代化，夯实实施乡村振兴战略的基础。据 2018 年国家农业农村部调查，全国县级以上农业产业化龙头企业达 8.7 万家，国家重点龙头企业达 1243 家，各类农业产业化组织辐射带动 1.27 亿农户，户年均增收超过 3000 元。

党的十九大以来，各地紧紧围绕乡村产业振兴目标，践行新理念、培育新业态、蓄积新动能，农业产业化取得了积极成效。队伍不断壮大，联农带农模式不断创新，利益联结机制不断健全。各地积极扶持由龙头企业带动、农民合作社和家庭农场跟进、广大小农户参与的产业化联合体，2018 年省级农业产业化示范联合体近 1000 个，探索形成了契约型、分红型、股权型等利益联结方式，将更多小农户带入大市场。组织也是相对的，有程度问题，组织化水平越高，就会越有组织。组织化程度越高，要求越高，办理也复杂。希望发展壮大，没有组织是万万行不通的。因此，应该克服组织建设中的各类困难，提高自己的组织化能力和程度。

三、突泉驴业组织机制建设——驴友农民专业合作社+驴业协会

把突泉的小农户组织起来，一定要走出养驴的小圈子。养是基础，但不是一切，所以要把养驴当作事业来干。组织一切可以组织起来的力量，实现社会效益最大化。优良机制之所以“优良”是因为能与时俱进，不断更新，不仅要适应新时代的需要，更要引领推动新时代。而“更新”就是机制的自我革命，有活力、生存力和创新力。

建立突泉县驴业“四协会”的格局，即突泉县驴业协会、突泉驴友协会、突泉驴文化协会、突泉养驴技术协会。全县成立一个统一的突泉县驴业协会，各乡镇成立分会，统一协调全县产业发展。攻坚克难，推动产业发展。突泉县驴业协会统领全县域驴产业发展。

1957 年特种邮票——农业合作化
（突泉县农耕民俗博物馆藏）

建立突泉县乡镇村屯的“驴友农民专业合作社”。不能用所谓的“现代化”衡量一切，小农经济并不是一无是处，反而有传统历史优势。驴业农民专业合作社一定要突破“养”的圈子，不能局限，不要画地为牢。把养驴与农家乐、民宿和驴业发展整合。把农家乐、民宿改造成“驴友驿站”等。在全县 200 个村都建设“驴友驿站”，合理布局，统一品牌形象。建设 100 ~ 200 个“驴友农民专业合作社”，顺势解决集体经济空白和短板。可以借鉴“南峪村农宅旅游农民专业合作社”的做法。

2016 年 4 月的一天，南峪村的村务广场上格外热闹，全村 656 名村民悉数到齐，共同见证南峪村即将载入史册的时刻——南峪村农宅旅游农民专业合作社成立了。“一

元一股，一股一权。”段春亭对村民讲解股权确权的规则。全村以户为单位，每人收取1元钱，确定资格，普通村民每人1股，贫困户每人2股。通过确权，为全村213户村民定做了确权卡，就这样，“一元”合作社把群众组织起来了。[①]

把合作社打造成“龙头”，这个“龙头”长在自己的身体上，使得“龙头”合作社发挥更重要的作用。要培育壮大龙头合作社促进乡村产业发展。

在党的领导下组织起来，依靠各种现代化的农业组织服务小农户、提高小农户、富裕小农户，突泉县加快构建扶持小农户发展的政策体系，加强农业社会化服务，提高小农户生产经营能力，提升小农户组织化程度，改善小农户生产设施条件，拓宽小农户增收空间，维护小农户合法权益，促进传统小农户向现代小农户转变，让小农户共享改革发展成果，实现小农户与现代农业发展有机衔接，加快推进农业农村现代化。

① 李海涛，石亚楠 . 重塑乡村价值 村民共享收益［N］. 农民日报，2017-12-01.

塑造突泉“国际慢城”

——突泉驴文化和“慢文化”融合

> 本地人以 2 头驴驾 1 辆小胶车，运载 300 ~ 500 千克，日行程可达 30 千米。
>
> ——《突泉县志》

“劝君但骑驴，行路稳，姑徐徐。”驴文化和“慢文化”是高度统一的，有内在的和谐一致性。

一踏上突泉的土地，甚至没有踏上之前，就感到突泉的“慢”，这不是贬义，而是感受到一种“快”生活之外的新生活。没有通高铁、没有飞机场、没有火车站，也没有高速公路。突泉没有现代化“快”的标志，想快也快不起来。当然这些硬件早晚会有，无须太久，但是外部的速度再快，突泉的内核还要“慢”，成为一个“国际慢城”。

现代化的“快餐”不是健康的饮食，传统而高品质的“慢餐”有了新的生命力。“慢餐运动”是由“慢城市运动（slow city move-ment）”演化而来。1999 年，第一届“慢城市”大会在意大利奥维多召开，提出建立一种新的城市模式“国际慢城”。

截至 2018 年 12 月，共有 252 个“国际慢城”分布在全球 30 个国家和地区。中国已有 9 个“国际慢城”。

今后一段时间，借助驴文化和“慢文化”合力塑造突泉城镇化，突泉县域内一个乡镇加强建设“慢文化”，同时在全县大力发展驴文化，形成合力。驴文化是“慢文化”，以驴文化为载体，以驴文化为主色调，传承驴文化，把小城突泉装点成“国际慢城”，相得益彰，前途远大。

一、“慢城”

“慢城”标准：①人口总数不超过 5 万人。②必须在所有的公共设施和尽可能多的私人设施上张贴“蜗牛”标识，以直观形式主义倡导“慢生活”理念。③必须限制汽车的使用，汽车在城市街道行驶速度不得超过 20 千米 / 小时。④必须有一个噪声管理系统，广告牌和霓虹灯要尽可能少。⑤必须有一套环保的城市污水生态处理系统。⑥在全球化的背景下，必须保证城市的个性，特别是保护具有地区象征性意义的产品。⑦必须定期接受“慢城市国际协会”的检查，以保证上述指标被严格执行。

在“慢城”，有更多的空间供人们散步，有更多的绿地供人们休闲，有更便利的商业供人们娱乐和享受，有更多的广场供人们交流，此外还提倡拆除不美观的广告牌、霓虹灯、城市电线，并限制小汽车的行驶速度和禁止汽车鸣笛，提倡融洽的邻里交流，希望人们有更多的时间关注家人和子女的教育。

“慢城”规定城内不能停车，只有行人徒步区。城内不能卖速食，包括麦当劳、星巴克等连锁店和超市都应禁止。城内也没有霓虹灯，且周四、周日店面都不营业。生活准则：享乐重于获利、个人重于公司、缓慢重于速度。

“慢城”运动还包括减少噪声与交通流量；增加绿地与徒步区；支援当地的农民，以及贩售当地农产品的商店、市场与餐厅；奖励环保科技；保护当地美学与美食传统；培养热情好客与睦邻友好的精神。经过这番改革后，希望成效能超越各部分相加的总和，并且能彻底改变人们对都市生活的想法。

独树一帜的“慢城”很快换来了经济回报。在意大利小城布拉，销售手工巧克力和绿色食品的商店以及定期举办的活动吸引了数以千计的游客。每逢周末，欧洲各地的特色奶酪制造商云集于此，丰富的产品展览使这里周周都有美食节。在吸引游客方面，“慢城市网络”号召会员“一起实践共同的、具体、有形的准则”，包括提供由“慢餐协会”推荐的美食，高品质的接待设施、绅士的服务以及良好的环境。保护本土手工业、文化和传统，让游人与制作特色产品的当地手艺人交流。

随着“慢城”兴起了“慢学”。学校提倡没有竞争的教学方式，给学生更多的自由时间，反对填鸭式教学。“慢学”运动提倡建立一个新的教学体系，授课时间灵活，并根据学生的需要设置课程。慢生活是一种生活态度，是一种健康的心态，是一种积极的奋斗，是对人生的高度自信。

慢生活要“慢食”。1986 年，意大利记者卡洛·佩特里写了一本书《慢食慢生活》。在罗马著名景点，他碰到一群吃即食汉堡包的学生。对于讲究慢吃的意大利人来说，快餐文化近乎可耻。于是，佩特里找到志同道合之士，决心搞一场“慢文化”的复兴，由吃的文化开始，成立“国际慢餐协会”，开展“慢吃运动”（Slowfood Movement）。“慢食”有“6M”宣言：Meal（美食）、Menu（菜单）、Music（音乐）、Manner（礼仪）、Mood（气氛）、Meeting（聚会）。开启放慢脚步、慢慢品味食物美味的优质生活方式。

二、中国“慢城”

2010年11月，苏格兰召开“慢城”会议，桠溪被正式授予“慢城”称号，唤醒了中国第一个“国际慢城”。2016年7月在高淳召开的“国际慢城”中国年会上，桠溪成立“中国协调委员会”，成为中国总部。

2014年6月19日，广东省梅州市梅县区雁洋镇正式加入“国际慢城”联盟，成为我国的第二个“国际慢城”。

2015年7月，山东曲阜“九仙山—石门山”片区正式被授予“国际慢城”称号，是中国第三家“国际慢城”。同年，广西富川瑶族自治县福利镇“国际慢城”顺利通过认证，成为中国第四个、广西首个“国际慢城”。

2016年，“国际慢城”联盟总部正式授予温州文成玉壶镇为“侨韵国际慢城”。至此，玉壶镇是中国第五个、浙江省首个“国际慢城”。同年，在“国际慢城2016中国年会”上，宣城市旌德县旌阳镇成功加入“国际慢城”组织，并获得授牌成为安徽省首个、全国第六个“国际慢城”。

2017年11月11日，在挪威于尔维克市召开的“国际慢城”联盟总部协调委员会会议宣布，常山县正式跻身“国际慢城”联盟会员，成为全国第七个“国际慢城”。

2018年6月，“国际慢城”法国年会授予江苏省苏州市角直[①]镇、湖北省神农架林区松柏镇“国际慢城”称号，成为中国第八、第九个“国际慢城”。

三、驴文化是“慢文化”

当初中国人引入毛驴为了什么？也就是养驴的初心何在？这个问题可以不断追问，永无止境，距离初心越久远，越容易忽略和忘记。这是人类养驴最早的原动力。驴文化是“慢文化”，重视驴、尊重驴、关心驴、爱护驴，这时候我们养的驴就是“人文驴”。广义讲，人文泛指文化，“人文驴”就是“文化驴”；狭义讲，人文专指哲学，特别是美学范畴，“人文驴”就是“文明驴”，就是“人文生态驴”。“人文生态驴”的高端化就是社会环境对于驴福利的提升，动物福利，向着人的标准提升——重视驴、尊重驴、关心驴、爱护驴。

“慢城”中汽车时速20千米，而驴车时速10千米，骑驴的时速10千米，中途要停下来歇一歇。而人较快的行走速度为每小时7000米，跑马拉松的最好成绩也不会超过每小时22千米。而在突泉，“本地人以2头驴驾1辆小胶车，运载300 ~ 500千克，日行程可达30千米”，足够慢。

中国古代缺马，也缺少马路，所以马车的应用极为贫乏，牛车、驴车的使用相当广泛。到

① 角直（Lùzhí），苏州吴中区东，与昆山市交界处。一称六直，古时又称甫里。唐诗人陆龟蒙居此，号“甫里先生”。

北宋初年，许多大臣上朝乘坐的是牛车，到真宗年间，轿子开始普及，并一直延续到清朝后期。这是一个忽略速度的选择，在长达1000年的时间里，中国人的出行速度是最慢的。

驴文化是绿色生态文化。现代畜牧业的发展是一种关门生产建设的趋势，这和开放的世界背道而行，关起门来办牧场是动物防疫的需要，也是无奈之举，但是养驴业，包括养马业有开放的历史传统，这个优势在今后养驴中应该给予足够的重视和支持。因此，应该打开牧场的大门发展畜牧业。

过去发展畜牧业，把草吃光了，把树木砍光了，只剩下庄稼地的一点儿绿色，到了冬天，大地一片荒凉，无论是从感官上还是理论上都不是绿色发展。况且，辛辛苦苦苦干农牧业，还不一定有效益，没有发展就更不是绿色发展了。人受冻挨饿不是绿色发展，只有绿色而不发展也不是绿色发展。既要金山银山，也要绿水青山，这条“绿色＋发展”之路不是非此即彼的要么绿色要么发展之路。

对于“生态驴”必须辩证理解，生态是人的生态，荒凉无人区，大漠戈壁，荒山野岭，不毛之地，无人的生态也不一定是好的生态。但是，人类讲的生态一定是有人的生态。所谓的“生态驴”也就是人和驴的关系符合良好的生存状态。

驾驭毛驴拉动“慢城”突泉

四、毛驴拉动“慢城”突泉

中国养驴业濒临消亡，养驴文化濒临灭亡，养驴的人即将消失，爱驴懂驴的人并不少，只是停留在虚拟世界。人类养驴是为了什么？中国养驴为了什么？是为了驴肉吗？是因为所谓的驴全身都是宝？不是，是要借助驴的力量，是力用的利用，不是肉用的利用。这就是养驴的初心。

突泉总面积4889.5平方千米。全县现有耕地217万亩，其中水浇地80万亩；草场209万亩，其中沙打旺、紫花苜蓿等人工草场33万亩，林地205万亩。这些为“绿色驴”“生态驴”发展提供了条件。所以，要“保护＋限制”两手抓，打造“突泉驴车”，实施中国传统工艺振兴计划，从突泉试点起步“毛驴文化”。争取国家支持，在突泉地区搭建平台，整合资源，形成具有影响力的地方品牌。建设“突泉驴车”遗址博物馆生态（社区）博物馆、户外博物馆等。通过对突泉传统村落、街区建筑格局、整体风貌、生产生活等传统文化和生态的保护与展示，再现畜牧文明发展轨迹。

建立驴友交通规则、驴道路保护区、驴车保护区。新驴车的开发，突泉驴车 App，驴车传统工艺振兴，开发驴车的“御文化”。“我亦长安车马客，几生修到骑驴人。”驴子走路，嘚嘚嘚、慢腾腾、颤悠悠，蹄声抑扬顿挫，骑在它的背上能感受到诗的节奏和韵味。

在突泉召开中国“国际慢城”研讨会。突泉申请加入“国际慢城”。选择一个或者几个乡镇，按照“国际慢城”标准塑造、组建。

村路骑驴慢慢踏，中国城市都曾是“慢城”，但如果在北京恢复“慢城”是不可能的，而复兴老北京的“对槽驴”“驴口”“御文化”却是可能的，有一定意义和价值，但是意义和价值不如突泉大，尤其是对于突泉的农牧业发展和探索创新，农牧业真正和旅游深度融合，推陈出新，养驴和驴文化是最具有优势的。

（2019 年 7 月 17 日）

突泉应办所“驴科大学”

——来突泉研究驴

“自强首在储才，储才必先兴学。”此乃甲午战争后“中国实业之父”盛宣怀（1844 年 11 月 4 日—1916 年 4 月 27 日）在给朝廷的奏折中的名句，“兴学”是产业和地方强大起来的前提和基础，对于养驴业和突泉县也是如此。2019 年 5 月 21 日，华为创始人、CEO 任正非在深圳华为总部接受《面对面》记者董倩的采访时说：“如果不重视教育，实际上我们会重返贫穷的。”

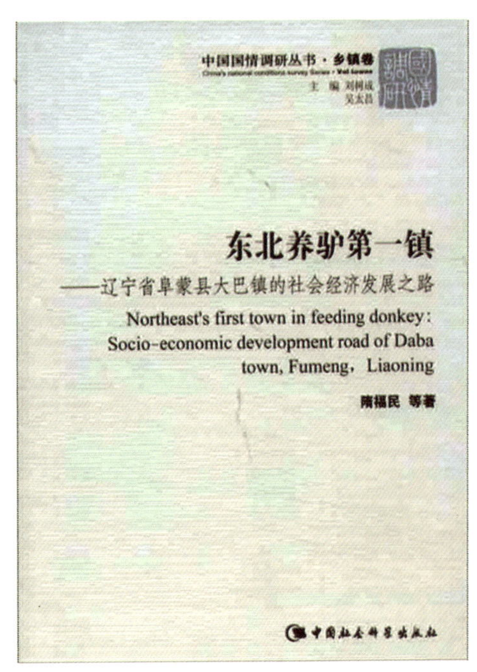

《东北养驴第一镇》
（突泉县农耕民俗博物馆藏）

突泉县地域内最高级的学校是高中。而文明与文化发展的一个标志是大学，如果一个地区没有一所自己的高等学府，无论钱多钱少都一定是贫穷的。突泉办一所“驴术大学”“驴科大学”，目前看是“科幻”，也有些幽默，但是将来必然不是幽默，也不是科学幻想，而是严肃的意见。也许有人认为又是“乱弹琴”，难道很多创新不是从“奇葩”开始的吗？

世界上有马术，但是没有“驴术”，也没有“驴科”，突泉是不是可以创造出世界第一所“驴科大学”？“中国驴科大学”是一所新型农民大学，也是一所新型驴农大学，是农业、畜牧业、旅游、体育、文化等都要涉及的大学。

一、“驴科学”可以是高科技“国家课”

据了解，我国大学教育中，专业学习养驴的还没有，而驴科教材也基本没有，只是在大家畜的教学实践中，稍微介绍一下驴的相关特点，是不是真正适合驴就不得而知了。这样的粗放式教育对于养驴业的发展很难说是有益处的，可有可无，聊胜于无。其实，这种“驴学科”的现状和发展是非常不科学的。“驴科学”基础不扎实，没有深入研究，也基本没有结合现代科学，在经济发展层面也自然落后于时代需要。当然这是世界通病，不仅中国如此。畜牧业是动物产业，而动物是人类至今无法创造的，灭绝一个物种就会少一个，所以，研究有关驴的一切科学知识就必然是一个很重要的事情。“驴科学”“驴科”“驴学”可以借助和辐射一切当今最新的科学技术来开展“驴科研究”。看驴业乱象，就知道学科不张，自生自灭。

“驴科学”“驴科”“驴学”的深入研究和开发是科学本身发展的需要，养驴业之所以衰落，根本上是缺乏与时俱进，跟不上时代的发展，被时代淘汰，而养驴业追赶上来，获得加速度，就必须在科学技术上取得突破，超越与之参照的现实生态，才能够赶上来。因此，举办“驴科大学”只是一个形式和形态，是一个获得超越、跨越的力量载体。

“驴科学”“驴科”“驴学”应该是前沿基础科学研究，“驴科学”也是人类探索关于驴的自然现象，揭示驴的自然规律，获取关于驴的新知识、新原理、新方法的研究活动。“驴科学”自主创新也应该列于国家战略任务的定向性基础研究，包括对基础科学数据、资料和相关信息系统地进行采集、鉴定、分析、综合等科学研究基础性工作。这些工作，中国人不去做，其他国家很难去做。敢于担当，突泉可以吗？

办一所突泉的“驴科大学”，这是一个建议，也是一个希望。世界没有，前无古人，独一无二，足够创新。世界没有养驴教育，小学没有驴科课，职业教育也没有，农民自己没有，教育界也不会有。过去，中国是世界第一养驴大国，没有独立的养驴教育。今天，养驴业一步步没落，再没有相应的教育，文化失传，驴文化将彻底沉入历史的深潭。趁着养驴业“不死不活”，出手相助将利在千秋。

“驴科学”是驴文化的一部分，关于驴的科学教育也必然深入文化底层。“驴科学”和驴文化相辅相成。历史证明，没有科学，文化很难生存。驴的历史已经说明，既没有文化，又没有科学，驴必然灭亡。

二、“驴科技”可以是义务教育的“校本课”“地方课”

“一个国家的强盛，是在小学教师的讲台上完成的！”2018 年 10 月 28 日，华为公益广告片《基础研究与基础教育》在央视首播，今天任正非又说了这句话。

到养驴的贫困家庭里调查，问孩子们：“你骑过驴吗？”回答都是：“没有。”老一辈儿帮助回答：“根本不往跟前去，不用说骑了！”

农民的孩子没有摸过农具，驴夫的儿子没有骑过驴，农业怎么能够心手相传？养驴业怎么能不灭亡？放牛娃、放驴仔、牧童，看似落后的儿童教育，早已经不复存在，但是，类似的现实教育也彻底消失了，这种情况没有相应的儿童教育弥补和跟进，基础义务教育里太缺少“驴科”这样的校本课程了。

“校本课程”概念也是一个外来语，最先出现于英美等国，不过几十年的历史。现在在我国新课改的教育形势下，校本课程成了新课改的重点。校本课程即以学校为本位，由学校自己确定的课程，它与国家课程、地方课程相对应。在突泉县应该开展“驴科校本课程”的探索和实践。

关于驴的科学教育是一种素质教育，不能以所谓的国际标准来取舍。开展素质教育，不应该再骑着毛驴找毛驴。实施素质教育，要继承传统教育中优秀的东西，而且必须要辩证地认识传统教育的问题，要不断克服传统教育的弊端，千万不要做“亲者痛、仇者快”的事，因为我们今天在教育改革中想抛弃的一些东西正是国外竞争对手根本没有，暗地里却视之为珍宝和求之不得的东西。中国传统驴文化就是这样一件宝贝。

三、“驴学科”可以是“大学”

目前，我国在青岛农业大学新设立马业科学本科专业，聊城大学也设立驴业科学本科专业。2018 年 6 月 26 日，聊城毛驴高效繁育与生态饲养研究院揭牌仪式暨驴产业发展研讨会在聊城大学举行。

一个垦荒百年没有富裕起来的农业县，怎样跨越发展？一步步追赶其他地区的老路吗？文明与文化的发展一个标志是“大学”，如果一个地区没有一所自己的高等学府，自己的生态服务再如何有钱，也是贫穷的。那么办一个什么样的大学呢？

真正办一个和农牧业有关的大学——“驴科大学”，是一个不错的选项。当然还可以有“羊科大学”“牛科大学”“马科大学”“禽科大学”等，但是没有驴科有优势。

中国现代大学源于西方，从大学产生到现在已有上千年的历史，它最早主要是从德国、英国等国家发展起来的。现代西方大学又是从欧洲中世纪大学、英国大学、德国大学到美国大学这样逐渐演化过来的，无论哪一个时代的大学都是对以前大学的创造性继承而不是否定。

大学，学名为普通高等学校，是一种功能独特的文化机构，是与社会的经济和政治机构既相互关联又鼎足而立的传承、研究、融合和创新的具有高深学术的高等学府。它不仅是人类文化发展到一定阶段的产物，它还在长期办学实践的基础上，经过历史的积淀、自身的努力和外部环境的影响，逐步形成了一种独特的大学文化。

从本质上说，大学是辐射整个社会的，可以把社会元素都吸收进来，足够包容，这样的大学才是真正意义上的大学。

四、突泉怎么办一所大学

突泉怎么办一所大学？要想办，就有的是办法。突泉所办“驴科大学”应该称作“中国驴科大学”。“中国驴科大学”是一所农民大学，也是一所驴农大学、驴夫大学、大众大学，是农业、畜牧业、旅游、体育、文化等都要涉及的大学，是一所没有校门的开放式大学。

这里可以参考一下鲍旗寨的“艺术大学”。先看一个新闻《我院建立鲍旗寨村写生基地》：2012 年 11 月 13 日，我院（陕西艺术职业学院）副院长肖幸海、科研实训处处长李伯平等相关领导前往蓝田县焦岱镇鲍旗寨村，签订《联合共建教学实践基地协议书》，并看望我院 11 级工艺美术专业写生师生。我院美术专业师生先后多次选择鲍旗寨实习写生。据介绍，鲍旗寨在写生接待方面，已有相当的规模，目前，已有 50 多家农户达到合格接待标准，该区一次可接待 500 ~ 600 名学生，不仅对学生的食住行负责，更注重保障学生的生活安全。不仅如此，该村村委会还建立了一套较完善的民主测评机制，对达到接待标准的农户进行监督检查。①

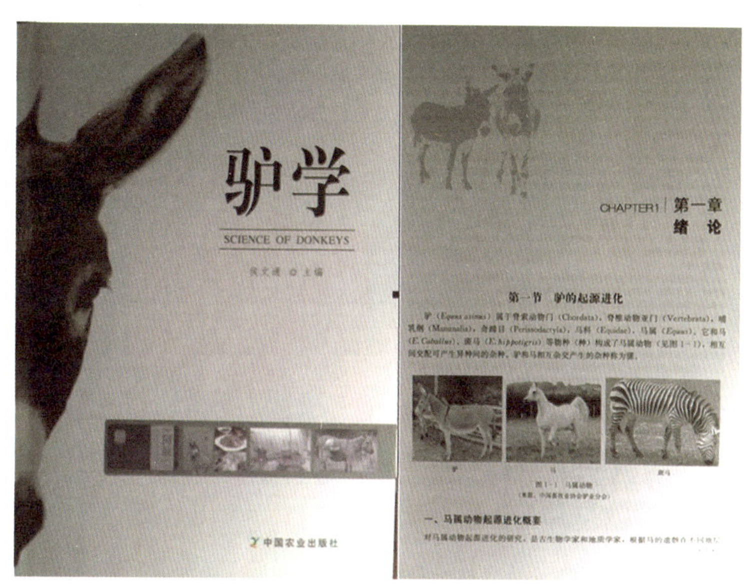

我国第一部《驴学》封面和第一页
（突泉县农耕民俗博物馆藏）

“中国的普罗旺斯”——鲍旗寨的田间公路上挂着几个大牌子，上写“写生基地”“摄影基地”“最美乡村”等。这些是那些城市旅行者们赋予鲍旗寨的意义。2006 年，鲍旗寨发展以林果业为主导，以改善环境、保护生态、发展经济，实现生态、经济双赢为目标的新农村建设。实施硬化村庄道路 6730 千米，整修排水渠道 14000 米，建设 730 亩核桃产业园、果蔬种植基地、健身广场，实施危房改造、村庄绿化、河道治理、远程教育、信息服务等工程建设。

2010 年以来，西安美术学院、西安丹青易考美术培训学校、西安民俗摄影协会、陕西能源学院等相继在村挂牌，作为教学、科研、写生、创作、实践活动基地。村庄已有写生农家乐接待户 80 户，接待写生人员 9800 人次、游客 660 人次，并成立了蓝田县焦岱镇鲍旗秦北写生农

① 科研实训处，我院建立鲍旗寨村写生基地——陕西艺术职业学院［EB/OL］.［2012-11-19］.http://www.sxavc.com/info/1027/3767.htm。

家乐管理有限公司，用企业模式加强管理，创新经营，不断提升。每年来鲍旗寨的大学生万人次，这里不就是一所“艺术学院”吗？只是形式不一样，鲍旗寨还差一点火候。

一个村子可以，突泉的其他村子也一定可以办到。

五、研发驴车为载体的“御文化”，把一切高科技用到驴业上来

养驴业看似传统，却可以是高科技产业、互联网产业。乍一听，好像是胡说。但是，将来有一天当人们看到了驴业的各种“黑科技”就会相信的。

建立“驴友技术学院”，在农家院里研发“驴术”，建立以驴车为载体的“御文化”研究院。“御文化”属于中国古代的贵族教育体系，始于公元前1046年的周王朝，周王官学要求学生掌握6种基本才能：礼、乐、射、御、书、数。

建立“驴友科技学院”。在农场里开发大数据智慧信息化平台，通过平台，在任何地方，使用者都可以通过手机或电脑，详细了解每头驴的饲料用量、药用量及驴群数量。打造行业内独一无二的养驴“驴友”物联网研究院，不只是互联网、无人机这些高科技可以创业，养驴一样可以创业。

建立“驴友历史学院”“驴友艺术学院”“驴友旅游学院”“驴友电影学院”……众多的学院、产业园、农家院以教育为核心组合在一起就是一所大学。突泉就是要办这样的没有围墙的大学。突泉县应该创造条件，吸引全国的大学来突泉办各种教学基地。

到突泉，研究驴！“把一切高科技用到驴业上来”将通过技术的创新与改进为驴产业助力，相信突泉驴产业将会越来越美好。

（2019年5月22日）

每个景点都养驴

——突破突泉的全域旅游和驴业发展困局

驴友只能看围栏里的景物——“黑驴王子”

毛驴的故乡不在突泉，但是千百年来，毛驴早已在突泉安了家，新时代突泉毛驴还将为突泉做出新的贡献，当然这要人力和驴力结合在一起。**“每个景点都养驴。”**这个口号对于突泉适用，对于全中国自然生态景点都适用，就看人们怎么样理解“驴生态”和“生态驴”，以及怎么养好“生态驴”“旅游驴”“文化驴”，如何建设驴友人文生态。我在元旦、“五一”、国庆节调查突泉的旅游景点，感觉游客很少，也没有吸引足够的县外游客，突泉民众的旅游消费只好向外发展，驴友稀少，出现双重困局。而大养“旅游驴”“文化驴”“生态驴”“文创驴”，适度发展“肉驴”，突泉养驴业会异军突起，突泉旅游业也会破局。以突泉“驴文化”建设为重心，以养驴产业为突破口，深度开发整合畜牧文化、农耕文化旅游资源，越早开展越有利于突泉全域旅游的发展，有利于突泉扶贫工作的高质量，有利于突泉农村振兴。

一、全域布局，逐步建设突泉的“驴友驿站”+“驴友步道”

“驴友驿站”=“驴子驿站”+“旅游驿站”——“驴友”农民专业合作社

突泉县的全域旅游助发展受到重视[①]，但是活力不足。2019年5月11日，我骑自行车去

① 胡日查，高敏娜，王喜全，杨杨．内蒙古突泉县：全域旅游助发展［N］．内蒙古日报，2017-04-20.

红光村，来回 140 里路，重点看了一些养驴和旅游的情况，认为红光村发展“生态驴”“旅游驴”“文化驴”是可行的。依托大夏家屯、小夏家屯，沿河在两座大桥之间打造休闲水景，骑驴、乘驴车可以巡游，绿化、美化山坡、山景，前景广阔。

第一，精心建设“驴友驿站”。“驴友驿站”是驴友旅游的休息客栈，也是租驴、租驴车的地方。可以短暂休息，也可以提供食宿，结合民宿和家庭旅馆布局建设。

还要发展人文生态养驴业。例如，成立一个以村子为中心的红光“驴友”农民专业合作社，发展集体经济，把贫困户都纳入进来，参照河北省南峪村农宅旅游合作社的模式。帮助贫困户建设“驴友驿站”，重点发展大夏家屯，整体环境整治。让驴友来红光，在红光能住下来。

第二，合理科学规划，在突泉全县境内设置“驴友驿站”，每 20 ~ 30 千米至少有一个驿站群，全县 400 个屯每个屯都应该有一个驿站。把突泉“驴友驿站”串起来，“每个景点都养驴”，“每个村屯都有驿站”，“每个驿站都能养驴”，在突泉逐渐织就一张大网，把立体、全面、多元的驴业和旅游业融合形成“驴友综合体”。

第三，精心建设“驴友步道”。类似大城市的自行车道，只供应驴车和骑驴行走。道路要绿色生态，因地制宜，借助乡村原有的道路，适当改进，绿化美化，全县联网。逐步探索，不急于定型，低成本建设，因陋就简，慢慢升级。

二、全维度接力创新，建设突泉的“突泉驴文化博物馆”和“突泉驴乐园”

2018 年中秋节、国庆节期间，我没有回北京，特意到曙光村、赛银花村、五三村、赛银花现代农业生态园区、曙光现代农业循环经济园区骑自行车游览。感觉游人太少了，而且服务设施没有跟上，吃饭、住宿、停车基本是空白，游览项目也是起步阶段。一个周日，我特意去赛银花现代农业生态园区内的农耕民俗博物馆，但是大门紧闭。

恰巧，内蒙古兴安盟“花田果原、醉美突泉”田园综合体项目位列全区第 4 名，《突泉县田园综合体项目建设项目三年实施方案（2018—2020）》（终稿）确定，街道亮化系统路灯安装基础已完成，2019 年年初开始陆续完成后续安装工作；自行车道项目设计图纸已完成，2019 年年初开工建设，等等。

近年来，突泉大力集中打造包括老头山、明星湖、宝石湖、赛银花园区、曙光园区、新生村葡萄园、革命烈士纪念碑、陶铸办公旧址、胡秉权办公旧址、水泉大泡子事件遗址、农耕民俗博物馆、春州城博物馆、地下综合管廊博物馆、步阳草编博物馆、老头山地质博物馆、微波博物馆在内的“一山两湖三园四址六馆”特色景点，放大旅游资源优势。这些文旅原生点都要全维度接续，并且解决活力不足、动感差的问题，从内在活力入手，不断创新。

维度一，实体维度启动停产的村西面的养驴基地。但是要建立“突泉驴文化博物馆”和

"突泉驴乐园"（暂定），养驴要控制规模，总量在200头以内，生态养殖，要骑乘、驴车、驴肉、驴文创加工展示多种功能并举，开展教育教学、亲子活动、旅游休闲。动静结合，历史和创意融合。用一条"驴DNA"串联起来，整合农耕民俗博物馆、春州城博物馆、地下综合管廊博物馆、步阳草编博物馆、老头山地质博物馆、微波博物馆，形成合力，持续扩大影响力。

维度二，时间维度把突泉县农耕文化充分挖掘，延展无限的时间内涵，突出百年"垦荒文化"、千年"牧荒文化"、万年"洪荒文化"的独特性质。突泉既是百年老县，又是农业大县，特色是"垦荒农耕"的历史，在这片土地上孕育了以农耕文化为主的驴文化，还有历史积淀的红色文化、蒙元文化、辽金文化交织融合的多元文化体系。

人类最初养驴不是为了吃驴，驴的生长也无法满足人类的口腹之欲。要突出"养驴初心"和"驴耕文化"的核心价值，将"突泉驴文化博物馆"和"突泉驴乐园"合二为一，例如，室内展区有静态的唐朝"驴鞠"展览，室外运动场有"驴鞠"比赛。

维度三，空间维度确立突泉"头脸""心脏""中轴线""经纬度"，**水是生态的血脉**，应充分利用山势、河湖、草沼泽、道路自然和可以改造的空间，打造山系、河流旅游线路，在山边河边岸边结合河道等打造生态水境，把村屯连成一体，整体考虑蛟流河等河流的水生态安全，科学蓄水成湖。

例如，"花田果原、醉美突泉"田园综合体项目增加骑驴和驴车巡游，建设"驴友步道"，增加内在的游览驱动力，让静止的景观活动起来，也吸引周围的养驴农户参加进来，而不要建大城市的自行车道。

三、全天候覆盖，"驴友景点"+"驴友驿站"，用"驴"牵引，注入活力

近年来，突泉县立足本土资源优势，依托独特的自然景观、珍贵的历史遗迹和厚重的文化底蕴，大力发展全域旅游。累计投入2.77亿元，加快旅游道路和景区景点基础建设，旅游业实现从无到有、从小到大的历史性突破。2016年共接待游客24.8万人次，旅游收入达2.2亿元。

建设"绿色驴友步道"。组织养驴户开展骑驴、驴车展示巡游，吸引全国乃至全世界的驴友。每年进行国道巡游，县道展示。邀请媒体大力宣传。

在突泉复兴北京的"对槽驴"和"驴口"。"对槽驴""驴口"等已经不是农业本身，也超越了畜牧业本身，而是属于交通业的范畴。

四、全员参与，突泉驴业必须另辟蹊径，不走西方畜牧业的老路

现代化模式一般是大规模、大资本、大市场，但是突泉农业、畜牧业都有自身局限，改革开放40多年来的教训不少，有些路子已经证明是走不通的，代价高昂。

第一，加强组织，从治理水平入手提高产业质量和效率。站得高些，立足于全县，成立突

泉驴业协会。整合突泉 1 万 ~ 3 万头驴的产业发展，久久为功。

第二，选育“突泉驴”，在品种上要发展特色品种，在技术上探索新路径，保护历史上的突泉驴品种。

第三，肉驴产业以淘汰的驴为主，适当发展驴肉产品，结合旅游开发。绝对不走低价竞争的路子，结合驴友旅游、文化创意发掘优质的驴产品，驴肉产品也不一定就是“吃的”。发展观光采摘游也可以借助“驴力”，开发骑驴采摘。

开发驴骨综合利用，不仅仅是食品“补钙”，还要有骨骼标本、教学标本等开发。

五、全面融合，开发驴文化创意产品

全面融合突泉历史文化传统，开发驴文化创意产品。吸引人才，大力投入，持久发展，不断创新。

突泉县以突出文化内涵和山水魅力为重点，以“全域旅游、四季突泉”为目标，把旅游这项朝阳产业作为第三产业的龙头和核心，推进脱贫攻坚的富民产业，对推动县域发展的主导产业进行大力培植，与兴安盟旅游连点成线、集线成面，着力打造“阿海满”旅游大环线上独具特色的突泉节点。

养“旅游驴”，养“文化驴”，养“生态驴”，养“文创驴”，适度发展肉驴。突泉养驴业会成功的。结合突泉传统工艺的黏豆包和远近闻名的六户干豆腐，欣赏地方小戏、泥塑、根雕等艺术作品，开发蕴含传统工艺的“黏豆包驴”“干豆腐驴”“王小二驴肉大饼”“驴肉攥汤子”等突泉新小吃，欣赏地方小“戏驴”，购买“泥塑驴”“根雕驴”“剪纸驴”“草编驴”等突泉驴文化艺术作品，带动农户发展农家乐餐饮和住宿，打造民俗旅游特色餐饮小吃品牌。

六、突泉十大驴友景点，实施“立体”旅游

立足全国布局突泉旅游，开通北京到阿尔山旅游大巴。从兴安盟旅游层面，让旅游慢下来。着力打造贯通京冀蒙—怀柔—承德—赤峰—通辽—突泉—兴安盟—阿尔山的旅游线路，从县域旅游层面，着力打造辽金文化传承基地、红色文化教育基地、“垦荒型”农耕文化基地、驴文化农耕文明体验基地和生态景观度假基地。

用 10 年时间，致力打造驴文化“国际慢城”“慢文化”，完善深耕“一山两湖三园四址六馆”“骑驴”“驴车”特色旅游景点布局和加强基础设施建设的同时，不断提升突泉县全域旅游的服务水平。

第一，沿着公路交通线建设骑驴步道或者驴车观光辅路。骑驴步道可以沿着交通线开辟建设，类似公路交通线的辅路。例如，沿着突宝公路驱车前行，来到位于突泉县学田乡境内的杜西沟景区，在宝石镇宝城村，长达 41 千米的旅游专线在这里穿村而过。到春州辽金博

物馆和双城子古城遗址，周围溜达着大辽特色的驴。过了宝城村，看见双城湖。湖对岸是突泉县的温泉滑雪场。继续北进，在宝石镇的最北部就是海拔 1392.1 米的老头山——蛟流河源头。

突泉额木特森林地质公园

第二，沿着河流开辟“骑驴步道”和“驴车道”。例如，沿着蛟流河，一直延伸到杜尔基镇的明星湖，成为配套的基础和服务设施。依托明星湖宗教文化、水域资源、交通区位等优势，谋划建设“驴友自驾游”基地等娱乐项目。

第三，在突泉县域内公园、博物馆、旅游区的绿化带内饲养轮牧毛驴，实施生态养驴。不单纯追求纯粹的绿化。林草牧游结合起来。提高经济效益。按照每头驴 20 亩草场的生态饲养设计。

我特意骑自行车去了几次突泉西面的额木特地质公园，一路上感觉可以沿途饲养驴，数量不要过多，逐渐摸索，无论是骑驴还是牵驴都是很好的体育锻炼。把驴引进来，还有助于防火除草等。

驴友和驴业都是攒人品、慢功夫，要精心、耐心，润物无声，久久为功，行稳致远。

（2019 年 7 月 17 日）

突泉“驴文旅”产品的开发

——带得走，买得走，也留得下，还带不走

农业工业化是农业现代化的一条成熟路径。没有把驴肉等农产品进行工厂化的生产加工就没有驴业等现代化。驴文化产品也一样，必须成为工业品才能大规模进入市场，获得经济效益，脱贫、致富，实现全面小康。

驴蹄酒碗
（突泉县农耕民俗博物馆藏）

关于驴产品不仅仅是食用和畜牧业产品，还应该延伸到文化、旅游，无所不包。带得走，买得走，也留得下，还带不走的突泉“驴文旅”产品都是必需的，一个也不能少。

突泉驴文化旅游服务产品的开发非常重要，是实体，是经济核心。文化旅游产品是指以文化旅游资源为支撑，旅游者以获取文化印象、增智为目的的旅游产品，旅游者在旅游期间进行历史、文化或自然科学的考察与交流、学习等活动。旅游是一种文化现象，是社会文化发展的必然产物。文化旅游的实质就是文化交流的一种形式，由于文化表现形式多种多样，旅游活动的内容和形式也大不相同。

一、文旅产品的非物质性价值大于物质价值

本质上，文旅商家卖给旅游者的文旅产品不是看得见、摸得着的物质产品，而是一种非物质的东西，这种非物质东西的实质是一种服务。例如，突泉的毛驴乐园骑驴、乘驴车，旅游者

只有亲自来到突泉，才能享受到骑驴带给自己的快乐。鉴于文化旅游产品的非物质性，对于旅游文化产品的开发者来说，要对文化旅游产品进行多角度的营销，让旅游者更多地了解旅游文化产品的信息，以达到持久双赢。

二、文旅产品是不可转移和可以转移的统一

文旅产品是不可转移的，能把骑驴、驴车、驴博物馆等搬走吗？一般讲，旅游服务无法从旅游目的地运到客源所在地供游客消费，只能以文旅的信息引起旅游者的流动来实现。因此，只有将旅游者吸引到旅游目的地，文化旅游产品价值才有可能得以实现。

驴蹄配饰平安牌
（突泉县农耕民俗博物馆藏）

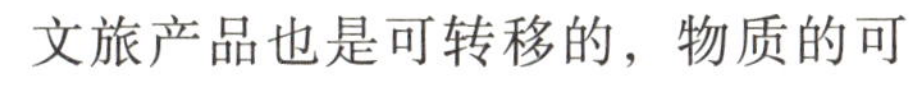

文旅产品也是可转移的，物质的可以转移的文旅产品有编织驴、草编驴、剪纸驴、泥塑驴、铁塑驴、学术驴、教学驴、学校驴、学院驴、生态驴、漫画驴、艺术驴、智慧驴、智能驴等，文旅产品可以丰富产业链，取得高质量的经济效益。

文旅产品是不可转移和可以转移的统一，即可转移的这些产品应该是“限量的”“一次性的”“不可复制的”，如何做就要下一番大功夫了。例如，文旅产品是年度版，即和事件绑定、和时间绑定的纪念版本，这就是每一次来突泉购买的文旅产品都是不一样的原因。

三、文旅产品是信息载体

文化旅游产品的消费目的是获得信息。在旅游者出游前，从不同渠道获得的各种信息会直接影响其决策；在旅游者购买过程中，由旅游资源和旅游设施所营造的意境本身就是一个不停地向外辐射的信息源，旅游者与意境之间有信息的互动；在消费后，旅游者又会把自己接收到的信息传播给别人。因此，信息性是文化旅游产品的本质特征之一。

四、文旅产品是服务的抓手

文旅产品生产出来是为了服务，不仅仅是贩卖物质产品。物质是有限的，很容易饱和，价值就会随着饱和迅速降低，但是服务是无限的。服务性产品是能为顾客创造价值的实体或过程，

服务是可以被用来彼此交换的无形产品。进一步看，文旅产品和服务彼此互为抓手。搞旅游就要千方百计地为游人服务，游人需要什么就要科学合理地满足，与时俱进。

驴玩具
（突泉县农耕民俗博物馆藏）

五、文旅产品是可持续的创新合力结果

好的成熟旅游市场都是积累起来的。一个旅游产品一经出现，就会形成初级市场，有的旅游产品会给游客留下深刻印象，成了老物件，日积月累就会形成日后的旅游资源。但是一成不变也很难满足游人不断增长的需求，只有在积累传承中不断地创新，才能满足游客的需求，才能推动业态前进。突泉“驴文旅”产品的开发和创新应该根据地域、季节、气候等因素的变化，结合突泉、兴安盟、内蒙古、华北大区乃至中国的一些节庆活动和民俗活动，并加以创新，使得突泉“驴文旅”产品有持续的生命力、吸引力、经济力。

总之，带得走，买得走，也留得下，还带不走的突泉“驴文旅”产品是统一的，突泉“驴文旅”产品的开发无穷无尽，可以是传统的土特产，也可以是新兴的奇葩特色产品。

还是回到为什么养驴？单一的围绕着一个字“吃”，是不是行得通？例如，出售驴蹄配饰平安牌和驴蹄酒碗不是一笔收入吗？这还是最便宜的，而“驴蹄文化”还几乎没有什么人开发。

参观东阿县城，也看到了驴文化和阿胶文化的创新，但是远远不够。例如：

驴模型　这类驴产品属于动物模型，仿真驴、毛驴、手工制作、摄道具、玩具品、舞台装饰、家庭摆件等。

动物标本模型　是教育教学用的科学标本。

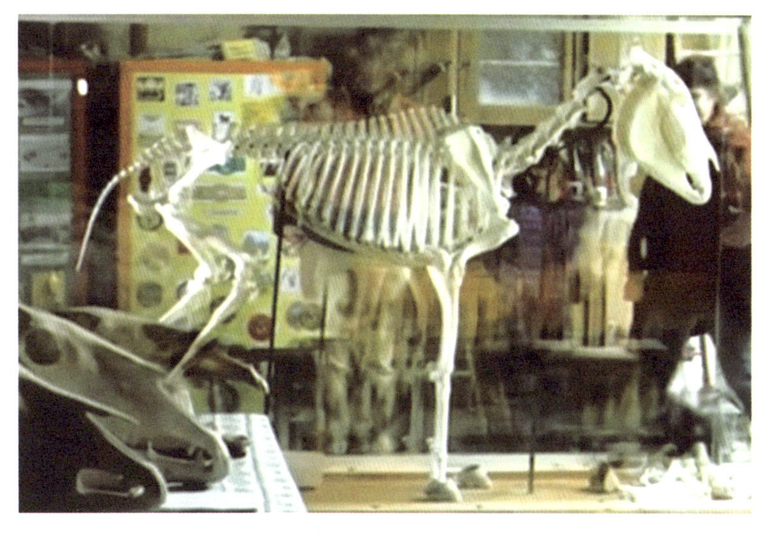

驴骨骼标本
（纪录片《毛驴变身记》截屏）

零食类驴（肉）食品 如山西宝聚源平遥驴肉带皮驴肉真空包装500克卤驴肉、熟驴肉等。百种香驴肉，牧草香、茶香、奶香、蒜香驴肉，荒草香驴，玉米香驴，柠檬香驴。驴耳朵、驴腿、驴二头、驴肚、驴脊、驴软肋、驴心、驴脸、驴胸、驴脖子，可以分类为主餐型和零食型。不要轻视“驴友零食”。

阿胶业是驴皮工业化的成功典范，那么，为什么不生产阿胶零食呢？

“浮云游子意，落日故人情” 来突泉的游人从根本上都是为了追求一种中国的独一无二的文化享受，获得物质、精神的满足，是一种高层次的旅游活动。为游人提供带得走，买得走，也留得下，还带不走的突泉“驴文旅”产品，既是振兴突泉，也是振兴中国的驴产业。

庚午

无驴不成游

——帮驴农户不用卖驴也赚钱

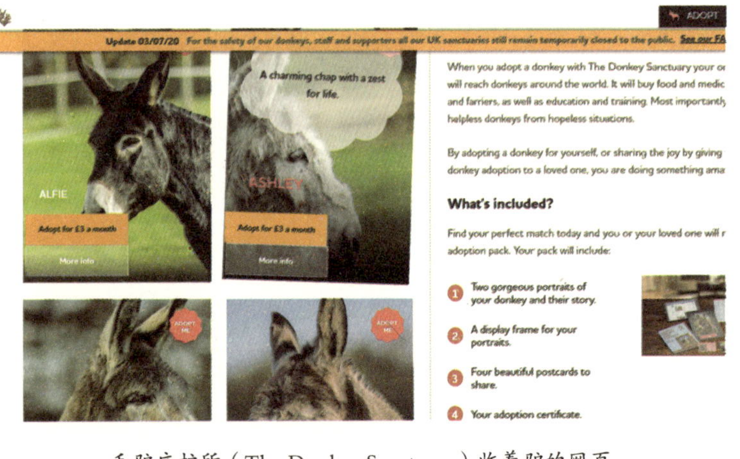

毛驴庇护所（The Donkey Sanctuary）收养驴的网页

领养、认养、收养毛驴，可以使扶贫、致富、乡村振兴和保护毛驴兼得。

驴友无驴不成游，每头毛驴都应该有一个好名字！为你的小毛驴取一个好听、好记、响亮的名字，驴友给养驴的农民以必要的补偿，这就是“游驴”的认养模式。真正的驴友是农民。

“游驴认养”“爱驴认养”“菜驴认养”“肉驴认养”等是解决驴农生计的一个办法，深入持久开展生产环节、消费环节融合发展的新发展模式，在“游驴”很小甚至没有出生的时候，驴友就认养自己想要的“游驴”，并且在以后的饲养和生长、使用全过程中参与到饲养管理中来，可以投资，和农民共同从养驴业中得到多层次、多周期的使用价值、文化价值、经济价值等。

邀请驴友来突泉认养自己的“游驴”。把驴文化和养驴产业无缝结合、虚实融合，建立智慧“突泉驴乐园”。

私人专属定制养驴互联网认养平台，是“互联网 +”生态农业的实践，致力于帮助用户认养属于自己的驴，向用户提供专属定制的高品质、健康、安全的驴肉和驴文化产品。

认养畜牧养殖模式是新消费时代，为特定的人群提供“物美价平”甚至“物美价优”的产品和服务。

以“游驴认养”“爱驴认养”为试点，以养驴产业为突破口，深度开发畜牧文化旅游资源，越早开展越有利于突泉畜牧业发展，有利于突泉扶贫工作高质量进行，有利于突泉乡村振兴。

创建突泉驴乐园 App 或者微信公众号，打造全新的线上认养、线下代养 O2O 生态养殖场景，引导远离山林、草原、田园的都市人投身农业，让每个人都能轻松参与到农业的建设中来。突泉驴乐园致力打造集扶贫、乡村振兴为宗旨的驴认养、交易、代养、收货、回购、学习、创业、游戏等多功能的智慧养殖，为突泉传统养殖业的转型与升级探索全新的发展道路。

一、“游驴认养”“爱驴认养”

开展“突泉爱驴认养”活动，直接给贫困农民带来收益。房山游客来突泉体验骑驴、驴车、驴文化，增加爱驴情感，多种形式出资认养毛驴，然后继续由突泉贫困农民饲养，形成稳定的点对点扶贫关爱帮扶对子。“游驴认养”“爱驴认养”用途有些差别，但是也可以相同。宠物驴、旅游驴都可以代步、骑乘、旅游、观赏、游戏、休闲、健身、体育等项目。

认养的驴参加突泉驴友活动，认养主人免费骑乘、互动，在饲养过程中参加商业活动获得收益可以得到一定比例的分红。

认养后，驴的饲养管理、饲养场所等仍由原来养殖的主人负责。

爱驴认养的权益 主人使用权，免费骑乘、互动；主人知情权，可以视频直播了解毛驴日常活动情况；主人收益权，参加商业活动，主人获得收益；主人处置权，爱驴死亡后，主人可以制作标本，留作纪念和展示学习使用。

爱驴认养的费用

1000 ~ 10 万元 / 头，签订认养协议。提倡用拍卖方式确定认养价格，充分体现市场价值。

①共享毛驴 1000 元 / 头，签订共享认养协议。

②明星驴 2000 元 / 头，签订明星驴认养协议。

③驴友毛驴 5000 元 / 头，签订驴友认养协议。

④“游驴认养”1 万元 / 头，签订认养协议。

⑤“爱驴认养”，10 万元 / 头，这是明星驴的价值。签订认养协议。个人专属。

爱驴生活费 饲草费 50 元 / 头・月，营养均衡。训练看护费 100 元 / 头，训练、卫生、安全、运动。管理运行 10 元 / 头。

爱驴死亡的费用 严格按照国家卫生防疫的规定，驴子到加工制作场所进行定点处理，制作驴主人需要的标本。标本制作费用 3000 元 / 头。

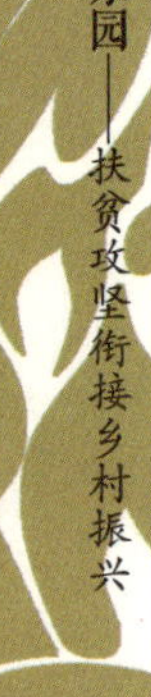

二、“菜驴认养”“肉驴认养”①

那里有棵“相思树”——突泉县网上认养公益树倡议书

突泉微讯 4月25日

习近平总书记指出：要像保护眼睛一样保护生态环境，像对待生命一样对待生态环境。老头山自然保护区，是突泉儿女的生存之基和生命之源，母亲河蛟流河在这里发源，孕育了一代又一代精耕细作的突泉儿女。为全面开展守护老头山自然保护区

网上认养活动

突泉驴乐园提供主要的认养品种。突泉毛驴营养丰富，皮薄肉细，烹调时不添加任何佐料也香气扑鼻。同时，突泉毛驴个体较小，适合家庭整只储藏及食用。私人专属定制养驴互联网认养平台是“互联网+”生态农业的践行，致力帮用户认养属于自己的驴，向用户提供专属定制的高品质、健康、安全驴肉。

生态驴屠宰的费用 严格按照国家饲养与屠宰分离的规定，驴全部送到屠宰厂进行定点屠宰。屠宰费用160元/头。

生态驴认养的费用 前期交50%定金，签订认养协议，等驴出栏的时候交付另外50%费用。

认养模式 6000～10000元/头，喂养5～12个月，重量160～220千克。产品利润可以分享。

三、认养公益树

2019年4月22日，突泉县绿化委员会开展老头山自然保护区网上认养公益树，那里有棵“相思树”。

认养一棵树就是认养了一个鲜活的生命；养活一棵树就是付出了自己一份创建绿色的真情。老头山脚下有一棵“相思树”时刻在牵绊着突泉儿女的心。建设美丽老头山离不开每一个突泉人的参与，老头山每一棵树的成长更离不开每一位认养人悉心的呵护，让我们踊跃参与到“爱树、护树、养树”的活动中，用自己的真情和爱心，倾吐对绿色大自然的思念和眷恋之情。

“游驴认养”“爱驴认养”“菜驴认养”“肉驴认养”等可以细分，开发更加精细的产品，满足更加精准的需要，不断发展下去。

认养“爱驴”，驴友不用卖驴也赚钱！

---

①突突，我认养了突泉毛驴！_扶贫行动_中国小康网 http://www.chinaxiaokang.com/fupinpindao/fupinxingdong/2020/0422/945568_1.html。

辛未

创建“突泉驴文化博物馆”

创建“驴文化博物馆”是中国驴文化发展的浓缩，既是打造一个驴文化名片，也是打造一张突泉名片，同时还是人们感知历史、认识现在、探索未来的重要文化殿堂。

目前，已经建成和在建的突泉博物馆共有6家：农耕民俗博物馆、春州城博物馆、地下综合管廊博物馆、步阳草编博物馆、老头山地质博物馆、微波博物馆。建议用一条“驴DNA”串联起来，整合农耕民俗博物馆、春州城博物馆、地下综合管廊博物馆、步阳草编博物馆、老头山地质博物馆、微波博物馆，形成合力，持续扩大影响力。

一、一定要区别世界第一个“毛驴博物馆”

世界第一座“毛驴博物馆”

在山东省东阿县，世界上首座以毛驴为主题的博物馆2018年9月9日正式开馆。该博物馆位于山东省东阿县的国际良种驴繁育中心。

博物馆分为“序厅”“远古走来”“驴背之上”“济世之驴”“艺术之驴”5个部分，集专业性、科普性、趣味性、互动性、参与性于一体，生动翔实地记录了毛驴这种与人类社会发展息息相关的家畜其进化、驯化的历程，以及对人类社会发展和人类健康所做出的贡献，收藏展品共计500余件。

突泉的“驴文化博物馆”肯定更有文化，不仅仅是文物陈列和文化展示，还要活力和吸引力。

二、一定要有突泉县域整体特色

突泉“驴文化博物馆”既是一个实体，也是一个体系，涵盖整个突泉博物世界。也就是说，突泉“驴文化博物馆”展示内容涵盖广义的博物学。同时，整个突泉就是一座没有边界和围墙的“驴文化博物馆”。

近年来，全国在努力打造各种博物馆，致力转化文化遗产资源优势，传播具有特色的博物故事。全国“两会”期间，多位人大代表聚焦博物馆建设，建言献策。“驴文化博物馆”建设也可以借鉴。

建设驴文化数字博物馆，让文物走出来对世界“说话”，向世界展示。没有边界和围墙的“驴文化博物馆”是一个虚拟现实。文化是一个民族的基因，是一个国家软实力的体现，“驴文化”也一样，而博物馆是文化传承和发扬的重要载体，打造驴文化数字博物馆对提升突泉历史文化形象、发挥文化的作用意义重大。这是文化氛围，提前铺垫消费吸引力。

1959 年邮票——全国农业展览馆
（突泉县农耕民俗博物馆藏）

突泉“驴文化博物馆”突出驴和驴文化。把中华驴文化都集中到突泉来，展示全面的驴文化。在博物馆建设中，还应加强对散落民间的驴文化、文物、文艺、文明、名人，特别是近现代驴文化的挖掘、保护和传承。驴文化的诗、书、画的文化艺术的相关研究和挖掘却很缺乏。深挖中华驴文化潜力，多渠道、多形式、抢救性地做好中华驴文化的研究、陈列、宣传工作，进一步丰富和增强博物馆建设的实力，把突泉“驴文化博物馆”建设成为推动突泉新发展的

"催化剂"。

比如，用一条"驴DNA"串联起来，整合农耕民俗博物馆、春州城博物馆、地下综合管廊博物馆、步阳草编博物馆、老头山地质博物馆、微波博物馆、"驴文化博物馆"7家博物馆。全县域整体上考虑用"骑驴步道""驴车步道"在地理交通上连接，体味其中的博物学和美学内涵。

另外，在博物馆解说、导游讲解、导游教育、农民导游培训、旅游销售中要有博物学意识、全域意识和县域意识，把整个突泉作为一个整体打包，细化产品。

三、一定是游客可以带走的，又带不走的"驴文化博物馆"

实行"驴文化博物馆"免费开放。游客带不走的都免费，游客带走的才收钱。说白了，依靠带不走的吸引人，依靠带走的赚钱。建设一座游客可以带走的"驴文化博物馆"和游客带不走的"驴文化博物馆"一样重要。

第一，大力鼓励民众参加建设博物馆。博物馆发展背后有社会公益投入和政策支持，其藏品大多出自捐献等；民营有博物馆则主要靠创办者投资，收集散落于民间的文物、艺术品等。民营博物馆多具有公益性特质，在政策方面应该与国有博物馆享有同等待遇。在城镇土地使用税、房产税等方面出台相关优惠减免政策，让民间文化博物馆享受国家在文化、税务、土地、金融等政策方面的优惠。

第二，建设游客可以带走的"驴文化博物馆"，依靠可以带走的"驴文化博物馆"赚钱。除了提供"驴文化博物馆"商品外，深入游客内心的文化体验也可以吸引游客消费。每年推出新产品，不能总是一个样子。

第三，依靠带不走的吸引人。建设游客带不走的"驴文化博物馆"同样重要。展品、布展、主题也要年年有创新。创新才是真正带不走的。

第四，可以带走的"驴文化博物馆"在全国各地甚至世界各地巡回展览，博物馆走出突泉，用文化的形式建设更大的虚拟博物馆，扩大影响力。

四、一定要有活驴

"要让文物自己走出来'说话'，让文物'活'起来，这样才能留住观众、吸引观众。"应更新博物馆建设理念，不仅要重视文物展示，还要重视数字博物馆建设。对于已建成的博物馆要增加数字化内容，做到传统与现代的完美融合。在此基础上，探索体验式互动模式，充分借助现代科学技术，通过拍摄、扫描、特效制作等技术将馆藏文物转化为数字信息，方便公众随时随地无障碍查阅、参观和体验。

"驴文化博物馆"是驴的展示。"磨驴步步皆陈迹，风柳条条是别愁。巢燕去来真草草，磨驴踪迹自团团。团团磨驴迹，步步袭故常。”目前，突泉养驴产业正处于转型期，从传统的役用驴退出来，但是不是就一定要走肉驴的道路？不一定！

东阿国际良种驴繁育中心（养驴基地）

这就让人自然想到了“驴文化博物馆”一定要是活驴的博物馆，而不是静止的博物馆，要有活驴。

您猜猜这是什么物件
（突泉县农耕民俗博物馆藏）

“驴文化博物馆”也可以说是驴的行为艺术博物馆。驴的行为艺术也就是驴友的行为艺术。博物馆还应该是这样的：一个驴友第一次来博物馆看别人；第二次来博物馆就会看到自己，这就是“活”了，驴友自己在博物馆留下印记，这才有意思。

除了“要让文物自己走出来‘说话’，让文物‘活’起来”，还应该有一定数量的活驴。

骑驴逛博物馆、坐驴车看文物、牵驴欣赏驴文化等，驴友和活驴一同在博物馆互动，共同漫游，身在驴中，驴在身旁。

（2019 年 7 月 5 日）

壬申

请北京房山驴友来突泉骑驴

——促进房山区和突泉县休闲农业与乡村旅游提质升级

2019 年已经过半，时间急迫，按照《国务院办公厅关于深入开展消费扶贫助力打赢脱贫攻坚战的指导意见》（国办发〔2018〕129 号）精神，特别是“大力促进贫困地区休闲农业和乡村旅游提质升级”这个思路，我们建议 2019 年房山区开展“来突泉骑驴，房山驴友旅游大巴直通突泉”工作，把突泉旅游和养驴业整合，促进可持续发展，把脱贫攻坚工作和乡村振兴工作有机结合。

第一，在突泉旅游景点引入骑驴、驴车旅游项目，建设“突泉十大驴友景点”，形成突泉特色，每个景点有 10 辆驴车，20 头以上骑乘驴，30 名以上贫困户参加。

第二，加强突泉旅游线路设计，提升接待能力，提升文化旅游档次。

第三，组织起来，在突泉旅游景点围绕养驴成立“养驴旅游合作社”，吸收周围养驴贫困户参加，形成持续增加收入动力。

第四，在房山实施免费旅游大巴直通突泉旅游项目，加大扶贫文化和旅游宣传，研究房山到突泉的直通路线，组织旅游车辆参加，尽快试运行，逐步完善。形成每年 5000~1 万人的游客规模。

第五，开展“突泉爱驴认养”活动，直接给贫困农民带来收益。房山游客来突泉体验骑驴、驴车、驴文化的传统文化，增加爱驴情感，自愿多种形式出资认养毛驴，然后继续由突泉贫困农民饲养，形成稳定的点对点扶贫关爱帮扶对子。

第六，出版《突泉驴友》,《突泉驴友》草稿基本完成，需要继续完善，希望有关部门特别是突泉和房山的文化、旅游部门支持帮助。

突泉县农科局洪德来

房山区杨怀伟

2019 年 6 月 21 日

说明：

2018年12月30日，《国务院办公厅关于深入开展消费扶贫助力打赢脱贫攻坚战的指导意见》（国办发〔2018〕129号）要求“大力促进贫困地区休闲农业和乡村旅游提质升级”。

（十）加大基础设施建设力度。改造提升贫困地区休闲农业和乡村旅游道路、通村公路、景区景点连接线通行能力，提升交通通达性和游客便利度。结合推进农村人居环境整治，提升休闲农业、乡村旅游基础设施和公共服务设施水平，对从事休闲农业和乡村旅游的贫困户实施改厨、改厕、改客房、整理院落“三改一整”工程，优化消费环境。加大对休闲农业和乡村旅游基础设施建设的用地倾斜。依托贫困地区自然生态、民俗文化、农耕文化等资源禀赋，扶持建设一批设施齐备、特色突出的美丽休闲乡村（镇）和乡村旅游精品景区等，满足消费者多样化需求。（农业农村部、文化和旅游部、住房城乡建设部、发展改革委、自然资源部、交通运输部等和各有关省级人民政府负责）

（十一）提升服务能力。依托东西部扶贫协作和对口支援、中央单位定点扶贫等机制，动员相关科研机构和高等院校，通过“请进来”“走出去”等方式，帮助贫困地区培训休闲农业和乡村旅游人才，提供营销、服务、管理指导。支持贫困人口参加相关专业技能和业务培训，提升服务规范化和标准化水平。鼓励贫困地区组建休闲农业和乡村旅游协会、产业及区域品牌联盟等组织，形成经营主体自我管理、自我监督、自我服务的管理服务体系。（农业农村部、文化和旅游部、人力资源社会保障部、市场监管总局、扶贫办、发展改革委等和各有关省级人民政府负责）

（十二）做好规划设计。加强对贫困地区休闲农业和乡村旅游资源调查，深入挖掘贫困地区自然生态、历史文化、地域特色文化、民族民俗文化、传统农耕文化等资源，因地制宜明确重点发展方向和区域。动员旅游规划设计单位开展扶贫公益行动，为贫困地区编制休闲农业和乡村旅游规划，鼓励旅游院校和旅游企业为贫困地区提供旅游线路设计、产品开发、品牌宣传等指导。（农业农村部、文化和旅游部等和各有关省级人民政府负责）

（十三）加强宣传推介。支持贫困地区组织开展休闲农业和乡村旅游相关主题活动。组织各类媒体安排版面时段，运用新媒体平台，分时分类免费向社会推介贫困地区精品景点线路。大力发展“乡村旅游＋互联网”模式，依托电商企业等载体，开展多种形式的旅游扶贫公益宣传，集中推介一批贫困地区休闲农业和乡村旅游精品目的地。（农业农村部、文化和旅游部、中央宣传部、广电总局、商务部等和各有关省级人民政府负责）

2019年6月16日，《内蒙古自治区人民政府办公厅关于深入开展消费扶贫助力打赢脱贫攻坚战的实施意见》提出“大力推进休闲旅游提质升级行动”。

10. 加大旅游基础设施建设力度。加大对休闲农业和乡村旅游设施建设的用地支持。各旗县

（市、区）在编制和实施土地利用总体规划中可预留少量的规划建设用地指标，用于乡村旅游设施建设。结合农村牧区人居环境整治，对休闲农业和乡村旅游点实施改厨、改厕、改客房、整理院落“三改一整”工程。大力发展体现贫困地区自然生态、民风民俗的特色休闲农业和乡村旅游项目，创建一批自治区旅游产业扶贫示范项目，打造一批五星级乡村（牧区）旅游接待户。结合推进“四好农村路”建设，加快推进我区旅游公路建设，重点支持贫困地区建设发展休闲农业和乡村旅游的公路、苏木乡镇客运站和建制村候车亭（招呼站），改造提升贫困地区休闲农业和乡村旅游道路、景区景点连接线通行能力。（自治区农牧厅、文化和旅游厅、住房城乡建设厅、发展改革委、自然资源厅、交通运输厅等，各盟行政公署、市人民政府负责）

11. 提升休闲旅游服务水平。借助京蒙协作和中央单位定点帮扶，为贫困地区发展休闲农业和乡村旅游提供营销、服务、管理等方面的指导和培训。在旅游资源和旅游产业发展相对集中的地区，引导企业组建旅游行业协会等行业组织，规范旅游市场主体协同发展、合理竞争。同时，要强化行业监管、规范市场行为，维护良好市场环境。（自治区农牧厅、文化和旅游厅、人力资源社会保障厅、市场监管局、扶贫办、发展改革委等，各盟行政公署、市人民政府负责）

12. 做好乡村旅游发展规划设计。对贫困地区休闲农业和乡村旅游资源进行调查摸底，了解和掌握贫困地区自然生态、历史文化、地域特色文化、民族民俗文化、传统农耕文化等旅游资源，明确重点发展方向和区域，编制好乡村旅游发展规划。组织旅游智库专家、旅游院校、旅游企业、旅游规划设计单位帮助贫困地区编制休闲农业和乡村旅游规划，并提供旅游线路设计、产品开发、品牌宣传等方面的技术指导和服务。（自治区农牧厅、文化和旅游厅、教育厅等，各盟行政公署、市人民政府负责）

13. 加大旅游精品项目宣传推介力度。组织贫困地区开展休闲农业和乡村旅游相关主题的宣传推介活动，着重展现地域特色、美食美景、风俗文化、自然风光等内容，集中推介一批特色精品休闲旅游项目。借助新媒体资源，依托各类平台，开展多种形式的旅游扶贫公益宣传。（自治区农牧厅、文化和旅游厅、党委宣传部、广播电视局、商务厅等，各盟行政公署、市人民政府负责）

这些内容基本上和《国务院办公厅关于深入开展消费扶贫助力打赢脱贫攻坚战的指导意见》（国办发〔2018〕129 号）精神一致。其他的具体实施意见还没有出台。

开展突泉驴文化资源普查的建议

以驴文化为试点，以养驴产业为突破口，深度开发整合畜牧文化旅游资源，越早开展越有利于突泉畜牧业发展，有利于突泉扶贫工作高质量进行，有利于突泉乡村振兴的到来。

目前，突泉养驴产业正处于转型期，从传统的役用驴，向肉用驴迁移。但是这个具体情况，尤其是其中蕴含文化资源情况如何并不明了，所以尽快在全县范围内开展一次深入的驴文化资源普查。普查越早越好，最宝贵的文化资源正在日益减少，需要尽快保护。

制订《突泉养驴业文化资源普查方案》。开展普查，摸清驴文化资源底数，为突泉养驴文化系统中国重要农业文化遗产申报做准备。

清末北京大清门旁骑驴穿行 明信片
（突泉县农耕民俗博物馆藏）

后记

本书可以说是国内第一本驴友、驴文化著作，没有读过这本书而妄称“驴友”的驴友，应该好好补补“营养”了。

《突泉驴友·甲卷》以驴为例，我们是站在突泉向全世界请教文化的。

如何做好一个具体的农牧品种？如何发展一个具体的产业？如何发展一个具体的农耕文化业态？求教刚开始。

《突泉驴友·甲卷》献给为扶贫攻坚和乡村振兴而奋斗的突泉。研究用的驴文化书籍、藏品等都捐献给突泉，用于突泉驴文化展使用。

明朝画家张路《骑驴图》

图中画翁帽巾冲风，拔背安坐驴鞍，悠然自稳。驴子蹄疾步稳，或嘶叫，或急喘，画音驴音在耳。衣垂纹满，线条实力，潇洒飘畅；健驴骨劲，墨笔直接，没骨堆写，画简逸心，千载功力，耐人遐思。驴子鞍具也是很有特点，牢固简洁轻盈。驴子蹄步灵动准确，极其写实，不似一般“落叶肉驴”。

（突泉县农耕民俗博物馆藏）

下足“绣花功夫”决胜脱贫攻坚，下足“绣花功夫”实现乡村振兴。

请大家多提意见和建议。

联系人：杨怀伟 E-mail: 986043205@qq.com

感谢线装书局和北京知库文化传媒有限公司，感谢付出汗水的各位编辑老师。

《突泉驴友·乙卷》正在创作中，把正在筹备中的“首届内蒙古突泉驴文化展览”的内容记录下来，另外把基本编辑完成的“诗韵篇·驴友诗选——凝聚诗与远方”也一并汇入。

（2020年6月28日）